Ein Leben in Hamburg

BEREND GOOS

Ein LEBEN *in* HAMBURG

Herausgegeben und mit einem Vorwort
von Eckart Kleßmann

JUNIUS

Inhalt

Vorwort

Wer sich in diesen Erinnerungen von Berend Goos durch das Hamburg der ersten Hälfte des 19. Jahrhunderts führen läßt, sieht sich in eine fast exotisch anmutende Welt versetzt, besonders dann, wenn er sie mit dem Hamburg von heute vergleicht. Denn viel mehr als Elbe, Außen- und Binnenalster sind nicht geblieben. Die Katastrophe des Großen Brands vom Mai 1842 hat nahezu die ganze Altstadt ausgelöscht; der Bau des Freihafens (1881–1888) vernichtete das, was vom Feuer verschont geblieben war, und die Bombardierungen des Zweiten Weltkriegs vertilgten den Rest. Dabei waren es nicht nur Gebäude, die verloren gingen, auch das Stadtbild selbst veränderte sich, denn die Planung des Wiederaufbaus 1842 ließ Straßen verschwinden und neue entstehen, und so geschah es auch weit stärker nach 1945, als die brutal geschlagene Schneise der Ost-West-Straße die ursprüngliche Altstadt teilte und ein Großteil der für Hamburg charakteristischen Fleete zugeschüttet wurde.

Das Hamburg, das uns Berend Goos so anschaulich vorstellt, kannte noch keine Elektrizität (die bekam die Stadt erst 1882), auch kein vollständiges Sielsystem, und die Wasserversorgung der Stadt war katastrophal und Ursache der in diesem Buch geschilderten Cholera-Epidemie von 1831/32 und der weitaus entsetzlicheren von 1892, die Goos nicht mehr erlebt hat. Die kolorierten Ansichten der Stadtchronisten stellen uns ein properes, blitzsauberes Hamburg vor, doch tatsächlich war die so stolze Handelsstadt ziemlich schmutzig und muß vor allem unangenehm gerochen haben, was allerdings für andere Metropolen damals auch galt. Goos, der aus der Perspektive der um 1880 Lebenden erzählt, ist das natürlich nicht verborgen geblieben: „Man kannte es einmal nicht anders.“

Berend Goos kam am 26. November 1815 in Hamburg zur Welt. Sein Vater Isaac war Pfarrer der Mennoniten-Gemeinde in Hamburg und Altona. Die Mutter Catherine entstammte der renommierten und gleichfalls mennonitischen Kaufmannsfamilie Roosen. Seine Ausbildung zum Apotheker erhielt Goos bei Dr. Georg Eimbcke in dessen Apotheke am Neuen Wall von Ostern 1831 bis Ostern 1835 als Lehrling, danach bis 1836 als Gehilfe. Anschließend studierte er vier Semester Pharmazie an der Universität Jena und noch ein weiteres Semester in Kiel, wo er am 1. November immatrikuliert wurde. Hier hörte er bei Christian Heinrich Pfaff, Professor der Physik, bei dem er auch am 25. März 1839 das Schleswig-Holsteinische Pharmazeutische Staatsexamen ablegte. Drei Jahre später folgte noch das Hamburgische Pharmazeutische Staatsexamen. Eine so gründliche Ausbildung war unter den Apothekern jener Zeit selten.

Nachdem Goos einige Zeit als Gehilfe in der Siemsenschen Apotheke (Große Mühlenstraße) gearbeitet hatte – unterbrochen durch mehrere Reisen bis nach Wien – erwarb er am 1. April 1842 eine eigene Apotheke in der Kleinen Johannisstraße, machte sich also schon mit 26 Jahren selbständig. Doch am 6. Mai fiel das gerade erworbene Haus dem tags zuvor ausgebrochenen Großen Brand zum Opfer, und Goos konnte von Glück sagen, daß es ihm gelungen war, das gesamte Inventar noch rechtzeitig in Sicherheit zu bringen. Er hat die größte Katastrophe, die Hamburg vor der Bombardierung von 1943 traf, lebhaft beschrieben. Das in der Stadt herrschende Chaos – Feuer, Räumung, Plünderungen durch den Mob – wird von allen Augenzeugen übereinstimmend geschildert. Das Besondere dieses Kapitels liegt darin, wie Goos die das Ganze heimsuchende Verheerung am Beispiel seiner eigenen Erlebnisse darstellt. Gerade hier wird seine erzählerische Begabung deutlich. Aber auch sein Bemühen, selbst die argen Widerfahrnisse in mildem Licht und mit Humor zu sehen.

Das Kapitel über die Cholera-Epidemie zeigt das besonders. Goos beschreibt darin einen Unfall mit Chlorgas in der Apotheke, der zwar dem Interieur zusetzt, das beteiligte Personal aber verschont, in einer Szene, die an ein von Wilhelm Busch gezeichnetes häusliches Desaster denken läßt. Fast vergißt man darüber, daß an der von Oktober 1831 bis Februar 1832 in Hamburg grassierenden Cholera 482 Menschen starben. Der Erreger dieser Seuche wurde erst 1883 von Robert Koch entdeckt; die Menschen infizierten sich meist über das Trink- und Brauchwasser, seltener durch unmittelbare Ansteckung. Daß die unbeschreiblichen hygienischen und sozialen Verhältnisse die Ausbreitung der Cholera begünstigten, darüber wurde nicht nachgedacht, dabei hatten Hamburger Ärzte schon früher einen Zusammenhang vermutet. So half man sich denn auch später mit der von Goos beschriebenen Quacksalberei: Händewaschen mit Essig, und vor allem pflegte man das beliebte Räuchern. Natürlich ohne jeden Erfolg. So kostete 1848 die zweite Cholera-Epidemie 1537 und 1859 die dritte 1300 Tote, durchweg in den Quartieren der Armen, die sich sauberes Trinkwasser nicht leisten konnten. Die Stadt änderte an diesem unhaltbaren Zustand gar nichts und bekam 1892 für ihre Nachlässigkeit die grausame Quittung mit 16 000 an der Cholera Erkrankten, von denen 8000 starben. Selbst damals, so erzählte mir 1969 ein alter Zahnarzt, der als Neunjähriger die Cholera-Epidemie erlebt hatte, wurde in seinem Elternhaus (er war der Sohn eines praktischen Arztes) fleißig geräuchert und Türen mit Essig abgewaschen, denn viele Ärzte hielten die Entdeckung Kochs für puren Unsinn.

Berend Goos ist auf die Epidemie von 1848 und 1859 nicht eingegangen, und wenn er von der völlig anachronistischen Torsperre spricht, sieht er daran vornehmlich die komische Seite. Es war ja auch grotesk, daß bis 1861, als die Torsperre abgeschafft wurde, sich die Stadt abends um zehn Uhr mit allen Einwohnern einschloß und Einlaß nur gegen eine Gebühr gewährt wurde. Daß dieser Unfug überhaupt existierte, hatte damit zu tun, daß die Stadt auf den hier erhobenen Stadtzoll nicht glaubte verzichten zu können (die sogenannte „Akzise“, eine Verbrauchssteuer auf eingeführte Lebensmittel, Vieh, Handelsware, gleichsam ein Binnenzoll, der die Preise verteuerte, doch der Stadt zugute kam). Auch wollten die Zünfte (in Hamburg „Ämter“ genannt) ihre Privilegien bewahren, indem sie den Import auswärtiger Handwerkerprodukte zu verhindern trachteten.

Ähnliches gilt für das von Goos geschilderte System der Privatschulen. Als Sohn eines Pfarrers bekam er selbstverständlich einen Unterricht privaten Zuschnitts. Wer das Geld dafür nicht aufbringen konnte, schickte seine Kinder auf eine unentgeltliche Armenschule bescheidenen Niveaus. Daneben gab es noch die Kirchen-, Vereins- und Stiftungsschulen. Das ganze Bildungssystem in Hamburg war aufgesplittert in vielfältige Organisationsformen. Ein übergreifendes Gesamtkonzept existierte nirgends. Erst

1870 wurde das gesamte Schulwesen in die Hand des Staates gelegt, 1871 die „Allgemeine Volksschule" geschaffen und die Schulpflicht eingeführt.

Aber auch sonst hatte sich in den siebzig Jahren Lebenszeit von Berend Goos in Hamburg viel geändert. Als er geboren wurde, war die acht Jahre währende französische Okkupation gerade zuende gegangen. Die schöne Metropole an der Elbe und Alster galt als nahezu ruiniert. Und kaum hatte die Stadt wieder zu florieren begonnen, wurde sie vom Feuer fast ausgetilgt. Doch als Goos 1885 starb, hatte sich Hammonia prächtig entwickelt. Dies zu schildern und nach Ursachen zu fragen ist nicht der Sinn dieser Memoiren. Sie wollten vielmehr Kindern und Enkeln ein Bild vom alten Hamburg, wie es sich Goos zwischen 1815 und 1845 dargeboten hatte, vermitteln, und zwar im milden Licht eines als glücklich empfundenen Lebens. Aus einer Fachwerkstadt fast kleinstädtischen Gepräges hatte sich eine moderne Großstadt entwickelt.

Daß dies nicht immer im Sinne eines konservativ ausgerichteten Mittelstands war, überrascht nicht. Die Generation von Goos' Vater hielt den Ausbau des rasch wachsenden Eisenbahnnetzes für neumodischen und nicht lebensfähigen Unsinn (was der Hamburger mit dem liebenswerten Wort „Tüdelkram" bezeichnet); Goos hat das belustigt festgehalten. Doch selbst die Entwicklung des städtischen Nahverkehrs, zunächst mit „Omnibus" genannten Kutschen, dann mit Pferde- und Dampfbahnen (von U- und S-Bahn zu schweigen) konnte man sich 1842, als gerade die Strecke Hamburg–Bergedorf als erste Eisenbahnverbindung eröffnet wurde, noch nicht vorstellen.

Die politische Entwicklung Hamburgs ist nicht das Thema dieser Memoiren. Da hätte es durchaus einiges zu erzählen gegeben, aber Goos scheint das nicht interessiert zu haben oder es galt ihm als nicht erzählenswert. Etwa die Unruhen von 1848, die in Hamburg, verglichen etwa mit Berlin, geradezu sanft verlaufen waren. Der Krieg mit Dänemark berührte die Stadt unmittelbar so wenig wie der preußisch-österreichische Konflikt 1866 (in dem Hamburg gezwungen wurde, sich auf die preußische Seite zu stellen, indes ohne eine militärische Beteiligung) oder mit Frankreich 1870/71, an dem Hamburger Truppen beteiligt waren. Da war das von Goos beschriebene Bürgermilitär schon abgeschafft (1868). Die Stadt gab sich 1860 eine neue Verfassung, die den Juden endlich die Gleichberechtigung verschaffte und dem mittelalterlichen Zunftwesen den Abschied gab. Der Hafen wurde Jahr um Jahr stärker ausgebaut, und als Goos 1885 starb, waren die großen Segelschiffe schon in der Minderheit und der Freihafen, dem das barocke Kaufmannsviertel vom Wandrahm geopfert wurde, im Bau, wie überhaupt die vom Großen Brand verschonten Zeugnisse des alten Hamburg mehr und mehr der Spitzhacke anheim fielen. Das Hamburg, in dem der junge Berend Goos großgeworden war, existierte bei seinem Tod nicht mehr.

Sein sich verschlechternder Gesundheitszustand und eine zunehmende Schwerhörigkeit zwangen ihn 1853 zur Aufgabe seiner (noch heute existierenden) Apotheke am Rathausmarkt, die er an Johann Roosen-Runge verkaufte. Schon der junge Berend hatte gern gezeichnet; jetzt, noch keine fünfzig Jahre alt, ließ er sich bei Hermann Kauffmann zum Maler ausbilden und nahm 1855 an der Kunstakademie Karlsruhe Unterricht bei deren Leiter Johann Wilhelm Schirmer, einem Landschaftsmaler. Goos reiste auf Motivsuche immer wieder kreuz und quer durch Schleswig-Holstein und natürlich auch ins Hamburger Umland. Wie er sich selbst als Maler und Zeichner beurteilt hat, wissen wir nicht. Der Ruhm seines malenden Apothekerkollegen Carl Spitzweg blieb ihm verwehrt. Er muß ein liebenswürdiger, stets bescheidener Mann gewesen sein, dem avantgardistische Ambitionen völlig fern lagen und der sich als Schilderer seiner Stadt auch nicht mit dem schreibenden Apothekerkollegen Theodor Fontane messen wollte; wobei wir nicht wissen, ob er überhaupt die Bücher von Fontane gekannt hat, dessen große Alterswerke 1885 noch nicht vorlagen. Von seinen literarischen Interessen ist bekannt, daß er Goethes „Faust“ liebte und gern die Bücher Fritz Reuters las, den er auch einmal in seiner Villa im thüringischen Eisenach besuchte. Man kann wohl sicher sein, daß beide ihre Unterhaltung auf Plattdeutsch geführt haben, denn die Hamburger sprachen untereinander nur Plattdeutsch, was diese Memoiren ja auch genügend bezeugen.

Berend Goos ist am 26. November 1885 in Hamburg gestorben, einen Tag, nachdem er siebzig Jahre alt geworden war. Seine fünf Jahre zuvor gedruckten „Erinnerungen aus meiner Jugend“ waren nur für die Familie gedacht und erschienen in sehr kleiner Auflage. Erst 1897 machte eine dreibändige (gekürzte!) Ausgabe das Werk der Öffentlichkeit bekannt. Eine nochmals gekürzte Auflage erschien 1907. Danach geriet Berend Goos in Vergessenheit. Jetzt, nach über hundert Jahren, wird er wiederentdeckt, ein ungemein humorvoller Chronist seiner Vaterstadt, ein durch und durch nobler Charakter, der das Leben liebte und ihm stets bejahend begegnet ist. Kein Buch bewahrt ein anschaulicheres Bild des Lebens im alten Hamburg als dieses Erinnerungswerk. Es verdient, zum Hausbuch aller Hamburger zu werden.

Eckart Kleßmann

[1]

Geburt und Vorfahren

Es war am 26. November 1815, spät am Abend, als ich geboren wurde. – Daß dies hochwichtige Ereignis an einem Sonntage geschah, kann ich auch noch verraten, denn mein Großvater pflegte zu sagen: „Jung', du büst en Sündaagskind, du kannst ja Geester sehn", wenn mir leider auch niemals die Ehre zuteil wurde, einer jener lustigen Gestalten zu begegnen.

Zu dieser Zeit hatten die großen kriegerischen Ereignisse, welche so lange Jahre hindurch die halbe Welt in Angst und Schrecken versetzten, wieder einem ruhigen Verlauf der politischen Begebenheiten Platz gemacht; Franzosen, Russen, Spanier, Holländer, Dänen oder was sonst von fremden Völkern sich in meiner Vaterstadt Hamburg zu verschiedenen Zeiten herumgetummelt und nicht wenig Not und Trübsal darin zuwege gebracht, waren abgezogen, und Senat und Bürgerschaft konnten wieder nach eigenem Belieben schalten und walten. Mein seliger Vater pflegte oftmals bei guter Laune, die ihm indes selten abhanden kam, zu äußern: ich wäre ein rechter Pfifficus, ich habe ruhig meine Zeit abgewartet, und als die Franzosen auf Nimmerwiedersehen endlich abgezogen, da – erst vorsichtig die Nase herausgesteckt und sei dann als großer Held ans Tageslicht getreten.

Das Haus, in dem ich geboren bin, stand und steht auch noch auf den ersten Vorsetzen am Hafen, wo damals der ältere Bruder meiner Mutter wohnte, zu dem während der Belagerungszeit meine Eltern gezogen waren. Vielleicht deshalb, weil es sich in dieser ernsten Periode zusammen sicherer und gemütlicher lebte oder was sonst der Grund gewesen sein mag. Bald nach meiner Geburt zogen wir wieder in unser altes Wohnhaus in der Poolstraße, das während der Belagerung mit französischen Soldaten belegt gewesen war, woselbst ich denn auch die ersten Eindrücke des äußeren Lebens empfing.

Mein Vater, im Jahre 1775 am 10. Juni in Friedrichstadt an der Eider geboren, war seit 1801 Pastor an der Mennoniten-Gemeinde zu Hamburg und Altona. Er war schon früh nach Altona gekommen, hatte das dortige Christianeum academicum besucht und dann in Holland seine theologischen Studien absolviert. Er pflegte noch in seinen spätesten Jahren mit vieler Vorliebe von Holland zu sprechen, ehrte die holländische Sprache sehr hoch und behauptete, lieber eine Predigt in dieser als in deutscher Sprache zu halten. In früheren Zeiten wurde in unserer Mennoniten-Kirche in Altona nur Holländisch, später Holländisch mit Deutsch abwechselnd, und erst von etwa 1838 an bloß Deutsch gepredigt. – Daß mein Vater schon in früher Jugend gut in der Bibel Bescheid wußte und sich deren Lehren und Erzählungen zur Richtschnur nahm, beweist eine Anekdote, die er uns aus seinen Schuljahren erzählte. Er wohnte während seiner Besuchszeit des erwähnten Christianeums bei seiner Tante Gosling, geborene Goos, in Altona, und bat dieselbe einst um eine Schere, um sie mit zur Schule zu nehmen. Ernstlich befragt, was er damit zu tun beabsichtige, hatte er dann gestanden, er sei von einem Kommilitonen arg beleidigt worden, und um sich zu rächen, wolle er das Beispiel Davids nachahmen und, wie jener dem Saul, so dem Beleidiger einen Zipfel seines Mantels abschneiden.

Mein Vater war Witwer, als er im Jahre 1802, den 18. Juli, meine Mutter heiratete. Letztere wurde 1782 am 27. März geboren, als älteste Tochter meines Großvaters Berend Roosen, dessen Frau, meine Großmutter, ich mich übrigens kaum noch zu erinnern weiß.

Die Roosensche Familie, welche sich ebenfalls von jeher zur mennonitischen Glaubenslehre bekannte, ist ein altes Geschlecht, dessen Vorfahre, Coord Roosen, aus dem Jülicher Lande nach Holstein eingewandert war und welches zunächst von dessen Urenkel, Hermann Roosen, der in Altona wohnte, abstammt.

Schon meine älteren Vorfahren müssen wohlhabende Leute gewesen sein, namentlich ein Urgroßonkel von mir, Berend Roosen, von dem erzählt wird, er habe 99 eigene Schiffe zur See gehabt, die größtmöglichste Zahl, denn 100 Schiffe durfte nach altem hamburgischen Gesetz kein Bürger dieser Stadt besitzen. Sein Reichtum war wohl auf einer weisen Ökonomie basiert, welches sich aus der Erzählung eines alten Hamburger Schiffers ergibt, der sie einem Bekannten von mir mitgeteilt hat. Dieser alte Seemann hatte auf einem dieser 99 Schiffe als Kajütwächter oder Kochsmaat seine Karriere begonnen und den Herrn B. Roosen öfters am Bord gesehen. – Einst, als er beschäftigt war, eines jener langen Schwefelhölzer, die vor der Erfindung der Reibhölzer, in viel größerem Format als diese, auf beiden Enden mit Schwefel versehen, allgemein im Gebrauch waren, mit Hilfe seiner Zunderlade anzuzünden, trat gerade der alte Herr zu ihm heran, und als er nun nach dem Gebrauch des Hölzchens die Flamme ausblies und das unverbrannte Stück auf das Gesims der Kombüse legte, fragte er ihn, warum er dasselbe aufbewahre. – Nun, sagte der Junge, das aufbewahrte Ende könne er ja noch einmal benutzen, worauf der alte Herr sehr zufrieden lächelte. – „Aber“, fuhr der Schiffsjunge fort, „wenn ick dat anner En'n bruckt hev, smit ick den Rest doch noch nich weg, denn wenn denn mal Herr Roosen oder uns Koptain hierher kümmt un sin Pip an min Köckenfüer anstecken will, so kann ick darto noch ganz goot bat mitdelst' Stück verwen'n.“ Da hätte der alte Herr ihm auf die Schulter geklopft und gesagt: „Brav, min Jung', dat du nich in de Welt fortkümst, darum is mi nich bang.“

Meine Mutter hatte drei Geschwister, nämlich meine Tante Gertrude, 1784 den 6. Oktober geboren, und meine beiden Onkel, Hermann Roosen, 1786 den 10. Juni, und Berend Paulus Roosen, den jüngsten, 1792 den 29. November geboren.

[2]

Das elterliche Haus

Wir wohnten in der Poolstraße in einem alten sogenannten Ständerwerkhause, das aber sehr viel Eigentümliches und Angenehmes auszuweisen hatte. Das Kellergeschoß bestand aus einer großen Küche mit, wie damals allgemein gebräuchlich, offenem Herde. Sie erstreckte sich über die ganze Haustiefe, hatte drei Fenster nach der Straße und ebensoviel nach hinten, wo außerdem noch eine Tür nach dem Hofplatz hinausging. Neben der Küche nach vorn war die Speisekammer, hinter derselben eine Mädchenkammer, die ihr Licht nur von der Küche durch die hinteren Fenster empfing, denn neben dieser Kammer führte die Treppe auf den hinteren Teil der Hausdiele. Das Parterre enthielt an der Nordseite des Hauses über der Küche nach vorn das drei Fenster breite Wohnzimmer und ebenso breite Hinterzimmer; ferner die schöne geräumige, mit Marmorfliesen belegte Diele, auf welche beide Zimmer mündeten. Zwischen diesen beiden Türen stand damals, neben einem Tisch, unsere noch jetzt vortreffliche Dielenuhr, welche regelmäßig am Sonnabend von meiner Mutter aufgezogen wurde. Gegenüber waren, bis dicht ans Fenster, die beiden großen Mahagonischränke plaziert, und gleich daneben führte dann die Treppe in den ersten Stock. Dieser enthielt drei Zimmer; zwei nach vorne, in deren einem meine Mutter und wir Kinder schliefen, und ein Hinterzimmer, der Saal genannt, das nur als Gesellschafts-Speisezimmer benutzt wurde. Der dann folgende zweite Stock enthielt nach vorn zwei Zimmer und nach hinten einen großen mit Fliesen belegten Vorplatz; ein herrlicher Aufenthalt im Sommer. Das eine der beiden Vorzimmer rechts war das Studierzimmer meines Vaters und wurde die „Bücherstube" genannt, das daneben hieß Schrankstube. Noch war zu diesem Stock ein Zimmer vom Nachbarhause, welches letztere uns ebenfalls gehörte, hinzugenommen, die „schiefe Stube", einer schrägen Dachfläche nach benannt. Darauf folgte dann der in seinen Dachverhältnissen ziemlich komplizierte Bodenraum, der in der Mitte des Hauses einen freien Raum, nach vorne und hinten aber Bodenkammern mit alten Scharteken, Betten etc. enthielt.

Das, wenigstens für mich, Interessanteste bei diesem Hause war ein großer schöner Garten, der die Breite zweier Häuser einnahm; es hatte nämlich das meinen Eltern gehörende Nebenhaus, in welchem zuletzt ein Jude, namens Lazarus, wohnte, nur einen kurzen gepflasterten Hofraum, der durch eine hohe Planke abgegrenzt war; hinter dieser sprang dann unser Garten in der ganzen Breite des Nachbarhauses vor. Dicht hinter unserm Hause nun befand sich zuerst der mit dem Nachbarhause gleich tiefe, gepflasterte Hofplatz, auf dem, wenn man von der Küche hinaustrat, zur Linken gleich hinter den Fenstern ein herrlicher großer Lindenbaum stand, der, bis zum zweiten Stockwerk hinaufreichend, wohl die Hinterzimmer etwas verdunkelte, dagegen dem Hause etwas höchst Wohnliches, Beschütztes gab, auch die Sonne abhielt, da das Haus hinten gegen Osten lag. Sodann folgte gleich nach diesem Baum ein von demselben beschattetes Gebäude, das Mangelschauer genannt, welches bis zum wirklichen Garten reichte, unten Waschraum und Mangelkammer enthielt, darüber einen Boden zur Brennholzaufbewahrung. Auf der rechten Seite dieses Hofplatzes befand sich inmitten der Planke eine Pumpe, die ein klares hartes, zum Trinken untaugliches Wasser lieferte; je nachdem die großen Messinghähne geöffnet oder geschlossen waren, versorgte sie sowohl unser wie das Nebenhaus mit Wasser. Der Hofplatz zog sich nun noch an dieser Seite hinter der Planke des Nachbarn als schmaler Streifen bis zu einem ganz in der Ecke liegenden Torfschauer, welches unten und auf seinem Boden unsern Torfvorrat enthielt. Noch stand auf diesem Hofplatz am Ende des Mangelschauers ein alter Birnbaum. Auch von der Hausdiele aus, die hinten mit einer Glastür, neben welcher dann rechts die Treppe zur Küche hinunterführte, abschloß, konnte man auf einer hölzernen, etwa zwölfstufigen, hart an der Nachbarplanke liegenden Treppe zum Hof hinabgelangen; diese hatte vor der Glastür einen Balkon, der durch ein überragendes Holzdach sowohl als auch durch die weitreichenden Zweige der Linde beschattet wurde und bei schönem Sommerwetter fast ausschließlich zum Aufenthalt der Familie diente. Der Blick von da auf den Garten war höchst anmutig, auch war dieser schöne Sitz den Blicken der Nachbarhäuser total unzugänglich, denn die Planke neben der Treppe erhob sich mit derselben bis fast an das Dach dieses Balkons, und von der andern Seite schützte die Linde und das etwas tiefer vorspringende Nachbarhaus.

Hinter dem gepflasterten Hofplatz, durch ein Stacket (*Zaun*) und eine Reihe schlanker italienischer Pappeln, einem Lieblingsbaum meiner Mutter, begrenzt, begann der große Garten, in dessen Mitte ein viereckiges Lusthaus stand, welches im Sommer, besonders in Anwesenheit von Gästen, oftmals zum Teetrinken und Abendessen benutzt wurde, aber auch mitunter ganze Tage lang zu unser aller Aufenthalt diente. Der Garten enthielt, dem Hause zunächst, einen ovalen Grasplatz, dessen vorderen Teil ein großes Blumenbeet schmückte; zwischen Grasplatz und Lusthaus befanden sich, ein rundes in der Mitte, mehrere kleine Blumenbeete, unter denen sich ein fußförmiges befand, zum Ergötzen meines Vaters, der uns oftmals erzählte, der Gärtner Dehn habe ihn beim Anlegen dieser Partie belehrt: man möge bei solchen Beetanlagen es machen, wie man wolle, ein fußförmiges sei immer darunter. Auf dem letzten Beet vor dem Lusthause stand ein großer, prachtvoller Bergamot-Birnbaum, der sehr reichliche Früchte trug.

Wenn man aus diesem Lusthause trat, so hatte man noch zur Linken, hart an der begrenzenden Planke, eine dichte Lindenlaube. Hinter dem Lusthause war der Raum außer mit einigen hohen starktragenden Birn- und Apfelbäumen mit vielen schattigen großen namentlich Ahornbäumen besetzt, so daß dieser Teil einen ordentlichen Wald bildete, durch den nur wenige Sonnenstrahlen dringen konnten. Hier wurde der Garten nun durch eine hohe Mauer der Hinterseite der Gebäude eines mit Ranningers Hof in Verbindung stehenden Seitenhofes begrenzt. Ganz in der linken Ecke war noch ein kleines Häuschen hart an diese Mauer angebaut, in welchem Gartengerätschaften aufbewahrt wurden. Hinter dem Häuschen war jenseits der Schlußmauer, also in dem Hofe gelegen, eine Schmiedewerkstatt, und merkwürdigerweise hatte der daselbst hämmernde Schmied die Erlaubnis, durch ein viereckiges Loch, das in unser Häuschen mündete, seine eisernen Stangen zu stecken, wenn sein Schmiedeherd für die Länge derselben nicht ausreichte. Für uns Kinder war nun, wenn etwa bei unserer Gegenwart eine solche Stange zum Vorschein kam, die Versuchung zu stark, als daß wir dieselbe nicht ergriffen hätten, NB wenn sie nicht zu heiß war, und schnell zu uns hereinzogen oder auch durch Hin- und Herzerren dem Schmied sein Kohlenfeuer durcheinanderwarfen, worauf dann eine Ladung Schimpfworte durch das Loch geflogen kam, was natürlich den Spaß erhöhte. Einmal hatten meine Schwestern mit Hilfe des Dienstmädchens es so arg getrieben, daß der Schmied, freilich auf großem Umwege, in unser Haus kam, um bei meinen Eltern, die glücklicherweise nicht zu Hause waren, Beschwerde zu führen. Der Köchin, die auf sehr ernsthafte Weise seinen Bericht entgegennahm, hatte er den Rat gegeben, den großen Jungen nur gehörig vorzunehmen, der wäre der Anführer gewesen, was denn nun, nachdem der erboste Mann besänftigt abgezogen war, großes Gaudium hervorbrachte. Später hatte, als einmal eine noch glühende Stange den Inhalt des Häuschens durch eine entzündete Bastmatte in Flammen gesetzt hatte, der Spaß ein Ende, denn das Loch wurde sodann zugemauert.

Zu damaliger Zeit existierte weder eine Stadtwasserkunst noch ein Sielsystem. Wasserleitungen bis in die Häuser kannte man nicht, entbehrte sie aber auch nicht, weil alle einigermaßen wohlhabende Familien ganze Häuser bewohnten und die Etagenwohnungen nicht einmal dem Namen nach existierten; wurden Häuser von mehreren Familien bewohnt, was bei den sogenannten kleinen Leuten der Fall war, so hießen die Parterrewohnungen Buden, die oben im Hause befindlichen Sähle, und zwischen zwei Buden im Erdgeschoß führte in der Regel eine steile enge Sahltreppe in den ersten, zweiten bis dritten Stock; und in diese höheren Wohnungen das Wasser eimerweise hinaufzuschleppen war allerdings recht mühselig, aber man kannte es einmal nicht anders, auch waren dazu die sogenannten Wasserträger da. – Trinkwasser, und zwar sehr gutes, lieferten unzählige Wasserwagen aus den reichhaltigen Pumpen am Heiligengeistfeld; es gab aber außerdem noch eine sogenannte Wasserkunst, die „Biebersche“, die vermittelst hölzerner Röhren Elbwasser durch die Hauptstraßen der Neustadt leitete. An den verschiedenen Straßenecken wurde dann, aus kleinen eisernen Pfosten, durch dazu angestellte Männer das Wasser den Anwohnenden ausgezapft, und an Sonnabenden konnte man ganze Reihen Wasserträger und Wasserträgerinnen hintereinander stehend gewahren, deren Unterhaltung und Scherze weithin schallten.

Diese Wasserkunst wurde durch Pferde getrieben, die in einer Mühle, unterhalb des jetzigen „Wiezel's Hotel", der Elbhöhe gegenüber, gingen. Da nun kein Stadtsiel zur Verfügung stand, so mußte das auf unserem Hofplatz ausgegossene Wasser durch ein hölzernes Siel, unter dem ganzen Garten durch, in eine sogenannte Schlammkiste geleitet werden, welche sich hinten, dem oben erwähnten Häuschen gegenüber, befand. Diese viereckige Grube, in welcher das Wasser in die Erde zu versinken die Erlaubnis erhielt, war mit erhabenem Deckel von dicken Bohlen dicht verdeckt, welcher wieder durch ein Stacket abgeschlossen war, wodurch uns Kindern eine ausgezeichnete Festung entstand, welche bei Anwesenheit von Spielkameraden von einigen verteidigt, von anderen angegriffen wurde.

Als meine Eltern nach ihrer Hochzeit das Haus bezogen, hatten sie diese, etwa zwei Fuß über den Boden erhöhte, Schlammkiste in ihrer Harmlosigkeit für eine Art offener Veranda gehalten, und man kann sich den Schrecken meines Großvaters – er war Eigentümer der beiden Häuser – erklären, als er bei einem Besuche meine Mutter auf diesem improvisierten Altan antraf, wo sie zweien ihrer Cousinen den Tee serviert hatte und diesen Sitz unter einem schattigen Kirschbaum sehr angenehm fand, ohne zu ahnen, welcher schmutzig schauerliche Abgrund unter ihnen gähnte und sie, nebst dem geselligen Teetisch, bei etwa mangelhafter Beschaffenheit der tragenden Bohlendecke verschlingen mußte. Hart an dieser Schlammkiste befand sich ein kleines, von meiner guten Mutter für mich angelegtes Blumengärtchen, das mir, namentlich in der Frühlingszeit, viel Freude und Unterhaltung gewährte. Die verschiedenen Vorrichtungen zur Einfriedung desselben, das Pförtchen und dergleichen stehen mir noch so lebhaft vor Augen, als ob ich sie erst gestern verlassen hätte, und ebenso lebhaft erinnere ich mich, welches Vergnügen mir die gefüllten Merlblumen oder Aurikeln bereiteten, die wir von Vierländern kauften, oder die Schlüsselblumstauden, welche ich beim ersten Frühlingsbesuch in Dockenhuden ausgrub und in Moos emballiert (*verpackt*) für meine Anlagen mit zur Stadt brachte. Vergeblich aber versuchte ich zwischen den Beeten einen kleinen Teich oder vielmehr Wasserrinnen anzulegen. Das Wasser wollte niemals standhalten.

Was nun endlich unserem Garten einen besonders großartigen Anstrich gab, war der Umstand, daß derselbe zu beiden Seiten von ebenso großen Gartenräumen begrenzt wurde; südlich vom Hause erstreckten sich diese bis an die Rückseite der Häuser von Ranningers Hof, welcher die Poolstraße mit dem Bäckerbreitergang verbindet, nördlich bis an die Häuser der Straße beim Dragonerstall. Der große Garten hinter der Erholung, dem Etablissement einer Privatgesellschaft*, am Dragonerstall gelegen, reichte ebenfalls bis an die äußerste nordöstliche Ecke unseres Gartens. Noch klingt mir das mitunter herüberschallende Geschrei eines Pfaues, der daselbst gehalten wurde, im Ohr; meiner Mutter galt dasselbe als Ankündigung schlechten Wetters, so oft wir's vernahmen.

Die Poolstraße, welche zu dieser Zeit noch in einer ziemlich steilen, den Wall gerade hinaufführenden Straße endigte, hatte nur unansehnliche Häuser, oft mit Gängen und kleinen Höfen versehen, und man durfte nicht eben ein feines Publikum daselbst suchen. Wir lebten mit unseren Nachbarn jedoch stets in Frieden und Freundschaft. – Vor unserem und noch manchem der Nachbarhäuser standen mitunter recht ansehnliche Lindenbäume, wodurch die Straße ein altertümlich gemütliches, fast holländisches Ansehen erhielt, und der nahe gelegene, schon damals sehr hübsch bepflanzte Wall brachte uns eine gesunde Luft und angenehme Spaziergänge.

* Die Gesellschaft *Erholung* wurde 1815 von dem aus den Befreiungskriegen bekannten Hamburger Bürger J. J. Hanfft, dem Errichter und Erhalter einer gegen die Franzosen mehrfach verwendeten Ulanenschwadron, gegründet.

[3]

Der Landaufenthalt beim Großvater

Den im Vorhergehenden geschilderten wohnlichen Verhältnissen muß ich hier noch die Beschreibung von meines Großvaters Landsitz, die *Borst* oder *Bost* genannt, hinzufügen, weil wir fast die Hälfte der Sommerzeit daselbst zubrachten und sich hier das reichhaltigste Familienleben entfaltete. – Da dieses Landwesen hart an der Elbe, unterhalb des Dorfes Dokkenhuden, lag, wurde es von alt und jung nicht anders als *Dockenhuden* genannt, und für mein kindliches Gemüt gab es keinen lieblicheren Klang; die Nachricht: in nächster Woche ziehen wir nach Dockenhuden hinaus, enthielt den Inbegriff aller Freude, aller Seligkeit.

Dieser Besitz, der zu den großartigsten und schönsten von allen den herrlichen Gärten längs des Elbufers zwischen Altona und Blankenese gezählt werden muß, liegt etwa eine Meile von Hamburg entfernt. Vom Elbufer war er durch sogenannte Vorsetzen von sechs bis acht Fuß Höhe, die zum Teil von rohen Felsblöcken, größtenteils aber von Holz oder auch von Mauersteinen aufgeführt waren, getrennt. Den herrlichsten Wiesengrund trugen diese Vormauern, und von ihnen aus zogen sich, in einer Ausdehnung von etwa 600 bis 700 Schritten, die parkartigen Gartenanlagen bis zur höchsten Höhe des bekannten hüglichten Elbufers. – Es waren da viele verborgene, lauschige Waldplätze, steile romantische Wege, lichte Wiesen, umgeben von ernsten Baumgruppen, und dann wieder die reizenden Durchblicke durch die von der Sonne durchleuchteten Laubmassen auf das tief unten liegende Haus nebst Scheune und über dasselbe hinweg auf den mächtigen Strom und das fern gegenüberliegende Ufer, so daß dem Empfänglichen die ganze Seligkeit eines idyllischen Naturgenusses hier geboten wurde. Die große Ausdehnung der Grenzen hielt so vollkommen jede Einwirkung des weltlichen Getriebes ab, daß einem nie der vollkommene Genuß der Natur gestört werden konnte, und die große Mannigfaltigkeit der verschiedenen Anlagen machte es möglich, für jede Tages- und Sommerzeit neue noch unbekannte Reize zu entdecken; auch war ein Wechsel der Ruheplätze, wo man den materielleren Genüssen Genüge tun konnte, stets geboten. Bald wurde der Tee an einem Sonntagnachmittage im sogenannten neuen Lusthause getrunken, welches hart an der Landstraße, die von Nienstedten nach Dockenhuden führt, sich befand, bald geschah dies auf einer der Wiesenflächen, zunächst dem Elbufer, wo man den schiffreichen Fluß vor sich hatte, während wir Kinder mit meinem Vater unterhalb am Strande mit Fischen beschäftigt waren, wohin uns dann der Tee hinuntergereicht wurde.

Das Haus selbst hatte nichts Bedeutendes aufzuweisen, es lag inmitten des unteren Teils des Gutes, mit dem Blick auf die Elbe, und war durch Anbauten, augenscheinlich aus verschiedenen Zeitperioden, zu seiner damaligen Ausdehnung gelangt. Die ansehnlichere, nach Osten liegende Giebelseite enthielt im unteren Teil einen großen Eßsaal, darüber ein Gesellschaftszimmer mit Balkon, die Zeltenstube genannt; dann folgte nach Westen zu der Haupt- und zugleich der höchste Teil des Gebäudes, welcher der Familie zur täglichen Wohnung diente. Im Parterre waren hier nach der Süd-, also Vorderseite, ein größeres Gesellschaftszimmer und die Gärtnerwohnung, nach hinten Küche etc. – Eine Treppe hoch, nach vorn, Wohnzimmer, nach hinten Schlafzimmer, deren Fenstern die Syringenzweige von einem Steinwall herab, der die dicht hinter dem Hause sich hinaufziehenden Anlagen begrenzte, ihre duftenden Blütenbüschel zuneigten. Darüber lag noch eine Anzahl kleinerer Stuben, als Fremdenzimmer, Speisekammer etc. benutzt. Dieser ältere Teil war gewissermaßen klassischer Boden; hier hatte Hugo Grotius gewohnt, den man sogar als den Erbauer vermutete, ferner der Maler Balthasar Denner, und später der Schriftsteller Archenholz, dem zu Ehren die jenseits des großen Rasenplatzes auf der Ostseite des Hauses unter den Bäumen stehende Bank Archenholz oder Archenholz-Sitz benannt wurde. Der westlich gelegene Teil dieses komplizierten Hauses, durch einen niedrigen Zwischenbau eine große Vordiele bildend, mit dem Hauptgebäude verbunden, war eigentlich ein früher zu Fabrikzwecken dienender Anbau, welcher mit dem Wohnhause einen rechten Winkel bildete und sich ziemlich weit der Elbe zu erstreckte, oben

Wilhelm Heuer, Ansicht von Dockenhuden, Kreidelithographie 1874

einen langen Boden, unten Remisen und dergleichen enthaltend, soweit die Tiefe des Hauses reichte, dann aber ein großes Gesellschaftszimmer darstellend – das alte Lusthaus genannt – mit Aussicht nach drei Seiten, welches durch einen Torweg, eine Durchfahrt, nach den hinteren Hof- und Stallräumen vom Hause getrennt wurde.

Der gepflasterte Hof, auf welchen man durch diesen Torweg gelangte, wurde links durch eine Reihe hoher Linden und eine dichte Buschhecke von einem Blumengarten getrennt. Nach Westen lag die Scheune, der Hühner- und Entenhof, ihr gegenüber der westliche, schon beschriebene Anbau, welcher hier die Wagenremise und einen Ausgang des Hauses enthielt, und in der Mitte des geräumigen Hofes standen zwei schöne alte Ulmen, die den Hof beschatteten. Neben der Scheune links ging ein abschüssiger Fahrweg hinunter, der mit einer Pforte unter schattigen Weidenbäumen abschloß. Im Norden der Scheune und des Hauses stieg dann der große schöne Garten oder vielmehr Park empor, bis an den oben begrenzenden Fußweg, der noch jetzt die Bost von der Godefroyschen Besitzung trennend nach Mühlenberg führt. – Die schönste Ansicht gewährte der von der oberen, nordöstlich gelegenen Einfahrt zu dem Hause hinabführende Fahrweg, welcher, sich südlich haltend, unter hohen düsteren Bäumen sich ziemlich steil durch den größten Teil der Besitzung hinabsenkte, dann seinen düsteren romantischen Charakter ändernd plötzlich einen freien Überblick über den großen Rasenplatz aus das gegenüberliegende Haus mit seinen majestätischen Baumgruppen und die sich rechts emporziehenden Gartenanlagen darbot.

Außer dem erwähnten alten Lusthause, welches wegen seiner Geräumigkeit und vielfältigen schönen Aussichten zum häufigen Aufenthalt der Familie diente, existierten noch zwei Baulichkeiten im Garten selbst, die mit dem Namen Lusthäuser bezeichnet wurden. Das eine schon genannte „neue Lusthaus“ lag am nordöstlichen Teil der Besitzung, hart an der Chaussee. Von hier führte ein schmaler Weg, neben Kartoffel- und Gemüseland, zu einem kleinen Pförtnerhäuschen, bei welchem der früher beschriebene abwärts führende, höchst romantische Fahrweg begann. Dieses Lusthaus hatte nur ein Zimmer, mit dem Blick auf die Landstraße, und wurde nur zum nachmittäglichen Teetrinken benutzt, um, an Sonntagen, die vorüberführende Passage zu beobachten. Für die jugendliche Generation bestand hierbei das Vergnügen darin, auf meinem kleinen Ziehwagen die nötigen Ingredienzien zu solchem Tee hinauszuschaffen. Auch wurde dann wohl noch von hieraus ein weiterer Spaziergang nach Nienstedten oder nach Dockenhuden unternommen. Das kleine, mit roten Ziegeln gedeckte Häuschen hatte sonst nichts Anziehendes. Das andere, *hohes Lusthaus* benannt, lag im höchsten Teil des Gartens, rechts vom Fahrweg, in der Nähe des Pförtnerhäuschens, auf einer kleinen künstlichen Rasenanhöhe, mitten zwischen hohen Lindenbäumen. Es war ein achteckiges Stübchen mit plattem Dach, auf das man mittelst einer außen angebrachten Treppe gelangte. Durch die künstliche Anhöhe war dieser Punkt derartig erhaben, daß man, über die Wipfcl der oben gekappten Linden und der umstehenden Waldpartien hinweg, den schönsten freien Überblick der ganzen Landschaft, namentlich der Elbpartien genoß – welch schöner luftiger Platz an heiteren sonnigen Morgenden! Wieviel fröhliche Gesichter habe ich von meinem alten ehrwürdigen Großpapa an Gesellschaftstagen hierher hinaufführen sehen, von denen jetzt nur noch so wenige, wenige am Leben sind! Da wurden dann die verschiedenen ferneren Ortschaften jenseits der Elbe aufgesucht und genannt, während es ungleich mehr mich amüsierte, auf dem platten Dache umherzutrampeln und meine Füße auf der durch die Sonnenhitze erweichten Teerdecke festkleben zu lassen. Noch jetzt erinnere ich mich aufs lebhafteste des knisternden Tones, welcher beim Losreißen der Stiefelsohlen entstand und der natürlich zu jedesmaligen Erörterungen, wie dem abzuhelfen, Veranlassung gab.

Diese große, herrliche Besitzung enthielt, weil man niemals in überflüssiger Verschönerungssucht der Natur vorgegriffen, so viel hübsche lauschige Plätze innerhalb ihrer Waldpartien, daß wir immer wieder beim Durchstreifen der Laubmassen und Erklettern der Abhänge neue oder nicht beachtete Bäume, Aussichten oder Ruhepunkte fanden, die dann mit besonderem Namen bezeichnet wurden. Besonders meine Schwestern waren stark darin, solche geheime Stellen aufzufinden, wohin sie sich dann eine roh gezimmerte Bank schleppten und sich viel darauf zugute taten, solche ihnen allein bekannte Plätze zu besitzen.

Bei der reichen Ausbeute von Vergnügen, die sich auf einer so großen mannigfaltigen Bühne unseres Familienlebens machen ließ, wird man leicht begreifen, wie groß der Einfluß war, den dieser Aufenthalt auf die

Ausbildung meines inneren Wesens hatte, auch knüpfen sich die frühesten Jugenderinnerungen, deren ich habhaft werden kann, an diesen Platz.

Ganz dunkel entsinne ich mich, daß ich einst aus dem hölzernen Wasserbehälter, einem länglichen, zwei bis drei Fuß tiefen, in der Erde eingegebenen Kasten, der auf dem Entenhofe den Bewohnern zum Baden diente, gezogen und triefend ins Haus getragen ward. Meine Mutter hatte mich ein paar Augenblicke allein auf dem Hofe gelassen, um im Hause etwas zu besorgen, und als sie mich nun beim Umkleiden fragte, wie ich da in den Teich – denn diesen Namen führte jener Kasten – geraten sei, soll ich gestanden haben, „ich hätte auch gern einmal eine Ente sein wollen". – Zu dieser Zeit, wo meine Erinnerungen beginnen, war mein Großvater schon Witwer und etwa 74 Jahre alt, jedoch noch sehr rüstig, und der Aufenthalt auf Dockenhuden sowie das Versammeln seiner Familie daselbst gehörte zu seinem fast ausschließlichen Vergnügen.

In den Sommertagen stellte sich freitags zwölf Uhr vor unserem Hause in der Poolstraße eine Chaise vom Kutscher Ahrens, der in der Kurzen Straße ganz in der Nähe wohnte, ein, alle Gefühle der Lust, Freude und Freiheit in mir zum Ausbruch bringend. Da hinein stiegen meine Mutter, meine Schwester Catharina – die ältere, Maria, wohnte zur Gesellschaft der Tante Gertrude bei meinem Großvater – und ich, und dann fuhren wir zuerst nach dem Hause meines Onkels Hermann auf den Vorsetzen. Vom Brauerknechtsgraben aus wurde durch einen dunklen Torweg in den Hinterhof des Hauses hineingefahren, und nachdem das Umwenden, wozu der Platz dieses, auf der einen Seite engbewohnten, Hofes nicht ausreichte, auf demjenigen des Nachbarhauses vollführt worden war, harrten wir des Erscheinens meines Großvaters, der bei seinem Sohne ein kleines Comptoir besaß. Währte es uns zu lang, so pflegten wir wohl in die Wohnung eines alten Tischlermeisters namens Liebig, der für die Familie arbeitete, einzutreten, da meine Mutter sich immer sehr gern und mit vieler Teilnahme um die Familienangelegenheiten solcher alten Bekannten bekümmerte; meine Schwester und ich amüsierten uns damit, ein Eichhörnchen zu betrachten, welchem das traurige Los erteilt war, in der Werkstatt des Alten in einem Rade umherzurumoren.

Sobald nun Großvater angelangt und mit uns eingestiegen war, ging es dann zum Tor hinaus, durch Altona, Ottensen, die Flottbeker Straße

Peter Suhr, Englische Landkutsche, Lithographie 1824

Der in Hamburg ansässige Engländer John Andly führte zu Ostern 1824 mit zehn sogenannten „englischen Landkutschen" einen regelmäßigen Linienverkehr ein: Seine Wagen fuhren zu festgesetzten Zeiten von Hamburg nach Flottbek und nach Wandsbek. Aber das Unternehmen mußte bald aufgegeben werden, da es sich nicht rentierte. Auch sein innerstädtischer Droschkendienst mit fünfzig einspännigen Halbchaisen brachte Andly kein Glück. Im Mai 1827 ließ er seinen Fuhrpark versteigern. Geblieben aber ist die 1825 vom Senat eingeführte Verkehrsregel: rechts fahren und links überholen.

entlang. Damals existierte aber noch keine Chaussee; ein schmaler holperiger Steindamm lief neben dem Fußweg, durch kleine Weidenbüsche von selbigem getrennt, einher, und unten von der Teufelsbrücke an begann ein tiefer Sandweg, welcher teilweise hart am Wasser bis zum Dorfe Nienstedten führte. Zehn Minuten weiter erreichten wir dann beim neuen Lusthause die Einfahrt in den Landsitz meines Großvaters.

Letzterer mochte sich gern während dieser Fahrt mit uns unterhalten, aber nicht eher, als bis wir Altona hinter uns hatten; fing ich früher an, ihm etwas zu erzählen, so hieß er mich warten, bis wir im Lande führen, auf dem Steinpflaster zwischen den Häusern könne man kein Wort verstehen.

In dem später folgenden losen Strandweg ging die Fahrt nur langsam vonstatten, prustend und schweifwedelnd schleppten die müden Pferde Schritt vor Schritt den Wagen weiter, und letzterer ließ, wenn die Räder durch den tiefen Sand mahlten, in eine sanft schaukelnde Bewegung geratend jenes eintönige Quieken oder vielmehr Winseln hören, das in seiner Wirkung einem Wiegenlied nichts nachgibt. Wenn dazu dann in Julitagen die Sonne so heiß vom unbewölkten Himmel brannte, die von derselben durchglühte Luft zitternd über dem Anger lag und die ganze Natur, bis auf den melancholischen Gesang der Goldammer, die träumerisch auf dem Zaun sitzend ihr einschläferndes Zirpen hören ließ, lautlos wie ausgestorben dalag, so pflegte sich wohl ein sanftes Einnicken einzustellen; und als meine Mutter einmal, von der Wärme überwältigt, ein kräftiges „O! ha!" ausgestoßen hatte, standen die Pferde, dies als freundliche Einladung zum Ausruhen nehmend, baumstill, um die allgemeine Ruhe zu vervollständigen, welches Ereignis jedoch zur Belebung aller diente.

Rollten wir aber erst den weichen Fahrweg innerhalb des Gartens lustig hinab, klang uns dabei das Anschlagen der Räder an lose Steine unter den hohen schattigen Bäumen so schallend und heimisch bekannt in die Ohren, dann war alle Müdigkeit vergessen, und munteres Peitschenknallen kündigte unsere Ankunft an.

Meine Tante Gertrude und Schwester Maria empfingen uns, und ihnen ward nun das in meinen Augen traurige Los zuteil, mit demselben Wagen, der uns hergebracht, wieder zur Stadt zurückzufahren; aber zuvor bekamen sowohl Kutscher Ahrens – gewöhnlich fuhr der Sohn Fritz – als auch seine Pferde eine tüchtige Stärkung. Man kann sich leicht denken, daß der jetzt im Wagen freibleibende Raum mit diversen Körben voll Gemüse aller Art, Suppenkräutern und, nicht zu vergessen, Blumensträußen wohl versehen ward, denn bekanntlich schmecken und riechen solche selbstgezogenen Dinge besser als die gekauften.

Wir hatten nun, wenn die eben beschriebene Fuhre expediert war, nachdem wir gewöhnlich im alten Lusthause gegessen hatten, einen recht stillen Freitagnachmittag vor uns, der aber häufig dadurch belebter wurde, daß ein alter Freund meines Großvaters, der Sommer und Winter über in Flottbek wohnte, Herr Abraham Koopmann, zum Tee kam und bis abends zehn Uhr bei uns blieb. Der alte Herr hatte leider nur ein Auge, war sonst aber gesund und stets von gleichmäßig guter Laune, sehr gutmütig und sehr anspruchslos. Er trug, wie mein Großvater, nach der alten Mode weiß gepudertes Haar mit Locken an den Seiten und einen steif gebundenen Zopf, kurze Kniehosen, schwarze hohe Strümpfe und Schuhe mit breiten silbernen Schnallen, Spangen, wie sie benannt wurden. Bei schlechtem, feuchtem Wetter vertraten Stiefel mit gelben Stulpen die Stelle der Schuhe. Er kam immer zu Fuß und, wenn die Tage kürzer wurden, nur bei Mondscheinabenden, damit der spätere Rückweg hell und daher gefahrloser wäre. Abends mußte ihn dann sein Kutscher Sneed mit einer Halbchaise oben am Pförtnerhäuschen, in welchem ein Tagelöhner namens Siem Diers wohnte, erwarten, denn das Hinunterfahren zum Wohnhause auf dem steilen dunklen Fahrwege schien dem alten Herrn zu gefährlich, unter dem Vorgeben, daß seine Pferde junge, unerfahrene Tiere seien, die dabei scheu werden und ein Unglück anrichten könnten. Nach dem Tee, der damals, statt des Kaffees, bald nach dem Mittagessen getrunken wurde, machten wir mit unserem immer sehr willkommenen Gast einen Spaziergang durch die Anlagen, namentlich wurden Küchen- und Obstgärten besucht und strenge Nachschau über die zu erwartende Obsternte gehalten, dies und jenes über Erneuerung und Verbesserung besprochen und ihre verschiedenen Ansichten und Erfahrungen zwischen den beiden alten Herren ausgetauscht. Letztere zogen bei solcher Rundschau voraus, meine Mutter und wir folgten bescheiden hinterdrein, und nur wenn mein Großvater eine etwa abgefallene Aprikose oder gar einen rotwangigen Pfirsich aufnahm, war ich schnell bei der Hand, um bei einer Teilung nicht zu kurz zu kommen. Endlich zurückgekehrt, aßen wir ein sehr einfaches

Abendbrot und begleiteten dann – das heißt der Gärtner Dehn, meine Schwester und ich, manchmal wohl auch meine Mutter – unseren Gast nach Siem Diers hinauf, bei frühen Abenden mit einer Laterne, worauf wir dann mit einem sehr freundlichen „Gun'n Abend“ von Sneed empfangen wurden, der in seinem grauen Mantel mit großen platten Metallknöpfen und seinem lackierten Hut bereits umgewendet hatte und oft kaum unter den dunklen Bäumen zu erkennen war. Der alte Herr Koopmann stieg in seine Rostocker Chaise, wir schlugen den Wagentritt auf, wünschten eine glückliche Heimfahrt und trotteten wieder den dunkeln Weg hinunter.

Den darauffolgenden Sonnabend hatten wir nun noch mit meinem Großvater das Reich allein. Ich mußte dann, so war die Tagesordnung, schon früh, sowie ich angekleidet war, mit ihm die Runde machen, das heißt wir durchschritten Hof, Stallung und Garten, von einem Ende bis zum andern, sahen zu, ob alles in gewünschter Ordnung sei, pflückten, wenn der Sommer weit genug vorgeschritten, hier Stachelbeeren, dort Johannisbeeren, ruhten hin und wieder auf einer Bank und kamen nach einigen Stunden oft recht ermüdet zurück.

Da den Hauptschauplatz meiner Freuden fast immer die Scheune und der Stall mit Pferden und sonstigen Tieren, der Hof oder der Strand bildeten, so muß ich leider gestehen, daß diese Stunde nicht so ganz nach meinem Geschmack war, ja daß ich dieselbe oftmals aus Herzensgrunde verwünschte und dann stark in Versuchung geriet, mich zu der Zeit, wenn mein Großvater aufbrach, zu verstecken. Aber die Furcht, von dem Alten durchschaut zu werden, hielt mich davon ab, und mich ganz offen gegen ihn auszusprechen, dazu fehlte mir die Courage. – Das einzige Amüsante bei diesen wortkargen Wanderungen bestand darin, daß ich jedesmal, wenn wir eine Ruhestelle erreicht hatten, meinen Großvater bat, mir ein Pferd zu zeichnen. Er hatte früher gern gezeichnet, und so wurde es ihm denn leicht, mit seinem langen Spazierstock ein ziemlich korrektes Pferd in den Sand zu zeichnen. Ich folgte mit der größten Aufmerksamkeit, bis zuletzt als Schluß das Auge angebracht war und ein, stets im Profil und im Schreiten begriffenes, stolzes Roß mein Auge ergötzte, worauf wir unsere Wanderung fortsetzten. Meine Mutter pflegte zu sagen, an diesen Pferdezeichnungen könne man immer bestimmt wissen, auf welchen Plätzen wir gewesen. Die passendste Stelle hierzu war die *Hütte*, eine am Ende des nordwestlichen Teils des Gartens hochgelegene, im Naturstil aufgeführte Eremitage, größtenteils offen mit Strohdach und weiter Aussicht auf und über die Elbe. Mitunter stellte mein Großvater auch wohl kleine Examinatoria über meine Schulkenntnisse, hauptsächlich über religiöse Gegenstände, mit mir an, und selten fehlte die Frage, ob ich auch ordentlich mein Morgengebet verrichtet habe. Wie man auch später aus mehreren Andeutungen ersehen wird, stand ich überhaupt sehr in Gunst bei dem guten Alten, zur besonderen Freude meiner Mutter. Er kam in Hamburg oftmals in unser Haus, um mich abzuholen, irgendeine Sehenswürdigkeit mit ihm zu besuchen; hauptsächlich waren es Menagerien, wie sie schon damals auf St. Pauli zur Schau gestellt wurden, aber auch nach den Kunstreitern gingen wir zusammen, oder auch wohl zu einem *Theatrum mundi*, welches einen Winter über in dem Lokal des Herrn Cranz, Große Reichenstraße, viel Zuspruch erhielt. So sorgte er denn auch in Dockenhuden für meine Vergnügungen.

Da die Besitzung fast gar kein Ackerland enthielt, so war auch das Halten von Pferden und Kühen unnötig. Wir hatten nur eine schwarze Kuh, „schwarze Madam" genannt, welche, an einer Leine angekoppelt, auf den verschiedenen Rasenflächen weidete, und ein Pferd, ein schönes braunes wohlgenährtes Tier, das früher Reitpferd gewesen, jetzt aber im Einspänner, einem kleinen leichten Stuhlwagen, oder zum Wasserholen aus der Elbe benutzt wurde. Später kaufte mein Großvater einen viel kleineren Fuchs, den er eigentlich zum Reiten haben wollte; weil aber das junge muntere Pferd, Fritz hieß es, viel zu gute Tage hatte und daher bald durch seine Nücken für meinen Großvater gefährlich wurde, so ward es fast nur mit der älteren Lische zusammen vor dem Blockwagen zum Wasserholen, Torf- und Heueinfahren benutzt. Auf dem schon erwähnten kleinen Stuhlwagen machten wir nun wohl zuweilen kleine Ausflüge, um Besuche abzustatten oder auch um eine Koppel, in Isernbrook gelegen, mitten in der Heide, zu beschauen und den Gras- oder Kleewuchs zu untersuchen. Dies waren für mich höchst amüsante Ausfahrten. Natürlich saß ich auf dem vordersten Stuhl beim Kutscher und hinten neben meinem Großvater entweder meine Mutter oder meine Schwester. Der Alte hielt aufs strengste darauf, daß dem Pferde nicht mehr aufgebürdet wurde, als einmal Satz war, und dieser hieß: „Auf einen, Einspänner, dürfen außer dem Kutscher nur zwei Erwachsene und höchstens noch ein Kind plaziert werden" – und es kostete nicht wenig an Bitten und Überredungskünsten, von ihm Erlaubnis zu erhalten, wenn etwa Besuch zurückbefördert werden sollte, drei Personen auf dem Wagen zu plazieren.

So fuhren wir denn an heiteren sonnigen Tagen in die schöne Landschaft hinaus und erfreuten uns an allem, was die Natur darbot, am Gesang der aufsteigenden Lerche, am Wallen des Korns, am Fliegen der Schwalben oder am Nicken der vom Winde bewegten, weißflockigen Heidegräser, und wie wenig bedarf es, um genügsame heitere Gemüter, die den wahren Frieden in sich tragen, fröhlich zu stimmen; ist doch die reinste Freude diejenige, deren eigentlichen Grund wir selbst nicht anzugeben vermögen.

Mein Großvater war selbst zwar, in seinem unerbittlich strengen Gerechtigkeitsgefühl, von sehr ernstem, würdevollem Charakter, aber dabei stets von heiterem Temperament und Lebensanschauung, und wenn auch seine Angehörigen in tiefstem Respekt vor ihm standen und mit der größten Ängstlichkeit alles vermieden, was ihn etwa erzürnen konnte, so weiß ich doch keines Falles mich zu erinnern, daß er unser Vergnügen durch Einreden gestört hätte oder ihm unsere kindliche Ausgelassenheit zuviel geworden wäre. – Freilich waren die damaligen Familienverhältnisse anderer Natur als jetzt. Das Familienoberhaupt galt als unbeschränkter Gebieter, dem wohl von seiten der jüngeren Mitglieder Vorschläge gemacht wurden, dessen Beschlüsse und Erkenntnisse aber dann auch weiter keine Einreden zuließen; seine Befehle und Wünsche forderten unbedingte Folgeleistung. Diesen fügte man sich stillschweigend und überließ dagegen jede Verantwortlichkeit dem Oberhaupt. Die Würde eines Familienvaters wurde freilich durch solchen passiven Gehorsam eine größere, die ganze Verwaltung eines Hauswesens eine einfachere, ob jedoch das wahre innere Familienglück in allen Fällen damit Hand in Hand ging, läßt sich schwerlich bejahen. Die Gefahr lag eben zu nahe, daß sich ein so unumschränkter Gebieter zum Haustyrannen heranbildete, dessen edlere Gefühle seinen Launen und Eigenheiten leicht zum Opfer werden konnten, wo dem Argwohn, Mißtrauen Tor und Tür geöffnet war, während andererseits die wahre Kindesliebe der Heuchelei den Platz räumte, und Verschweigen, Vertuschen, ja wohl noch Schlimmeres, die Lüge, allmählich sich anschleichen mußten.

Das war nun freilich in unserer Familie, gottlob, nicht im geringsten der Fall, aber daß der Großpapa mit der höchsten Achtung und Unterwürfigkeit von seiner ganzen Umgebung behandelt wurde und sich am allerwenigsten einen Scherz auf Kosten seiner Würde gefallen ließ, steht einmal fest.

[4]

Der Vater

Schon oben habe ich bemerkt, daß mein Vater Prediger an der Hamburg-Altonaer Mennoniten-Gemeinde war, und diese Stelle bekleidete er bis zu seinem Tod im Jahre 1845, den 26. Juli. Meine frühesten Erinnerungen, die ich von ihm habe, sind nur freundlicher, angenehmer Natur. Er machte sich gern mit mir zu schaffen, spielte und jagte mit mir im Freien oder interessierte sich für meine Beschäftigung im Hause. Am deutlichsten kann ich mir ihn vorstellen, wenn er mich im Zimmer umhertrug und scherzhafterweise zum Schlafen aufforderte, wobei er einen vom früheren Kindermädchen aufgeschnappten Gesang anstimmte, der mir treu im Gedächtnis geblieben.

Trudel didel dudel, hev'n Drosselnest fun'n,
Un flegt mi de Olen, so hev ick de Jung'n,
Un könt se nich danzen, wie wüllt jem dat lern,
Wie wüllt jem de Tüffeln in Botter umkehr'n.
Trudel didel dudel, hev en Wachtel bi'n Stert,
Lat'n lopen, lat'n lopen, he is nich vel werth,
Un könt se nicht danzen etc.*

Dabei kitzelte er mich dann gehörig und schalt, daß ich nicht ruhig liege und ordentlich schlafen wolle.

Es sind dies natürlich nur dunkle Erinnerungen aus frühester Zeit.

Mein Vater war klein von Gestalt und hagerer Statur und zeichnete sich in seinem Gang durch merkwürdig kurze Schritte aus; er hatte braunes, schwach lockiges Haar, blaue Augen, fein geschnittenen Mund, ziemlich stark hervortretende Nase, eine hohe Stirn und ein intelligentes Gesicht.

Er trug kurze, am Knie zugeknöpfte Hosen, im Sommer Schuhe, im Winter ziemlich hohe Stiefel mit Quasten und gewöhnlich einen sogenannten Kleidrock (*Frack*). Im Hause hatte er einen langen grauen Hausrock, liebte es in späteren Jahren aber sehr, einen bequemen Schlafrock zu tragen. Er hatte eine kräftige Konstitution und dauerhafte Gesundheit, wenngleich er in den ersten Jahren seiner Ehe, in Folge einer Erkältung, einen starken Blutauswurf zu überstehen hatte, wovon sich aber später nie wieder etwas spüren ließ. Sein einziges, leider bleibendes, sehr hartnäckiges Übel war eine nervöse Harthörigkeit und damit verbundenes Ohrensausen, welches ihm bei seinen geistigen Arbeiten oft sehr störend wurde; seine Brust war sehr gut und seine Stimme für die kleine Figur überraschend stark und klar, so daß sie wohl imstande gewesen wäre, die größte Kirche auszufüllen.

Soviel ich über die wissenschaftliche Richtung seiner religiösen Ansichten eine Beurteilung mir anmaßen darf, so war dieselbe eine gemäßigt orthodoxe, das heißt er war bei seiner entschieden christlichen Rechtgläubigkeit human in der Beurteilung der Andersgläubigen, aber ein abgesagter Feind jedes Indifferentismus oder gar Gottlosigkeit. Ebenso entschieden aber verachtete er jedes formelle Schaugepräge religiösen Gefühls oder heuchlerischer Frömmigkeit, war auch jederzeit bei der Hand, seine eigenen oder die Schwächen seiner Amtsbrüder preiszugeben, und erzählte gern und mit vielem, oft recht derbem Humor Witze und Anekdoten der Art, nur durften sie nicht gegen Gott oder sein heiliges Wort gerichtet sein. Daß er ein wirklich gelehrter Mann war, glaube ich annehmen zu dürfen, nach der Achtung und Auszeichnung zu urteilen, die er unter seinen Standesgenossen erfuhr; er verstand sieben Sprachen und unterrichtete auch in einigen derselben. Auch weiß ich nie, daß er jemandem eine Auskunft, sei sie mythologischen, geschichtlichen oder geographischen Inhalts gewesen, schuldig geblieben wäre. Er war, solange wir in Hamburg wohnten, Bibliothekar der Patriotischen Gesellschaft und Mitglied der damaligen

* Trudel didel dudel, hab ein Drosselnest gefunden, / Und entfliegt mir die Alte, so hab ich die Jungen, / Und können sie nicht tanzen, so woll'n wir sie lehren, / Wir woll'n ihnen die Kartoffeln in Butter wenden. / Trudel didel dudel, halt 'ne Wachtel am Schwanz, / Laß laufen, laß laufen, sie ist nicht viel wert, / Und kann sie nicht tanzen etc.

Pastorengesellschaft, zu welcher die angesehensten der Hamburger Prediger gehörten, welche Mittwoch abends, ich glaube zwölfmal im Winter, abwechselnd bei einem der Mitglieder derselben sich versammelte, zuerst über wissenschaftliche Mitteilungen deliberierte und darauf ein warmes Abendessen zu sich nahm. Bei einer dieser Gesellschaften fiel es meiner Schwester Maria ein, Kleid und Mütze unseres Kleinmädchens Lena anzulegen und die geistlichen Herrn zu empfangen und später wieder in die Wagen zu lassen, wobei einer derselben ihr, bei Verabreichung des Trinkgeldes, recht freundlich zugenickt habe. Papa war überhaupt bei seinen Amtsbrüdern, Hamburgern sowohl wie Altonaern, sehr beliebt, und mit einigen derselben, zum Beispiel mit Pastor Hübbe, Pastor Scheiffler, Pastor Strauch, Pastor Freudentheil, enger befreundet. Seine freie Zeit widmete mein Vater, außer den feststehenden Spaziergängen, von denen er ein großer Freund war, ganz dem Studium. Dasselbe betrieb er aber nicht etwa aus seinem Studierzimmer, welches der Bibliothek wegen, die die Wände einnahm, Bücherstube genannt wurde, sondern vorzugsweise gern im Familienzimmer, wo ihm dann die eine Seite des Tisches für seine Bücher und Schriften eingeräumt wurde, da er immer gern in Gesellschaft saß und, seiner Schwerhörigkeit wegen, durch die fortlaufenden Gespräche nicht gestört wurde. Reichte der Tisch nicht aus, so mußte das Klavier als Studiertisch herhalten, und ganz unerläßlich waren dabei ein oder wohl zwei Pulpete*, die mein Vater immer benutzte. Hier im Wohnzimmer verfaßte er denn auch seine Predigten, von denen er aber, vorzüglich in letzterer Zeit, wenig aufschrieb, sondern die er nur im Auf- und Abgehen – im Sommer in unserm Garten – memorierte. Wenn er allein war, so hatte er die Gewohnheit, griechische, lateinische, auch wohl holländische Oden laut zu deklarieren, was bei seiner kräftigen Stimme so laut durchs Haus schallte, daß die Mädchen in der Küche zu äußern pflegten: „Hör, Herr Paster predigt.“

Es hat mir oft schon sehr leid getan, daß von den Predigten meines Vaters auch gar nichts, weder Gedrucktes noch Geschriebenes, auf die Nachwelt gekommen ist. Wahrscheinlich schrieb er nur stellenweise etwas von seinen Predigten vor dem Memorieren nieder, was, nachdem sie

* Katheder, vom lateinischen *pulpitum*

gehalten worden, als zwecklos vernichtet wurde oder verloren ging, auch mag er, in seiner großen Bescheidenheit, es nicht für der Mühe wert gehalten haben, seine Geistesprodukte der Nachwelt zu überliefern. Und doch gab es viele, auch unserer Gemeinde Fernstehende, die seine Kanzelvorträge sehr wertschätzten und oft weite Wege machten, um unsere Kirche zu besuchen. Dies war namentlich bei einem Doktor Eckmeyer der Fall, einem alten Herrn, der regelmäßig mit seiner Schwester von St. Georg des Sonntags nach Altona pilgerte, denn Omnibusse gab es damals nicht. Mein Onkel sagte mir vor noch nicht langer Zeit, er habe immer meines Vaters Predigten zu seiner großen Erbauung gehört und ihn oft bewundert, wie er aus ganz einfachen scheinbar unbedeutenden Bibelstellen so vortreffliche Ausführungen habe zuwege bringen können. So habe er einmal eine ganz hinreißende Predigt gehalten, zu welcher ihm als Text gedient: 1. Buch Samuelis, Vers 1: „Und Samuel starb", und, fügte mein Onkel hinzu, „wenn man dann sah, auf welche Weise dein Vater seine Predigten machte! Da saß er mit seiner weißen Tonpfeife oder mit einer Prise zwischen den Fingern im Wohnzimmer am Klavier, während aus- und eingegangen, gesprochen, gescherzt und gelacht wurde; und alles das störte ihn weiter gar nicht."

Und bei all seinem Wissen und Arbeiten war dieser kleine anspruchslose Mann so bescheiden, ja fast demütig in seinem Auftreten, so kindlich einfach in seinem ganzen Wesen, daß er alle Herzen derer gewinnen mußte, die ihn und seine Fähigkeiten näher kannten. Schade, daß seine Harthörigkeit ihn immer mehr und mehr dem gesellschaftlichen Umgang entzog und er zuletzt scheinbar etwas Menschenscheues annahm, weil er sich zu schwer in Gesellschaftskreisen verständigen konnte. Und doch wußte er, wenn er sich erst entschlossen hatte, einen solchen zu besuchen, denselben durch seinen Humor so hinzureißen, daß alle mit Vorliebe auf ihn hörten, ja er konnte selbst in seinem höheren Alter förmlich ausgelassen sein, wenn er einmal warm geworden und einen Stoff gefunden hatte, der sich für eine humoristische Verarbeitung eignete. Ich habe ältere, sonst sehr ernste Damen, die er etwa zu Tische geführt, mit ihm lachen sehen, daß ihnen die Tränen ins Auge traten.

Ich kann es nicht unterlassen, hier einige Anekdoten, wie sie mein Papa oftmals erzählte, anzuführen. Er trug solche bei passenden Gelegenheiten gern und mit vielem Geschick und Humor vor.

Ein früher in Hamburg lebender Doktor Jaenisch hatte einen Friseur, der ihn täglich bediente, mit dem er sich duzte und ihn in der Regel Brüderchen nannte. Eines Morgens klagte Brüderchen über Übelbefinden, Kolik und dergleichen, und der Doktor verordnet ihm ein Rezept, Tropfen, und empfahl sofortiges Zubettgehn. Als er nun im Laufe des Tags seinen Patienten besucht, kommt die Frau ihm höchst traurig und aufgeregt entgegen und bittet, nur schnell einzutreten, da ihres Mannes Krankheit in bedenklichster Weise zugenommen habe. Der Doktor findet den Patienten im Bett, stöhnend und jammernd über furchtbare Leibschmerzen, welche seit Einnahme der Tropfen sich so vermehrt hätten, daß er glaube sterben zu müssen; nachdem der Doktor die Tropfen als untadelhaft erfunden, fragt er: wie er denn dieselben eingenommen? „Nun, mit Buttermilch", lautete die Antwort. Erstaunt blickt der Arzt bald den stöhnenden Mann, bald die weinende Frau an. „Ja", sagt letztere, „es stand auf dem Zettel, der am Glase sitzt, stündlich zwanzig Tropfen, mit beliebigem Getränk zu nehmen, und mein Mann mag so erstaunlich gern Buttermilch, so habe ich ihm die Tropfen da hinein getröpfelt."

Derselbe Arzt besucht einst einen sehr kranken Bauernknecht, den er übrigens in der Besserung vermuten mußte, doch zu seinem Schrekken kommt ihm der Bauer entgegen mit trauriger Miene und seufzt: „Ach, Herr Dokter, de Mann is bi Gott!" „Was", ruft der Arzt, „ist tot?" „Ja! dree Mal hett he't uthollen, aber dat veerte Mal blev he uns unner Han'n dod, dat wör aber ock en to forsche Kur for em, Herr Dokter." „Wat för'n Kur", sagt dieser, „wat heet dat?" „Je! op dat Glas stun ja: wohl umgerüttelt und durchgeschüttelt, alle zwei Stunden einen Löffel voll, da hevt wie em denn mit veer Mann to faten kregen un em so deeger schüttelt, bett em de Luft weg blev."*

Eine andere Anekdote betraf eine Wöchnerin, zu welcher eine Köchin von ihrer Herrschaft geschickt worden, um sich nach dem Befinden der Dame zu erkundigen. Die Köchin bestellt nach ihrer Zurückkunft: „De

* „Ja! dreimal hat er's ausgehalten, aber das vierte Mal blieb er uns tot unter den Händen, das war aber auch eine zu forsche Kur für ihn, Herr Doktor." „Was für eine Kur", sagt dieser, „was heißt das?" „Je! Auf dem Glas stand ja: wohl umgerüttelt und durchgeschüttelt, alle zwei Stunden einen Löffel voll, da haben wir ihn denn mit vier Mann zu fassen gekriegt und ihn so stark geschüttelt, bis ihm die Luft wegblieb."

Madam un de Kleene befin'n sick ganz woll, aber nu het de Herr en Prozess mit sien Melkmann, he meent över, dat dat doch woll glücklich för em utlopen deiht." „Wer hat ihr das gesagt?", fragt ganz erstaunt der Herr, welcher die Botschaft in Empfang genommen. „Na, dat steiht opp'n Zettel, de opp de Deel ligt."**

Neugierig geht der Herr selber hin und liest auf dem Krankenzettel: „Mutter und Kind befinden sich wohl, auch scheint der Milchprozess einen glücklichen Fortgang zu nehmen."

Ein Pastor trifft, als er in seine Haustür kommt, einen mit einem Federbett beladenen Menschen an, welcher ihn flehentlich bittet, ihm einige Mark zur Hilfe für seine kranke Frau zu leihen, er habe hier sein Bett als Pfand mitgebracht. „Lieber Mann", sagt jener, „auf Pfänder leihe ich nicht, aber hier hat er einen Taler, vielleicht bekommt er noch anderswo weitere Unterstützung." Sodann hilft der gutmütige Pastor dem Armen das Bett, welches er vor sich niedergelegt, wieder aufnehmen und wünscht der armen Kranken eine baldige Besserung. Dieser geht herzlich dankend; doch als nun nach einiger Zeit die Magd bestürzt ins Zimmer tritt und meldet, ihre Bettdecke sei plötzlich verschwunden, da geht dem armen Manne ein Licht auf und er gesteht nun höchst beschämt, wie getreulich er dem Dieb bei diesem Stücke geholfen.

Noch eines Rätsels sei hier erwähnt, welches einst in der Pastorengesellschaft der Hauptpastor an der Katharinen-Kirche, namens Bossau, seinen Amtsbrüdern aufgab, in plattdeutscher Sprache:

Dat Erste is en Os op Latin,
Dat Twete en Fro van en Swin,
Dat Ganze en Pastor an Cathrin.***

Mein Vater erzählte auch gern von der Belagerungszeit, mit ihren Leiden und Abenteuern, unter der französischen Schreckensherrschaft, während

** „Die Madam und das Kleine befinden sich ganz wohl, aber nun hat der Herr einen Prozeß mit seinem Milchmann, er meint aber, daß das doch wohl glücklich für ihn auslaufen wird." „Na, das steht auf dem Zettel, der in der Diele liegt."

*** Das erste ist ein Ochs auf Latein, / Das zweite die Frau von 'nem Schwein, / Das Ganze ein Pastor von St. Katharinen.

welcher die Familie bei meinem Onkel Herman gewohnt hatte, von der äußeren Welt total abgeschlossen. Selbst die Haustür nach den Vorsetzen hin war durch vorgelegte Schiffssegel, die einen förmlichen Wall bildeten, verrammelt, um die oftmals roh eindringenden Soldaten abzuwehren, und nur vom Brauerknechtsgraben aus, also von hinten her, sei das Haus zugänglich gewesen; und was sie damals alles ersonnen hätten, um die Zeit zu verkürzen, da alle Geschäfte ruhten und selbst das Verlassen des Hauses gefahrdrohend war. Des Abends durfte, auf Befehl der Franzosen, niemand ohne Laterne auf der Straße sich blicken lassen. Mit welch innerem Grimm man, befohlenermaßen, die französischen Siege habe feiern oder an Napoleons Geburtstage die Stadt erleuchten müssen. Die Transparente dabei wären denn auch oft sehr komisch ausgefallen, besonders wenn sie mit französischen Inschriften versehen worden.

Ein Schuhmacher habe an sein Fenster ein ölgetränktes Papier geheftet, auf dem eine 5, eine Lampe und ein Ofenrohr zu schauen gewesen. Die Franzosen, welche eine Verhöhnung ihres Kaisers beargwohnten, wären bei ihm eingedrungen, um eine Erklärung dieses Bildes zu fordern. „Ja", sagte der Schuster, „dat is'n Gratlatschon för denn Kaiser, dat heet Viv Lampe Röhr."*

Ein Bürger, so wird erzählt, habe damals ein einziges kleines Lichtlein am Fenster gehabt und einen Vers daneben:

Nicht aus Liebe, nur aus Pflicht,
Brenn ich dieses Dreilingslicht.

Als aber nach Abzug der Franzosen, bei Gelegenheit des Tettenbornschen Kosaken-Einzugs, die enthusiasmierte Bürgerschaft freiwillig illuminierte, habe bei ebendemselben ein ungeheures Wachslicht zwischen den übrigen Beleuchtungsapparaten gestanden, und jetzt lautete der Spruch:

* Die Franzosen grüßten ihren Kaiser mit dem Ruf „Vive l'Empereur" (Es lebe der Kaiser!) – was ein des Französischen und dessen Aussprache unkundiger Hamburger sich mit „Viv Lampe Röhr" verdeutschte („viv" entspricht hier dem plattdeutschen „fif" = „fünf"). Es wird erzählt, damals sei sächsischen Soldaten befohlen worden, bei einer Parade vor Napoleon den Kaiser mit dem Ruf „Fife Lampenröhr!" zu begrüßen.

Nur aus Liebe, nicht aus Pflicht,
Brenn ich dieses dicke Licht.

Oft konnten Papas Unterhaltungen aber auch sehr belehrend werden, und man wußte dann kaum seine Verwunderung zu unterdrücken, daß so vieles Wissen erst dann zum Vorschein kam, wenn, von außen angeregt, ein Zurückhalten desselben zur Unhöflichkeit geworden wäre. Am häufigsten machte davon mein Onkel te Kloot – als er der Ehemann meiner Tante Gertrude geworden – Gebrauch, der eine bedeutende Kupferstichsammlung anlegte und nun von meinem Vater die Erklärung mancher ihm unverständlichen Blätter erbat.

Scherzhaft waren meines Vaters Vorbereitungen zum Besuch einer größeren Gesellschaft. Das Ankleiden wurde dann bis zum äußersten Moment verschoben, und obgleich ihm von meiner Mutter alles Nötige zurechtgelegt worden, so entsprach doch selten die ohnehin schon äußerst einfache Toilette ihren Erwartungen. Das Ankleiden selbst, in Papas Augen ein notwendiges Übel, wurde mit einer gewissen geringschätzigen Verachtung betrieben, dabei das Studium in einem interessanten Buche soviel als tunlich fortgesetzt, dem Tastsinn der Finger vollkommenes Vertrauen schenkend, und das zeitraubende Zuschnallen der Kniehose und Gradeknöpfen der hohen schwarzen Weste erst im Wagen vorgenommen, welche Manipulationen bei mir und meiner Schwester großes Plaisir, bei meiner Mutter ein böses Gesicht oder eine Rüge hervorbrachten, worauf mein Vater sie dann mit den Worten tröstete: „Ach Kind, dat is all man auswendig."

Des Nachmittags, so um sechs oder sieben Uhr, ging Papa gern eine Stunde lang mit mir spazieren; aber jeder wird sich wundern, welches das Ziel unseres Ganges war. Kein anderes als der Spielbudenplatz in St. Pauli, oder, wie er dazumal nicht anders hieß: „der Hamburger Berg", auch wohl schlechthin „auf'n Berg" genannt; mein Vater hatte dafür freilich den poetischeren Namen „der Parnaß" gewählt. Damals aber befanden sich die jetzt in massiven Bauten befindlichen Elysium- und Kasperletheater, die Karussells, Naturalien- und anderen Sammlungen, die Zirkus und Menagerien noch in niedrigen Bretterbuden, und von einer Luke derselben, oberhalb der Eingangstür, wurde in den beiden Theatern vor Eröffnung der grausigen Mord- und Spektakelstücke, zur Anlockung des Publikums, gratis eine Art von Vorspiel aufgeführt, mehr komischer als tragischer Natur, wobei die Hauptakteurs mit schaurig bemalten Gesichtern, alten verschossenen und geflickten Kostümen oder auf dem Trödelmarkt angekauften Uniformen erschienen und durch unbändiges Schreien und Gestikulieren mit Händen und Füßen von weither die Vorübergehenden aufmerksam machten. Bei diesen Szenen war es dann in der Regel die Hauptpointe, daß der Clown oder anständiger der Komiker der Gesellschaft sich weigerte zu „arbeiten" und dann durch Versprechen von einer auffallend großen Anzahl Flaschen Weins vermocht wurde, seine Weigerung zurückzunehmen. Soviel ich mich erinnere, war es immer derselbe, schon ziemlich betagte kleine Kerl, augenscheinlich dem Trunke ergeben, der diese Komikerrollen spielte, mit verlebten Zügen und roter Nase, welcher überhaupt auf Lebenszeit mit dem Hamburger Berge in engster Verbindung stand, denn nie sah man ihn anderswo als dort und nie besuchte man den Hamburger Berg, ohne ihn zu sehen.

Beim Schluß solchen Vorspiels nahmen dann abwechselnd die Akteurs die Zugleine der oben erwähnten Luke in die eine Hand, während die andere, die untenstehenden Zuschauer hereinwinkend, der nun folgenden Einladung Kraft und Nachdruck gab: „Treten Sie herein, mein' Herrschaften, gleich ist der Anfang: heute zum ersten Mal das große historische Schauspiel, *Abellino oder der große Bandit*, historisches Schauspiel. Sogleich beginnt die Vorstellung, erster Platz 2 Schilling, zweiter Platz 1 Schilling; wer noch hereintreten will, es ist die höchste Zeit. Heute zum ersten Mal *Abellino oder der große Bandit*; historisches Schauspiel in vier Aufzügen" usw., bis dann endlich die Luke, nach zehnmaligem Anziehen und wieder Öffnen, geschlossen blieb. Aber man glaube nicht, daß nunmehr die Aufführung begann, denn kaum waren drei Minuten verflossen, so erschien wieder dieselbe oder eine andere Person in der Eingangstür in ihrem abschreckend schauderhaften Kostüm und begann mit der größten Gemütsruhe und tiefer gestimmtem Basse: „Treten Sie herein, mein' Herrn, heute zum allerersten Mal *Abellino oder der große Bandit* usw., es wird niemanden gereuen, dieses historische Schauspiel mit anzusehen, und keiner wird unbefriedigt das Haus verlassen. Treten Sie herein, gleich ist der Anfang" usf., bis sie denn endlich durch das Heulen und Toben der im Inneren ungeduldig wartenden Menge zur wirklich letzten Schließung der Tür und zum Anfang des Stückes, welches übrigens kaum eine halbe Stunde währte, gezwungen wurden. Vor der letzten Schließung wurden in der Regel noch ein oder mehrere Opfer, die sich zu weit vorgedrängt hatten, hineingezerrt, von Bewunderung hingerissene Kunstenthusiasten in Gestalt von einfältigen Landleuten oder Schusterjungen, zum großen Jubel der sich nunmehr verlierenden Menge. Ob bei diesen harmlosen Belustigungen, die wir freilich aus einigermaßen anständiger Entfernung genossen, mein Papa sich weniger amüsierte als ich, wage ich nicht zu entscheiden; wahr bleibt indes, daß wir beide höchst befriedigt weitergingen und allmählich mit den äußeren Erscheinungen und Begabungen der betreffenden Künstler ziemlich bekannt wurden. Es geschah auch wohl mal, wenn die Zeit es erlaubte, daß wir ein Kunstinstitut des Parnasses von weniger rohem Charakter, zum Beispiel ein Marionettentheater, besuchten und uns dabei vortrefflich unterhielten.

Der Handel und das Getreibe auf Märkten hatten ein großes Interesse für meinen Vater, namentlich die Pferdemärkte, und er wußte die Präliminarien beim Abschluß eines Pferdeverkaufs, mit Handschlag und Widerhandschlag und all den sonstigen dabei vorfallenden Geschäftsusancen, so lebendig zu schildern, als ob er selbst zum Fach gehöre. So war es auch ein Plaisir für uns, den Polichinelvorstellungen mit beizuwohnen, deren immer eins oder zwei auf dem Hamburger Berge, in ihren bekannten Kasten, anzutreffen waren, oder Papa schob mich unter den Vorhang eines Guckkastens, welcher an Herbst- und Winterabenden fast regelmäßig auf dem großen Neumarkt seinen Standpunkt hatte und wo man für einen Schilling eine ganze Reihe Bilder zu sehen bekam. Papa amüsierte sich dann, draußen solange wartend, an den Beschreibungen der vorgeführten Bilder, die von dem außerhalb des Wagens stehenden Besitzer mit lauter Stimme gegeben wurden. Einmal hatte letzterer eine Erklärung der großen Völkerschlacht bei Leipzig angefangen:

„Rechts im Vordergründe, mein' Herren, sehn Sie den Kaiser Napoleon, umgeben von seinen Generälen; dicht daneben den Obersten so und so, wie er gerade von drei Kugeln durchbohrt wird. Links erblicken Sie" – plötzlich entstand eine Unruhe unter dem Laken und ein Zuschauer wagte die bescheidene Bemerkung: „dat is da gar nich; – da is Adam und Ewa." „Na, denn täuben Se man en Ogenblick", war die Entgegnung.

Viel Unterhaltung gewährte uns auch ein Gang an einem Winterabend, eben vor dem Weihnachtsfeste, über den alten Steinweg, wo dann dicht an dicht an der Seite der Trottoirs die Verkaufskarren der Juden standen und letztere mit lautem Schreien ihre Spielzeugwaren etc. feilboten. Durch die vielen Lichter auf den Karren waren die Häuser hoch hinauf wie durch Fackelschein beleuchtet, das Ausrufen der Verkäufer, das Schnurren, Pfeifen, Knarren und Trommeln der in Aktivität gesetzten Spielzeugsachen, das Knallen und Rufen der durchführenden Kutscher, all das brachte ein Getöse und Lärmen hervor, daß es von weitem an eine tobende See erinnerte, und das Ganze trug das Gepräge eines bedeutenden Volksfestes. Beim Durchstreichen solcher Volksanhäufungen die einzelnen Szenen desselben zu beobachten war auch hier wieder für meinen Vater das Ergötzliche; nur ein wirkliches Gedränge, in dem man seiner freien Bewegung nicht mehr Herr bleibt, scheute er wie das Feuer.

Mein Vater war in bedeutendem Grade konservativ und hielt von allen Neuerungen nicht viel, dies zeigte sich schon in seinem geselligen Umgang, in seiner Kleidung, in seiner ganzen Lebensweise. Er konnte sich deshalb auch mit neuen Erfindungen und Einrichtungen nur dann befreunden, wenn sie die alte herkömmliche Weise nicht aus ihren Bahnen zu verdrängen drohten. Als zum Beispiel die Eisenbahnen allmählich entstanden, war er denselben so entschieden abgeneigt, daß er oftmals erklärte, er würde jedenfalls eine Wohnung verlassen, in deren Nähe eine solche ruhestörende Bahn angelegt sei, die nur dazu diene, Unglücksfälle herbeizuführen und einer Menge tätiger Leute das Brot zu nehmen. Damals konnte er das getrost sagen, denn die einzige Bahn bei Hamburg war die kurze Strecke Hamburg–Bergedorf. Auch muß man sich über diesen seinen Ausspruch durchaus nicht wundern, denn nach damaligen An- und Aussichten hielt man sämtliche Fuhrleute, Gastwirte, Flußschiffer und alle Handwerker, Arbeiter und Kommissionäre, die mit den genannten Geschäften in Verbindung standen, für unglückliche, verarmte Menschen, wenn die Eisenbahnen sich überall verbreiteten. Letzteres wurde indes als durchaus unwahrscheinlich betrachtet, weil man ja keine Ahnung davon hatte, in welch hohem Grade das Reisen und der Gütertransport durch die Eisenbahnen und namentlich durch das Allgemeinwerden und das Anschließen derselben aneinander zunehmen würden und wie dadurch ganz neue und in so hohem Grade lukrative Geschäftszweige entstehen müßten.

Man nahm also an, daß höchstens durch die Verbindung zweier großer Städte eine solche Eisenbahn bestehen könne und daß Berge oder schon sehr hügelichtes Terrain das Anlegen derselben ja ohnedem verhindern müßten; und selbst praktische, mit dem Lauf der Welt vertraute Menschen teilten solche Ansichten. Auf einem Spaziergang zum Bespiel, welchen ich mit meinem Vater machte, begegneten wir einem sehr vertrauten Freunde desselben, dem Kanzlisten Neddermeier, welcher zur selbigen Zeit mit meinem Vater Bibliothekar der Patriotischen Gesellschaft war. Es wurde damals gerade viel von dem Projekt gesprochen, eine Eisenbahn von Altona nach Kiel zu bauen, und über die sehr unwahrscheinliche Rentabilität derselben diskutiert, weshalb denn auch die erste Frage meines Vaters an seinen, ihm als eine Autorität geltenden Freund war: was er davon halte? – „Was ich davon halte?", war seine Antwort. „Nun, lieber Pastor; unterderhand kann ich Ihnen mitteilen, daß unsere Kammer mit einem Lieferanten einen mehrjährigen Kontrakt abgeschlossen hat über Heulieferung für unsere Kavallerie von dem Grase, das künftig auf der Altona-Kieler-Eisenbahn wächst."

So urteilte man, und auch mein Vater fühlte sich sehr beruhigt durch diesen Ausspruch des Herrn Neddermeier.

Wer die Zeit der Torsperre in Hamburg nicht miterlebt hat, wird wohl kaum zugeben, daß das Schließen eines Stadttors, was überdem allabendlich geschah, Menschen zum Zusehen herbeilocken könnte, und doch war dieses der Fall, und der ganze Hergang dabei war sehr unterhaltend.

Es wurden in Hamburg, solange es Festung war, also vor und während der französischen Okkupation, mit Dunkelwerden die Tore geschlossen, und keiner konnte während dieser Zeit hinaus noch herein. – Nach Abtragung der Wälle oder Verwandlung derselben in die noch jetzt bestehenden Gartenanlagen verwandelte man diesen absoluten Torschluß in die sogenannte Torsperre und schaffte dadurch der Stadt eine ganz bedeutende Einnahme. Die Tore wurden nämlich mit Eintritt der Dunkelheit, das heißt also in den kürzesten Tagen um vier Uhr, in den längsten um halb zehn Uhr, derart gesperrt, daß jede Person, sowohl beim Ein- wie Ausgang, vier Schillinge zu bezahlen hatte. Um zehn Uhr stiegen die vier

Schillinge auf acht Schillinge, von elf bis zwölf Uhr auf zwölf Schillinge, und dann wurde das Tor bis morgens fünf, sechs oder sieben Uhr ganz geschlossen. Wagen, sie mochten nun schwach oder stark besetzt sein, mußten in der ersten Periode des Abends zwölf Schillinge, nach zehn Uhr das Doppelte zahlen; unbesetzte Wagen die Hälfte. – Man kann sich denken, wie lästig eine solche Abgabe für diejenigen wurde, welche oft, oder gar täglich, das Tor noch spät zu passieren hatten, aber auch, wie bedeutsam die daraus hervorgehende Einnahme für die Stadt war. Später führte man mehrere Erleichterungen ein, zum Beispiel trat die Sperre, auch in den kürzesten Tagen, nicht vor fünf Uhr ein, und in der ersten halben Stunde kostete es à Person nur zwei Schillinge. – Eine natürliche Folge dieser Torsperre war nun, daß kurz vor Eintritt derselben eine Flut von Menschen und Wagen die Tore passierte, namentlich von Hereinkommenden; und das war bei heiteren Sonn- und Festtagen so arg, daß militärische Hilfe notwendig wurde, um die Ordnung aufrechtzuerhalten. Eine zweite Folge derselben war eine Art von Menschenschmuggel, welcher besonders im Altonaer Tor betrieben wurde; denn da ein mit Menschen, seien es nun viele oder wenige, besetzter Wagen zwölf Schillinge bezahlte, die einzelne Person als Fußgänger dagegen vier Schillinge, so machten Fuhrleute eine Spekulation daraus, mit ihren Stuhlwagen an Sonn-, Fest- oder Markttagen vor dem Tore zu halten und nach eingetretener Sperre die Spaziergänger einzuladen, auf ihren Wagen, für zwei Schillinge die Person, Platz zu nehmen. Ein solcher Wagen war in kurzer Zeit besetzt, ja mitunter so überladen, daß Angst- und Wehrufe hörbar wurden und die Passagiere noch auf den Fußtritten saßen oder hingen. Wenn nun der Wagen fernere Teilnehmer aufzunehmen nicht ausreichte, so stieg der Kutscher vorn auf die Wagendeichsel, und langsam ging es dann, nach Erlegung von zwölf Schillingen, über den Tordamm bis zum Anfang des Zeughausmarktes; dort mußte nun alles den Wagen verlassen, und nach einer viertel bis halben Stunde wurde wieder eine neue Fuhre voll Menschenfleisch, à Stück zwei Schillinge, hinaustransportiert, und dies Geschäft so lange fortgesetzt, als Teilnehmer sich fanden, wobei dieselben nicht selten durch halbe Gewaltanwendung gepreßt wurden.

Eine junge Dame, welche als Gesellschafterin in einem herrschaftlichen Hause an der Elbe war und erst seit kurzem in Hamburg, kam einst an einem Herbstabend aus der Stadt beim Altonaer Tor an, um noch hinaus zu ihrer Herrschaft zu gehen, voller Angst, da sie sich verspätet, nun im Dunklen allein noch den langen Weg machen zu müssen; aber einer Droschke war an dem schönen Tage nicht habhaft zu werden, und es kommt ihr daher die freundliche Aufforderung eines Kutschers, für zwei Schillinge auf seinem Stuhlwagen mit hinauszufahren, wie gerufen. Sie steigt auf zu den schon vorhandenen Leidensgefährten, weil auf ihre Frage, ob er durch Altona fahre und sie bei Herrn Salomon Heine absetzen könne, eine bejahende Antwort erfolgte; aber sie bekommt auf ihre wiederholte Bitte, doch nun abzufahren, keine weitere Antwort, sondern wird von einem Nebensitzenden belehrt, daß der Wagen ja noch nicht voll sei. Jetzt kriegt sie's mit der Angst, will wieder absteigen, aber das wird nicht zugegeben, sondern das Pressen anderer Passagiere mit erneuerter Energie fortgesetzt. Die Arme will gern durch Bezahlung ihrer zwei Schillinge sich befreien, das geben aber die Mitfahrenden nicht zu, eine dadurch entstehende Verzögerung der Abfahrt vorhersehend. Als nun der Wagen besetzt ist, geht auf allgemein sehr dringendes Verlangen die Fahrt los. Ihre Freude ist groß, denn vor dem Tor, denkt sie, wird wohl Trab gefahren und so die Zeit wieder eingeholt, doch wer beschreibt ihren Schrecken, als der Kutscher, sowie er das Tor hinter sich hat, stillhält und das Donnerwort erschallt: „So – nu man all r'unner." – Nun, Erfahrung schützt vor Schaden.

Der Vorgang bei der Sperrung des Tores, wenigstens des so besonders frequentierten Altonaers, war nun folgender: Eine Stunde vorher, dann wieder eine halbe, und zum dritten Male direkt vor Beginn der Sperre wurde mit einer großen Glocke geläutet, die über der ersten Sperrbude – links – hing; die beiden ersten Male nur kurze Zeit, das letzte Mal fünf Minuten lang. Nach dem zweiten Läuten, an Sonntagen auch schon früher, stellte sich ein Unteroffizier mit vier Mann der damaligen, sehr hübsch kostümierten Hamburger Ulanen ein, welche eine Wache beim sogenannten Hornwerk – wo jetzt das Seemannshaus steht – innehatten. Der Anführer mit zwei Mann stellte sich innerhalb des mittelsten breiten Torpfostens zwischen den geöffneten eisernen Torflügeln auf; zwei Mann hielten jenseits des Tordammes; einer vor der inneren Sperr- und Akzisebude, der andere vor der gegenüberliegenden Infanteriewache. – Während des fünf Minuten dauernden Läutens strömte nun die Menge zu Fuß und zu Wagen ins Tor hinein, und für meinen Vater und mich oder jeden anderen Zuschauer bestand nun die Pointe darin, auf der Elbhöhe, also innerhalb der Torgrenze stehend, woselbst man das ganze Getreibe unter sich vor Augen hatte, zu beobachten, wie das Treiben und Rennen der gegen Anfang der Sperre Herbeieilenden zunahm, und sich dabei über die ängstliche Hast der Einzelnen zu amüsieren. – Da sah man eine Alte heranhumpeln und hätte ihr gern zugerufen: „Es ist noch Zeit genug", aber die Glockenschläge tönen zu mahnend; jener ganz gelassen Einherschreitende ist dagegen ein Mann von Erfahrung; er läßt sich nicht irremachen durch die ihm Vorbeilaufenden; jetzt aber wird der Zug immer dünner, durchsichtiger; zuletzt kommen nur noch einzelne mit forciertem Marsch; dort hinten läuft noch einer, sollte er's holen? – ja richtig; aber der dort, wie er hastet, nein, der holt's nicht mehr, – nun – nun – ja, er gewinnt's auch noch, denn die Glocke tönt immer noch ihr regelmäßiges bim, bam, bim, bam; da kommt noch ein Wagen angejagt – auch er erreicht sein Ziel; aber die dort hinten aus Leibeskräften Heranstürzenden sieht man plötzlich ihren Lauf einstellen, denn der letzte Schlag der Glocke ertönt soeben, und kreischend hört man die breiten Torflügel sich langsam schließen. – Was nun noch kommt, muß vor den geschlossenen Gittertüren haltmachen; innerhalb der Tore jedoch reiten nun langsam, an jeder Trottoirseite einer, die Ulanen den Tordamm entlang und treiben allmählich das vorausschreitende Publikum der inneren Sperrbude und Wache zu, während der Unteroffizier mit ruhiger Würde die Mitte hält. Vor ihnen ist die dicke Menschenmenge, hinter ihnen der leere, gleichsam ausgestorbene Torwall; nur die einzelnen Hinauswollenden, die noch sperrfrei hindurch gelassen werden, sind noch auf demselben. Ist der Zug mit den dahinter reitenden Ulanen bis zur Wache gelangt, so erschallt ein Trommelwirbel; der Unteroffizier salutiert vor der Wache, zieht seine vier Mann heran und reitet über den Tordamm zurück nach seiner Kavalleriewache auf St. Pauli; aber zugleich werden nun die Tore wieder geöffnet; die von innen sich gesammelt Habenden kommen frei hinaus, die draußen Harrenden müssen sich eine Tormarke lösen und ebenso die von nun an hinaus Passierenden. Die Marken, runde Pappscheiben, waren von verschiedenen Farben, den einen Abend gab's blaue, dann wieder rote, gelbe usw., so daß derjenige, welcher etwa seine Marke dem Abnehmer zu entziehen verstand, doch nicht sicher war, sie an einem anderen Abend nochmals betrügerischerweise benutzen zu können. Die Marken löste man an den Fenstern der Sperrbudcn, und an den gegenüberliegenden standen dann ein paar Sperroffizianten, um sie wieder in Empfang zu nehmen. Für die Wagen waren besondere Offizianten mit Laternen, die mit einem Zahlbrett versehen waren, angestellt, welche von den Insassen ihre Zahlung empfingen und dem Kutscher dafür die Marke aushändigten. Bei den übrigen Toren war wohl der Hergang derselbe; jedoch war dort keine Kavallerie vonnöten, weil der Menschenandrang weit geringer war.

Es ist leicht einzusehen, daß solcher Torschließungsakt sehr kurzweilig war und der Zuschauer viele heranlockte; namentlich gewährte er der Jugend großes Plaisir, und es kam in unserer Schule mitunter vor, daß ein Kommilitone vom Lehrer sich erbat, eine Stunde früher nach Hause gehen zu dürfen, und auf die Frage: Weshalb? antwortete: „Ich soll das Tor zumachen sehn", wobei man ohne Zweifel annehmen durfte, daß hier das Wollen seinerseits mit dem Sollen von seiten der Eltern vollkommen übereinstimmte oder vielleicht gar der letztere Beweggrund auf sehr schwachen Füßen stand.

Manch liebes Mal habe ich mit meinem Papa diesen Torschluß mit angesehen, damals fiel es noch niemandem ein, diese Abgabe als etwas Verwerfliches zu betrachten, und ich weiß noch, mit welcher Freude mein Vater die Torpassanten zählte, wenn wir zuweilen kurz vor zehn Uhr das Tor zu Wagen passierten und er dann während der kurzen Strecke über den Tordamm den oft in Gruppen Vorbeiziehenden mit feiner Addition nicht mehr zu folgen vermochte. Er freute sich als guter Patriot über die reichliche Einnahme der Kammer und trug wahrlich nicht wenig zur Vermehrung derselben bei, denn als wir später ganz auf dem Lande, bei Altona, wohnten, bezahlte meine Mutter für ihren Wagen allein durchschnittlich einen Taler per Woche an Torsperre. Aber nie kam es meinen Eltern in den Sinn, über diese Abgabe sich klagend zu äußern; im Gegenteil, meiner Mutter gewährte das Erlegen des Sperrgeldes eine Art Unterhaltung, und wenn der alte Mann, Lüders hieß er, der im Altonaer Tor das Sperrgeld einnahm und meine Mutter als regelmäßige Kundin kannte, mit den Worten: „Gun Abend, Madam" an den Wagenschlag trat, dann wechselte sie gern, in ihrer leutseligen Weise, noch einige Worte über Wind und Wetter mit ihm, bevor sie ihr Zwölfschillingstück auf sein Laternenbrett legte. – Unsere beiden Kinder hatten in späterer Zeit ebenfalls mit diesem Alten, den sie als Großpapa Lüders anredeten, innige Freundschaft geschlossen, welche sich, außer in Gruß und Gegengruß, durch Darreichung mitgebrachter Brauner- oder Teekuchen äußerte. Meine Mutter pflegte denn auch, um das Zählen bei der Laterne zu vermeiden, die dänischen Zwölfschillingstücke für diesen Zweck zu reservieren.

Meine Eltern beide haben die Abschaffung der Sperre nicht mehr erlebt. Mit derselben fielen auch die Tore, welche auf der äußeren Seite des Tordammes standen und ein ganz stattliches Aussehen hatten.

Bei diesen soeben erzählten Hergängen und Beschreibungen habe ich mich nun freilich scheinbar von der Hauptperson gänzlich entfernt, in der Wirklichkeit ist dies aber nicht der Fall, denn bei all diesen Erlebnissen bleibt, für mich wenigstens, mein Vater immer die Hauptperson.

Was nun die Lebensweise desselben anbetrifft, so ist die Beschreibung derselben mit wenigen Worten getan. Er stand sehr früh auf, im Sommer sowohl wie im Winter, und besonders in seinem höheren Alter war das der Fall. Dies frühe Aufstehen, welches um vier bis fünf Uhr erfolgte, war nicht so sehr eine Liebhaberei als vielmehr Notwendigkeit; denn einer ihn hartnäckig quälenden Schlaflosigkeit konnte er nur durch sehr frühes Zubettgehen und noch früheres Aufstehen vorbeugen. Er machte sich dann selbst seinen Tee und aß ein mächtig dickes Butterbrot dazu und ging dann stundenlang im Garten oder durch die Stadt spazieren, selbst bei kaltem, rauhem Wetter; traf uns auch, beim Zurückkommen, gewöhnlich noch schlafend an. Bei diesen Gängen durch die Stadt wählte er sich vorzugsweise das holperichte Straßenpflaster aus, indem er behauptete, daß dadurch die Körperbewegung eine viel kräftigere werde. Der ganze Tag war nun einem sehr eifrigen Studieren, gelegentlichen Unterrichtgeben, usw. gewidmet; untätig habe ich meinen Vater eigentlich nie gesehen, denn selbst bei seinem Umhergehen im Garten oder in den Zimmern, welches ihm in seiner Lebensweise unvermeidlich zu sein schien, memorierte er seine Predigt oder war er mit sonst einer geistigen Arbeit beschäftigt, auch pflegte er dann oft, wie schon erwähnt, mit lauter Stimme zu deklamieren.

Um zehn Uhr wurde in unserm Hause ein einfaches Butterbrot gegessen, um ein Uhr zu Mittag, um drei bis vier Uhr Tee getrunken und um neun Uhr oder etwas früher zu Abend gespeist, denn um diese Zeit, oder höchstens eine Viertelstunde darüber, begab mein Vater sich schon zur Ruhe, und wenn er einmal, durch irgendein Gespräch oder dergleichen aufgehalten, eine Viertelstunde länger blieb, so pflegte er wohl scherzhafterweise auszurufen: „Kinners! En viertel na nägen all; dat is ja wahre Nachtraseree!"*, und eiligen Schrittes begab er sich dann mit seiner Nachtuhr, welche er immer gern neben sich stehen hatte, auch bei seinem Studium des Tages über, zur Ruhe.

So leutselig, wohlwollend und duldsam das Gemüt meines Vaters war, namentlich gegen die geringere Klasse, so sicher wußte er sich dennoch gegen jedermann in Respekt zu setzen, und ebenso empfindlich, ja heftig konnte er werden, wenn der Ehre seines Standes in irgendeiner Weise nicht die schuldige Achtung widerfuhr; jedoch erinnere ich mich nur sehr seltener Fälle, in denen dergleichen vorgekommen. Es muß die Ausübung eines höherstehenden Amtes eine merkwürdige Ruhe und Sicherheit des Handelns geben, sonst wäre es mir unerklärlich, wie mein Vater in seinem bescheidenen, fast schüchternen Auftreten im gewöhnlichen Leben doch mit solcher Strenge, Würde und Anstand seine kirchlichen Pflichten vertrat, selbst hohen, fürstlichen Personen gegenüber. Bei einem Empfange des dänischen Königs Christian VIII., welcher auch die Mennoniten-Kirche in Altona in Augenschein nahm, hatte mein Vater denselben mit einer so herzlichen, aber zugleich würdig-ernsten Rede empfangen, daß die ihn begleitenden Kirchenherrn, ganz ergriffen von der Schönheit derselben, später ihr Erstaunen darüber aussprachen, daß ihr Pastor bei der Angewohnheit solchen Empfanges eine so ruhige Würde behauptet habe. Der König selbst war sichtbar bewegt bei der Anrede gewesen, hatte nach Beendigung derselben meinem Vater die Hand gereicht und das einfache Wort geäußert: „Ich danke Ihnen, Herr Pastor." Als meine Schwester Maria unseren Papa nach dem Inhalt seiner Ansprache auszuforschen suchte, hatte er nichts weiter geantwortet, als: „Ich habe ihm nicht geschmeichelt."

In Ausübung seiner Amtspflichten war mein Vater äußerst streng und litt nicht das geringste Abweichen vom kirchlichen Anstand. So hatte

* „Kinder! Ein Viertel nach neun schon; das ist ja wahre Nachtschwärmerei!"

er zum Beispiel bei einer Trauung, als die Braut bei der Handreichung ihren Handschuh anbehielt, auf nicht mißzuverstehende Weise die Entblößung der Hand verlangt und später geäußert, er habe die rechte Hand, nicht den rechten Handschuh gefordert. Doch diese Aufrechthaltung des äußeren Anstandes bei kirchlichen Funktionen verschwand, sowie er das Standeskleid ablegte; und so kam es denn auch wohl vor, daß die häusliche Kleidung nicht immer derart war, wenigstens in fernem späteren Alter, daß sie auf höhere Anständigkeit Anspruch machen konnte; doch verstand es meine Mutter vortrefflich, die abgetragenen Kleidungsstücke, wenn sie auf einen gewissen Punkt des Alters angelangt waren, plötzlich verschwinden zu lassen, oder durch ein rechtzeitiges Weihnachtsgeschenk einen Wechsel zu veranlassen.

[5]

Die Mutter

Habe ich durch vorstehende Berichte einen Begriff vom äußeren und inneren Wesen meines Vaters zu geben versucht, so ist es, so armselig dieselben auch immer geblieben sein mögen, doch noch weit schwieriger, eine Beschreibung von dem wahren Wesen meiner Mutter zu liefern.

Ihrer äußeren Erscheinung nach muß sie in ihrer Jugend etwas sehr kindlich Anmutiges gehabt haben, was ein kleines Miniaturgemälde, in ihrem Brautstande ausgeführt, zur Anschauung bringt. Zu der Zeit zählte sie etwa neunzehn Jahre und zeigt auf dem Bilde ein heiteres, wahres Kindergesicht. Meine Mutter war nur sehr klein, hatte ein äußerst lebendiges, munteres Wesen und viel mehr Neigung, im Hause und Garten umherzustreifen, als lange an einem Fleck auszuharren. Von Wissen und höherer Bildung hatte sie nicht viel aufzuweisen, dagegen einen sehr klaren, gesunden Verstand, ein fabelhaft treues Gedächtnis und einen höchst praktischen Sinn. Sie hatte eine große Vorliebe für Ordnung und Reinlichkeit und hielt streng darauf, daß wir in Kleidung und Haltung unseres Körpers alles vermieden, was gegen diesen Ordnungssinn verstieß, hatte für ihren Tadel nach dieser Seite hin auch oft recht derbe Aussprüche in Bereitschaft. Der Aufgabe, Ordnung im Hause aufrechtzuerhalten, war meine liebe Mutter vollkommen gewachsen; sie war bald oben, bald unten, bald hinten, bald vorn, und ihren Aussprüchen und Anordnungen wurde von jedermann im Hause unbedingt Folge geleistet, da jeder sich vortrefflich dabei stand. Meine Mutter sorgte für alles, überdachte alles und vergaß nie etwas; sie besorgte sowohl die inneren wie die äußeren Angelegenheiten, und zwar geschah das auf eine so natürliche, anspruchslose Weise, daß keiner darin Auffallendes sah und ohne daß sie dabei für sich eine hervorragende, Achtung gebietende Stellung beansprucht hätte. Es war ihr das alles etwas Angeborenes, eine Art natürlichen Bedürfnisses, und jeder, der mit ihr in engerer Verbindung stand, bürdete ihr denn auch getrost so viel auf, als zu tragen er selbst zu schwach oder zu faul sich fühlte. Ermüdung oder Unlust zu irgendeiner Pflichterfüllung kannte sie gar nicht, sondern war jederzeit mit wirklicher Lust bereit, Rat und Tat zu spenden.

Eine Folge dieser so schätzenswerten Eigenschaften freilich war, daß wir Kinder sehr lange unselbständig blieben, welches nach dem modernen Erziehungssystem ja ein erschreckliches Unglück sein soll; der viel höhere Vorteil aber war, daß wir mit einer so hohen Liebe und Achtung an unserer vortrefflichen Mutter hingen, wie sie in jetziger Zeit wohl leider nur selten vorkommt, und daß wir das elterliche Haus als den Herd aller Freude und allen Trostes ansahen.

So hingen denn auch die Dienstboten meiner Mutter mit Achtung und vollem Vertrauen an, und während meiner Jugendzeit weiß ich nur von einem einzigen Wechsel derselben. – Wir hatten ein Kleinmädchen, namens Lena, aus Bergedorf, und eine ältere Köchin, Cathrin Eggers, wenigstens acht Jahre im Dienst, welche sich auch beide bei uns verheirateten. Die erstere, jung, hübsch von Gesicht und schlank gewachsen, nur etwas schwächlich, hatte eine gute Schulbildung und war durch ihre Anstelligkeit, Zuverlässigkeit und Treue allgemein beliebt. Sie saß häufig mit ihrer Näharbeit bei uns im Wohnzimmer und überwachte, bei Abwesenheit meiner Mutter, meine Schularbeiten. Ich hielt sehr viel von ihr, und sie unterhielt mich gern mit ihren Erzählungen, wußte auch viele gute Gedichte, Lieder und Sprüche auswendig und lehrte mich unter anderem ein Abendgebet, welches ich jeden Abend vor dem Einschlafen hersagte. Es hieß:

Mit meinem Gott geh' ich zur Ruh'
Und tu' in Fried' mein Auge zu,
Der Gott im Himmelsthron
Wacht über mich, bei Tag und Nacht,
Auf daß ich sicher ruhen mag. Amen!*

* Es handelt sich um den von Goos ungenau zitierten ersten Vers des Chorals „Mit meinem Gott geh ich zur Ruh" von Cornelius Becker (1561–1604): „Mit meinem Gott geh ich zur Ruh / und tu in Fried mein Augen zu; / denn Gott vons Himmels Throne / über mich wacht / bei Tag und Nacht, / schafft, daß ich sicher wohne."

Die Köchin war in ihrem Beruf sehr tüchtig, sonst aber etwas borniert und phlegmatisch. Auch mit ihr war ich gut Freund, wenngleich sie von meinen Neckereien viel auszustehen hatte. So war es eine besondere Malice von mir, ihr alle möglichen Dinge ins Bett zu legen, um sie dadurch beim Schlafengehen zu erschrecken.

Die Dienstboten hatten es sehr gut bei uns; meine Mutter unterhielt sich sehr gern mit ihnen, wußte bald mit ihren äußeren Verhältnissen sowohl wie mit ihrem Tun und Denken Bescheid und ging aus wirklicher Teilnahme gern auf ihre Wünsche ein und suchte ihren Bekümmernissen abzuhelfen. Dazu besaß sie einen reichen Schatz von Ratschlägen und Hausmittel für alle möglichen Kalamitäten und Krankheiten, und wie oft war ich Zeuge, daß sie einen Kranken oder Hilfesuchenden examinierte und ihm genaue Verhaltungsregeln gab oder die betreffenden Hilfsmittel verordnete, jedenfalls denselben nicht ohne Rat und Trost verabschiedete. Mutters gesunder, kräftiger Geist wußte dabei immer etwaigen Hindernissen zu begegnen, Schwierigkeiten im günstigsten Licht erscheinen zu lassen, und die Zuversicht, mit der sie ihren Rat oder ihre Mittel erteilte, reichte allein schon hin, einen Leidenden in eine glückliche Stimmung zu versetzen.

Ein bißchen Doktorieren mochte sie überdies gar zu gern, und in ihrer Hausapotheke waren gewisse Universal- und Lieblingsarzneimittel stets vorrätig, unter denen Brausepulver, Kräutertee, – Brusttee –, und *weißes Pulver* – dessen Hauptbestandteil ohne Zweifel Magnesia war – in erster Reihe anzutreffen waren. Mußte aber einmal der Arzt daher, der bei ihr in hohem Ansehen stand, so konnte er auch sicher sein, daß seine Verordnungen mit der pünktlichsten Genauigkeit und Strenge befolgt wurden. Die Medizinflasche, mochte der Inhalt nun einem Familiengliede oder einem Dienstboten verordnet sein, nahm meine Mutter sogleich in Beschlag, und sicher wurde die nötige Zeit des Einnehmens eingehalten. Mutter hatte noch den glücklichen Glauben, daß für jede Krankheit auch die sie beseitigende Mixtur in der Apotheke vorhanden sei und, wenn das erste Glas nicht helfe, jedenfalls das zweite, dritte oder vierte das Übel zum Weichen bringen müsse; ja, wenn der Arzt einmal, nach Aufhören des Übels, sein Befremden darüber aussprach, noch immer die Medizin in der Krankenstube anzutreffen, pflegte sie wohl zu antworten: „Zur Befestigung der Gesundheit, Herr Doktor." Nun, dem

Apotheker war diese Gesundheitsbefestigungsmethode jedenfalls sehr erwünscht. Unser damaliger Arzt hieß Fleischer; ein ziemlich großer, kräftiger Mann, welcher sehr geliebt und geachtet in der Familie war, vorzüglich gut mit Kindern umzugehen wußte und bei Krankenbesuchen gern bereit war, mir allerlei Sachen und Figuren zu zeichnen. Außer Masern, Husten und Schnupfen und gelegentlichen Kolikanfällen erinnere ich mich übrigens, nur eine ernstliche Krankheit, Halsbräune, durchgemacht zu haben, in welcher ich eines Abends in Fieberhitze dalag und fortwährend kaltes Wasser zum Trinken verlangte, was mir jedoch keiner zu bringen wagte, auch meine Mutter nicht, denn das kalte Wasser war damals, selbst bei den Ärzten, noch eine streng verbotene Ware in den Krankenzimmern. Man rief endlich den Doktor herbei, und er beruhigte mich sogleich mit der Zusicherung: „Versteht sich, mein Junge, sollst du kaltes Wasser haben", flüsterte indes meiner Mutter zu: „lauwarm natürlich". Ich hatte aber letzteres recht gut verstanden und protestierte lebhaft dagegen, ob mit Erfolg, weiß ich nicht.

Von diesem Arzte kann ich sonst wenig mehr mich erinnern, da er schon 1822 starb. Seine stehende Redensart war, wenn ein Unwohlsein im Abzug begriffen war: „Na, das wird sich denn nunmehro wohl geben." Nach seinem Tode nahm die Familie einen sehr begabten Arzt, einen Verwandten von uns, Doktor Münster, zum Hausarzt, welcher aber leider auch, bald nachdem er sich mit einem Fräulein Knauth, Schwester des bekannten Juristen, verheiratet hatte, starb; worauf dann Doktor Bülau – später Oberarzt am Krankenhause – in seine Stelle trat.

Als Krankenpflegerin war Mutter, namentlich bei uns Kindern, unersetzbar. Niemals verlor sie den Mut, sondern behielt stets ihre Ruhe und den besten Humor; mit der größten Ausdauer wendete sie uns die liebevollste Pflege zu, ohne dabei durch Jammern oder Bedauern den Kranken zu verzärteln oder in ihrem Diensteifer lästig zu fallen; und wie gemütlich wußte sie dabei ihre, ach wie oft wiederholten Geschichten zu erzählen, namentlich wenn die Rekonvaleszenz eingetreten war. Viele dieser Geschichten sind mir treu im Gedächtnis geblieben; jedoch will ich nur einige derselben, namentlich eine, oft wiederholt gewünschte Lieblingsgeschichte hier niederschreiben, da sie zugleich eine Art von Hamburgensie ist. Meine Mutter trug dieselbe, wie sie denn überhaupt bis an ihr Lebensende, wenigstens wenn wir allein waren, mit uns plattdeutsch sprach, in dieser Sprache vor.

Der Kaufmann Mahns

In alter Zeit war ein Hamburger Schiffskapitän auf einer Rückreise von Ostindien begriffen und befand sich auf dem Ozean. Es war eine so schöne, sternenhelle, laue Nacht, wie sie bei uns selten vorkommt. Der volle Mond schien blendend auf See und Schiff hernieder, welch letzteres bei einem leichten Winde langsam dahinzog. Der Kapitän stand, träumerisch in den Himmel blickend, vor seiner Kajüte auf dem Verdeck und brach, ohne sich etwas dabei zu denken, in die Worte aus: „De Maan, de schient so hell, un de Dooden, de ried so snell"* und starrte in die unbegrenzte Ferne hinaus.

Plötzlich sieht er einen Lichtpunkt, scheinbar einen Stern, weit, weit hinaus, gleichsam auf dem Wasser schweben, aber zu seiner Verwunderung wird derselbe größer und größer, und mit Entsetzen bemerkt er, wie der Stern zu einer weißen Gestalt sich herausbildet, die mit rasender Schnelle direkt auf sein Schiff zufährt, und stumm und starr vor Schrecken sieht er einen weißleuchtenden Geist auf einem Schimmel lautlos vor sich auf seinem Verdeck. Dann erhebt das Gespenst seine Stimme zu folgendem Befehl:

„So wie Du na Hamborg kümmst, geist Du direkt na de Katharinenstraat, un söchst den Koopmann Mahns op. Den selbigen sallst Du bestell'n: He sull cito! cito! öberkamen, un sin Arfschopp halen. Wenn Du dat richtig besorgst, so sall Di op Dine Seereisen neemals Unglück bedrapen."** Damit verschwand der Geist und ließ den Armen zitternd und bebend zurück. Niemand auf dem Schiffe schien die Erscheinung bemerkt oder gehört zu haben. Das Schiff glitt langsam seinen Kurs dahin, und Mond und Sterne lächelten so mild wie zuvor. Dem Kapitän klangen aber die verhängnisvollen Worte noch laut im Ohr, an Schlaf war fürs erste nicht

* „Der Mond scheint so hell,/ Und die Toten, die reiten so schnell." Dem Kapitän sind unbewußt die Verse aus Gottfried August Bürgers populärer Ballade *Lenore* (1777) im Gedächtnis: „Der Mond scheint hell! / Hurra! Die Toten reiten schnell!"

** „So wie du nach Hamburg kommst, gehst du direkt in die Katharinenstraße und suchst den Kaufmann Mahns auf. Demselbigen sollst du bestellen: Er soll schnell! schnell! herüberkommen und seine Erbschaft holen. Wenn du das richtig besorgst, so soll dir auf deinen Seereisen niemals Unglück widerfahren."

zu denken, und er trug, in seine Kajüte hinabgestiegen, das Vernommene getreulich in seine Brieftasche ein.

Die Reise wurde in seltener Schnelligkeit vollführt und unser Kapitän ließ, sowie er in Hamburg angekommen war, seinen ersten Gang den nach der Katharinenstraße sein. Hier begann er denn nun, vom ersten Hause anfangend, seine Nachfragen nach besagtem Kaufmann Mahns. Haus bei Haus geht er weiter, aber nirgends findet er einen Bewohner dieses Namens, und als ihm auch auf der anderen Seite der Straße keiner Auskunft erteilen kann, weiß er in heller Verzweiflung nicht mehr, was zu tun ihm übrig bleibt. Wie er denn so trostlos noch einmal die Straße entlanggeht und darüber nachdenkt, was nun weiter zu beginnen, fragt ihn eine Madam, welche gerade in der Haustür steht und im Begriff ist, einen Schellfischhandel abzuschließen, ob er den Mann aufgefunden habe, und als er traurig den Kopf schüttelt, fragt sie ihre dabeistehende Köchin, ob sie in der Nachbarschaft je von einem Kaufmann Mahns gehört habe, an dessen Adresse dem Manne so sehr gelegen sei. „Mahns", sagt die Köchin und sinnt nach. „Uns oll Kater heet ja Mahns", entgegnet sie lachend. Der Kapitän wird aufmerksam und bittet, den Kater sehen zu dürfen; und wenngleich es ihnen scheinen will, dem Manne möge es vielleicht im Oberstübchen ein wenig rappeln, so ruft doch die Köchin, erfreut ihren Liebling vorführen zu können: „Mahns, Mahns, Mahns", und eine wunderschöne, weiße Katze, oder vielmehr Kater, steigt bedächtig die Küchentreppe herauf und sieht unseren Schiffer mit aufmerksamer Miene an. Dieser aber beginnt seinen ihm aufgegebenen Spruch: „Hör mal Koopmann Mahns: Du sallst cito! cito! överkamen, un dien Arfschopp halen." Kaum hatte er das letzte Wort gesprochen, so springt die Katze mit einem Satz zur Haustür hinaus, rennt im vollen Lauf die Katharinenstraße hinab und ward niemals wieder gesehen. Der Kapitän aber geht erleichterten Herzens von dannen und hat von da an nie ein Unglück zur See, sondern immer glückliche, schnelle Reisen gehabt.

Eine Schauergeschichte will ich hier noch anführen, welche meine Mutter aber nicht gern des Abends erzählte, fürchtend, es könne uns davon etwas im Traume vorkommen.

Der Kajütsjunge als Kommandeur

Ein Schiff liegt segelfertig im Hafen, und am Abend vor der Abfahrt haben der Kapitän, der Steuermann und der Bootsmann ihre Frauen eingeladen, noch einmal zusammen den Kaffee an Bord zu trinken. Nach demselben, als ihre Männer mit Anordnung im Schiffe beschäftigt sind, bleiben die Frauen noch in der Kajüte beisammen, schwatzen viel von diesem und jenem, beklagen sich auch gegenseitig nicht wenig über ihre Männer und verriegeln endlich die Tür der Kajüte, um zwar leise, aber sehr angelegentlich ein Komplott zu schmieden, welches geheimzuhalten sie sich aufs feierlichste geloben; aber das ahnt keine von ihnen, daß der Kajütsjunge, der in des Kapitäns Schlafkoje zu schaffen gehabt, dort unter das Bett gekrochen war und sie so belauscht hatte. Das Gespräch war indes beendet, die Frauen verließen die Kajüte, nahmen herzlichen und zärtlichen Abschied von ihren Männern, wünschten ihnen schnelle und glückliche Reise und ließen sich von Bord zurückrudern.

Kaum sind sie fort, so tritt der Kajütsjunge vor seinen Kapitän und erklärt ihm: „Koptain, ick fahr nich mit." Dieser fragt natürlich höchst erstaunt nach der Ursache, und als der Junge, der übrigens bei seinem Kapitän und sämtlichen Leuten sehr gut angeschrieben stand, behauptet, die Ursache nicht angeben zu dürfen, und aufs entschiedenste bei seiner Weigerung beharrt, auch versichert, daß er, wenn er gezwungen würde, am Schiff zu bleiben, doch bei erster Gelegenheit über Bord spränge, so dringt der Kapitän ernster auf ihn ein, entweder müsse er ihm den Grund seiner Weigerung klar vorlegen oder er würde eingesperrt, bis er sich eines Besseren besonnen habe.

Der Junge überlegt einen Augenblick und erwidert dann: Mitfahren wolle er wohl, aber nur unter einer Bedingung: – Morgen über drei Tage, den 18. Oktober, solle ihm der Kapitän von vier Uhr morgens an bis zwölf Uhr mittags das Kommando auf dem Schiffe abtreten, so daß jeder unbedingt seinen Anordnungen und Befehlen Folge zu leisten habe, und diese Zusicherung müsse der Kapitän ihm schriftlich, im Beisein aller Schiffsgenossen, erteilen.

So unerhört dieses sonderbare Verlangen des Schiffsjungen dem Kapitän erscheinen mußte, so sehr der Zorn über diese scheinbare Frechheit in ihm aufloderte, so mußte er doch wohl fühlen, daß irgendein wichtiges Geheimnis seinen sonst so vernünftigen und brauchbaren Jungen zu dieser merkwürdigen Forderung treibe. Sehr ungern mochte er ihn aus seinem Dienst verlieren und dachte, wenn wir nur erst in See sind, wird sich die Sache schon anders behandeln lassen. Kurz, er gibt ihm, nachdem er alles vergeblich versucht, ihm diese Marotte auszureden, nicht allein mündlich, sondern auch im Beisein seiner erstaunten Mannschaft schriftlich die Zusage.

Das Schiff geht noch in selbiger Nacht unter Segel und macht bei günstigem Wind und vortrefflichem Wetter eine rasche Fahrt. Da, am zweiten Abend nach ihrer Abreise, als sie schon auf hoher See sich befinden, tritt der Kajütsjunge, nachdem der Kapitän ihn für die Nacht entlassen, vor diesen mit der Erinnerung: „Koptain denkt doch daran? Morgen fröh beginnt min Kommando." –„Ja, ja", sagt derselbe und denkt bei sich, bei solchem Wetter hängt eben nicht viel davon ab, wer das Kommando führt, da wird's wohl nichts zu kommandieren geben.

So wie die Uhr vier geschlagen, tritt unser Held unter die Mannschaft, zeigt seine schriftliche Zusage und befiehlt, alles auf Deck zum Sturm klarzumachen. Obgleich es das schönste Wetter ist, wird dieses von den Matrosen lachend und scherzend vollführt, und nachdem alles besorgt, jedes Bewegliche festgebunden, die Segel eingerefft sind, läßt der Interimskapitän sämtliche Kanonen scharf laden und vorn im Bug des Schiffes postieren; sodann befiehlt er Ruhe.

Um halb sechs Uhr beginnt gerade vor dem Schiff der Himmel sich zu trüben, und furchtbar drohend steigt ein Wetter herauf. Das Meer wird unruhiger, schwärzer der Himmel, das Lachen ist allen vergangen, und jeder sieht erstaunt den Befehlshaber an. Dieser aber steht hochaufgerichtet im Vorderteil des Schiffes, fest und ruhig ist sein Blick, und unverwandten Auges späht er in die Ferne. – Plötzlich ruft er: „Alle Mann an die Kanonen, fertig zum Feuern, Steuer fest" – und als die Lunten angebrannt sind, sieht man eine ungeheure See, schwarz und unheimlich, sich heranwälzen und gegen das Schiff aufbäumen. Mit Todesangst blicken alle auf den Koloß; doch ehe derselbe sich auf das Schiff zu ergießen vermag, erschallt das Kommando: „Gebt Feuer!" – Die Matrosen gehorchen, die Kanonen donnern los und mit grausigem Gebrüll sinkt die Wassermasse schäumend und brausend in sich zusammen, und langsam ebnet sich die See.

Alles ist noch starr vor Schrecken; der Kapitän sieht fragend den Jungen an, weiß aber kein Wort hervorzubringen, während dieser in größter Ruhe befiehlt, die Kanonen sogleich wieder zu reinigen und von neuem zu laden. Nachdem dies geschehen und alles wieder in Bereitschaft ist, gibt er den Leuten Zeit zum Frühstück, spricht aber weiter kein Wort; und als die Uhr halb neun ist, läßt er die ganze Mannschaft antreten. Wieder verfinstert sich der Himmel, wieder fängt das Meer zu toben an, und wieder steigt mit dem Schlage neun eine furchtbare See gegen das Schiff heran, noch viel größer als die erstere; doch dasselbe Kommando erschallt, sechs Schüsse krachen los, und unschädlich zerrinnt die ungeheure Wassergestalt. Jeder atmet erleichtert auf, aber noch einmal läßt unser Held seine Geschütze, und diesmal doppelt, laden. Vorsichtig prüft er das Zündkraut, richtet er selber die Kanonen und fordert die Leute zur strengsten Befolgung seiner Kommandoworte auf. – Dieselbe Erscheinung wie früher erfolgt, nur diesmal in so verstärktem Maße, daß selbst den Kühnsten Zittern und Beben erfaßt; der Sturm heult, das Meer tobt, der Himmel droht niederzubrechen, und mit dem Schlage zwölf türmt sich eine See empor, schwarz und drohend wie die Nacht, berghoch scheint sie das Schiff verschlingen zu wollen, und kaum ist, bei dem furchtbaren Toben der Elemente das Kommandowort: „Gebt Feuer!“ zu verstehen; doch die Geschütze krachen los, und donnerähnlich sinkt das Ungeheuer von Woge zusammen.

Die Sonne bricht durch die Wolken, das Meer leuchtet fröhlich auf, die See ebnet sich und stolz und majestätisch zieht das Fahrzeug seinen Kurs.

„So!“, sagt der Junge, indem er triumphierend vor seinen Kapitän tritt, „mein Kommando ist aus, ich bin nun wieder der Schiffsjunge, Ihr der Befehlshaber“, aber alle Fragen des Kapitäns und der Mannschaft läßt er unbeantwortet, nur gibt er ersterem den Rat, das Datum des heutigen Tages, den 18. Oktober, sechs Uhr, neun Uhr und zwölf Uhr vormittags, zu notieren.

Die Reise geht von nun an ungefährdet fort, und das Schiff kehrt nach Verlauf eines halben Jahres in seinen heimatlichen Hafen zurück. – Leider erhalten alsbald sowohl der Kapitän als der Steuermann und auch der Bootsmann die sie in tiefe Trauer versetzende Nachricht von dem Tode ihrer Frauen; doch wer beschreibt ihren Schrecken, als sie erfahren, daß alle drei Frauen plötzlich, und zwar am letzten 18. Oktober, gestorben sind, die Bootsmannsfrau um sechs Uhr, die Steuermannsfrau um neun Uhr und die Frau des Kapitäns um 12 Uhr.

Man kann sich denken, daß mich beim Anhören dieser mysteriösen Geschichte stets ein unheimliches Gruseln überkam, aber desto größer waren Genugtuung und Triumph über die Kühnheit und Geistesgegenwart des jungen Helden, der seine Aufgabe so glänzend zu lösen wußte und trotz Donner und Sturm die dämonischen Gewalten und ihre arglistigen Angriffe zu vernichten verstand.

Nun waren freilich bei meiner Mutter Sprache und Fortsetzung eine andere als die hier angewandte; viel einfacher, viel verständlicher für die jugendlichen Zuhörer, für die sie berechnet waren, aber nichtsdestoweniger brachten sie im Gemüt des Kindes die Eindrücke hervor, wie ich sie zu schildern versucht habe.

Diese vortreffliche Frau behielt auch bis in ihr spätestes Alter, trotz der vielfachen, sich allmählich einstellenden Krankheiten und Gebrechen, ihre mütterliche Teilnahme, ihre uneigennützige Vorsorglichkeit und ihr ungeschwächtes Gedächtnis bei, und nicht glänzender traten diese hervorragenden Eigenschaften ans Licht, als zur lieben Weihnachtszeit, zu welcher sie die Wünsche und Bedürfnisse ihrer Enkel mit demselben Interesse zu befriedigen wußte wie früher die ihrer Kinder und so auch die aller ihr Näherstehenden.

Meine Eltern ließen, wenn wir bei ihnen versammelt waren, jedes ihrer Kinder, Schwiegerkinder, Enkel sowie alle Gäste tun und sich unterhalten, wie's ihnen zusagte, und als später, nach meines Vaters Tode, die Familie immer größer wurde, die Männer der Enkelinnen und die Urenkel mit hinzukamen, wurde es des Sonntags und Mittwochs, wo wir im elterlichen Hause zusammenkamen, eine recht bunte Gesellschaft; aber eine Zwanglosigkeit war dabei herrschend, die oft zum Lachen war.

Die Kinder rasten, im Verein mit den Gärtnerkindern, durch Wiese und Feld, die Erwachsenen machten, in oft sehr legeren Anzügen, die bei der Großmama in Bewahrsam blieben, weite Spaziergänge, entweder zusammen oder einzeln, je nach Bedarf oder Vergnügen; oder es wurden Spiele getrieben, auch wohl musiziert; dieser oder jener Spielkollege,

Gast oder Freund ohne weitere Anmeldung mitgebracht, oder auch ganze Sammlungen und Apparate zu verschiedenen Arbeiten, die einer bei Großmama fertigzumachen gedachte. Räumlichkeit war genug vorhanden, wenn solche für dergleichen Arbeiten vonnöten sein sollte. Zeichnen, Modellstehen, chemische und physikalische Versuche und Vorstellungen; Reitkünste, Pferde- und Hundedressur, Schießübungen, Ballspiel, Fischerei im nahe gelegenen Diebsteich wechselten miteinander. Im Winter war für die Kinder ein großer Saal zum Spielen, und die Erwachsenen wußten sich des Abends beim *Whist*, oder *Grabuge*, *Besten Buben*, *Poch* und dergleichen die Zeit zu vertreiben. Und die Hauptperson, die Großmama? – Die war bald hier, bald dort, tat mit, wozu sie Lust hatte, und war immer bereit, auf jeden vernünftigen Wunsch einzugehen. Sollte auf allgemeinen Wunsch im Freien gegessen werden: ihr war's recht und es ward dann im Garten oder vor dem Hause der Tisch gedeckt; wurde der Vorschlag laut, an einem Sonntagnachmittag bei Rainville, oder im Heußhof, im nahen Eimsbüttel, Kaffee zu trinken, so war Mutter gewiß die letzte, um davon abzuraten, nur sie selbst blieb zu Hause. Fiel es den Damen ein, irgendein besonderes Gericht oder neues Rezept zu probieren, so schlugen sie für diesen Tag ihren Wohnsitz in der Küche auf, und Mutter mußte ihre Speisekammer der Plünderung preisgeben. Wollte einer von uns des Abends das Theater in Hamburg besuchen oder waren wir anderswo ausgebeten, so war Mutter jederzeit damit einverstanden und gab nicht selten das nötige Geld oder den Wagen dazu her; paßte dann auch sehr genau darauf, daß wir die Zeit nicht versäumten. Außer den festgesetzten Fahrten, wenn Mutter uns besuchte oder wir zu ihr herausgeholt wurden, war sie sonst nicht sehr freigebig mit ihrem Fuhrwerk und bezahlte lieber eine Droschke, als daß sie dasselbe zu einer Extrafahrt hergegeben hätte, und wenn wir ihr nun gar zu arg zusetzten, so war ihre endliche Aushilfe dann die: „Ja, denn möd Ji mal mit Friedrich daröber sprecken", indem sie als letzte Hoffnung annahm, er, der Kutscher, würde vielleicht noch ein Hindernis zu entdekken wissen. Zuletzt wurde Mutters Haus als eine Art Familienbörse für alle möglichen Arten Geschäfte betrachtet.

Daß durch ihr selbstloses Wesen und Treiben Mutter uns unersetzlich war und jedem Familiengliede den Aufenthalt bei ihr lieb und teuer machte, ist leicht zu begreifen, namentlich auch, weil sie bis an ihren Tod im Geiste heiter und jung blieb. Sie hatte endlich noch die wahre Himmelsgabe von Gott empfangen, jeder Sache die gute Seite abzugewinnen, alles Ungemach leichtzunehmen und nie den Mut zu verlieren.

Einmal waren die scheu gewordenen Pferde mit dem offenen Wagen, auf dem meine Mutter mit zwei oder drei anderen Damen saß, bei einer Spazierfahrt während eines Besuchs der Schiffswerft am Reiherstieg, die meinem Onkel Hermann gehörte, durchgegangen und der Wagen vom Deich herunter, glücklicherweise auf weichem Ackerboden, umgestürzt. Arg beschädigt war niemand, aber die Damen und auch der sehr jugendliche Kutscher hatten vor Schreck und Erregung weinend dagestanden und trostlos sich nach Hilfe umgesehen. Nur meine Mutter hatte lachend auf einem Bein gehüpft, da sie ihren Schuh verloren und dies nach glücklich überstandener Gefahr als den am nächsten liegenden Unfall betrachtet hatte.

Später ist sie noch einmal umgeworfen worden, als sie auf einem leichten einspännigen Stuhlwagen von Hamburg kam, indem das leicht scheuende Pferd, von einem Schlachterhunde angefallen, plötzlich zur Seite gesprungen war. Sie wurde in das Schlächterhaus getragen, am Beine stark verletzt; aber ganz ruhig war sie dann, nachdem der Wagen wieder aufgerichtet, in demselben weitergefahren und freute sich sehr darüber, daß alles noch so gut abgelaufen sei; und das Erfreulichste schien ihr bei dem Unfall, daß das Pferd, die „Lische", so vernünftig gewesen sei, gleich stillgestanden und sich so leicht wieder beruhigt habe.

Einmal war die Scheuerfrau, als Mutters Wohnung in Altona war, voll Schrecken und Angst ins Wohnzimmer gestürzt: „Ach! Fro Pastörin, dat brennt; den Seiler sin Schuer steiht in hell'n Flam'n." „Na, denn puß See't wedder ut", hatte meine Mutter geantwortet und ruhig weitergestrickt.

Ja, das waren die alten, kernigen Naturen von damals, die nicht so leicht den Kopf verloren. Meine Mutter war ferner ein wahres Lexikon für alles, was die Familienverhältnisse der Hamburg-Altonaer Mennoniten-Gemeinde und namentlich unsere eigene Familie anbetraf; sie wußte jeden Verwandtschaftsgrad von alten Zeiten her auswendig und konnte über alle besonderen Vorkommnisse Auskunft geben, führte auch ein eigenes Privatkirchenbuch.

[6]

Die Schulzeit

Mit etwa fünf Jahren kam ich zur Schule, und zwar in die der deutsch-reformierten Gemeinde. Das Schulhaus war ganz in der Nähe meines elterlichen Hauses, es lag der Marienstraße schräg gegenüber, auf dem Kohlhöfen. Der Lehrer hieß Heise, ein großer, starker, ältlicher Mann. Er war verheiratet und hatte vier fast alle schon erwachsene Kinder, von denen die jüngste Tochter später eine sehr intime Freundin meiner Schwester Catharina wurde.

In dem Schulhause des alten Heise waren zwei Klassen. Eine hieß die große, die andere die kleine, in welcher letzteren ich natürlich untergebracht wurde. Beide bildeten das dritte Stockwerk des Hauses und hatten je vier Fach Fenster, die große nach der Straße hinaus, die kleine mit einem Blick auf den Hof, welcher Armenwohnungen der reformierten Gemeinde enthielt und durch einen Torweg, unter dem Schulhause, von der Straße zugänglich war. – Später wurde die Schule ganz hinten in den Hof verlegt, mit einem kleinen Gärtchen vor der Tür.

Schon in den ersten Tagen meines Schulbesuchs nahm sich meiner der Sohn des Butterhändlers Lüders, namens August, dessen ich schon früher erwähnt, sehr liebreich an, brachte mich auch in der Regel wieder nach Hause und wurde, obgleich er wohl einige Jahre älter sein mochte, später mein intimster Schulkollege und Freund.

Der alte Heise war ein gemütlicher, vortrefflicher Herr, der es gewiß von Herzen gut mit seinen Schülern meinte; ob er aber das richtige Zeug zu einem Lehrer hatte, mag ich nicht ohne weiteres bejahen, wenigstens hat mein Vater, der einmal einem Examen in unserer Schule beiwohnte, sich oftmals über die Katechisation meines alten Lehrers belustigt.

Außer dem Schulvorsteher, Herrn Heise, waren noch angestellt ein Schreib- und Rechen- und ein im Hause wohnender Unterlehrer sowie denn auch ein Zeichen-, ein französischer und ein englischer Lehrer; wenngleich die Stunden der beiden letzteren, welche nur zweimal in jeder Woche, in einem besonderen Zimmer, abgehalten wurden, nur eine sehr geringe Schülerzahl besuchte. Der Zeichenlehrer hieß Rensch, und von ihm wüßte ich nichts Besonderes zu berichten, sein Nachfolger war Weidemann, und da bei diesem meine Lust zum Zeichnen mehr Aufschwung bekam, so entschlossen sich meine Eltern, mir und meiner Schwester Catharina von demselben Privatunterricht geben zu lassen, zu welchem Ende wir einen Tag in der Woche, von zwölf bis ein Uhr, eine Art von Zeichenkursus in seiner uns benachbarten Wohnung besuchten. Die Mitschüler daselbst bestanden größtenteils aus Juden, von denen einer aquarellierte und nach unserer Meinung wohl schon eine hohe Staffel der Kunst erstiegen haben mochte, während wir uns mit kleinen landschaftlichen Bruchstücken, die uns von Herrn Weidemann vorgezeichnet wurden, abquälten. Als das Auffälligste bei diesem Unterricht ist mir der Mangel an Platz im Gedächtnis geblieben; wir saßen da, zusammengepfercht, in einem verhältnismäßig kleinen Zimmer, und außer Herrn Weidemann und seinen Schülern war in der Regel noch eine große schwarz und weiße Katze zugegen, die sanft auf dem Lehnstuhl ihres Herrn schlummerte. Da Herr Weidemann sich wenig um seine Eleven niederen Ranges kümmerte und sich hauptsächlich nur für seinen ersten Schüler, den Aquarellisten, interessierte, so machte ich während der Zeit noch andere Studien. Ich bedeckte die ruhig schlafende Katze mit den umherliegenden Mützen und Hüten der Schüler und beobachtete mit großem Interesse, wie lange sie den Druck der anwachsenden Säule ertragen würde. Wenn dann endlich das Tier sich emporrichtete und der Mützenturm herunterkollerte, so war ich im eifrigen Zeichnen begriffen und mit allen anderen höchst erstaunt über die lebendig gewordenen Kopfbedeckungen.

Die Betreibung solcher Nebendinge war nun aber nicht geeignet, den Unterricht des Herrn Weidemann zu empfehlen, und daher hat derselbe für meine Schwester und mich wohl kaum einen Winter überlebt.

Der Schreib- und Rechenlehrer in der Heiseschen Schule hieß Hinsch, ein in seinem Fache tüchtiger, überhaupt sehr energischer, aber sonst nicht eigentlich gebildeter Mann. Derselbe hielt an jedem Tage von zehn bis zwölf Uhr Rechenstunde und nachmittags von zwei bis drei Uhr Schreibstunde.

Herr Heise selbst erteilte Unterricht in Religion und in der biblischen Geschichte, in der allgemeinen Geschichte, Geographie und deutschen Sprache. Der Unterlehrer, welcher hauptsächlich in der kleinen Klasse tätig war, gab auch in der großen Unterricht im Anfertigen deutscher Aufsätze und Geometrie, von welch letzterer ich aber schließlich nicht viel mehr profitierte, als daß ich anzunehmen mich berechtigt fand, die Geometrie bestehe in der Fertigkeit, allerlei Linien, Dreiecke und Kreise an eine schwarze Tafel zu schreiben, die dann als Beweis dienten, daß es viele unbegreifliche Dinge in der Welt gäbe, die zu nichts weiter dienten, als Leute zu quälen, und der pythagoräische Lehrsatz wäre eine der verwickeltsten Schikanen derselben, in deren Mysterien einzudringen wohl wenig Sterblichen vergönnt sei.

Nach damals fast allgemeiner Sitte begann die Schule des Morgens um acht Uhr, um zwölf Uhr gingen wir nach Hause zum Essen, und nachmittags dauerte sie von zwei bis fünf Uhr. Weil nun den größten Teil des Winters schon um vier Uhr totale Finsternis eintritt, so wurde letztere Stunde, die deswegen für uns die angenehmste war, von Herrn Heise zu lehrreichen Erzählungen, gewöhnlich aus der Weltgeschichte, benutzt. Er hatte dabei ein einfaches Talglicht auf seinem Pult stehen, die Schüler saßen dagegen in dichter Finsternis, und je nach den in derselben vorfallenden Exzessen und Dummheiten oder einigermaßen anhaltender Ruhe konnte man sicher ermessen, ob uns der Vortrag Langeweile verursache oder zusage. Im Anfang der Wintersaison wurde es uns in der Regel zugestanden, oder vielmehr, wir nahmen uns ohne vorherige Anfrage das Recht, kleine mitgebrachte Lichtstumpfen anzuzünden und vor uns auf den Tisch zu kleben, was allerdings sich sehr schön ausnahm und eine für den Lehrer sehr billige Erleuchtung des Schulzimmers zuwege brachte; doch das stille Vergnügen währte in der Regel nicht lange, denn bald wurde ausfindig gemacht, daß es eine sehr angenehme Abwechselung gewähre, kleine Tinte- oder Spuckpartikelchen an die brennenden Dochte zu bringen, wodurch ein unaufhörliches Knistern und Sprühen der Flamme erfolgte; oder es wandelten auch die Dunkelmänner, das heißt die, die keine Lichte mitgebracht hatten, Regungen des Neides, vielleicht auch nur der Tatenlust an, und durch lang zusammengedrehte Papierrollen wurden den Vorsitzenden die Lichte ausgeblasen. Daß dies zeitweilige Störungen in der Erzählung des Lehrers hervorbrachte, ist erklärlich, und so wurde nach zwei- bis dreimaligen Versuchen das Lichtanzünden aufs strengste untersagt, und die Finsternis gewann wieder die Oberhand. Diese letzte Schulstunde ward aber auch oftmals zu Gesangübungen benutzt, denn unser alter Heise war Kantor in der reformierten Kirche und ein großer Musikfreund. Er lehrte uns mehrstimmig manche hübsche Liede singen, weltlichen sowohl als geistlichen Inhalts, und wenn ich gleich von den meisten derselben noch die Melodien innehabe, so sind mir fast nur von einem, einem Weihnachtsliede, und auch nur fragmentarisch, die Worte bekannt.

Die Melodie ist außerordentlich schön, das Gedicht hat nur zwei Verse. „Hosianna in der Höhe!" beginnt der erste Vers, aber nur den zweiten weiß ich noch ganz:

Auf, Du Tochter Zions, singe!
Steh, Dein König kommt zu Dir.
Eilend ihm die Palmen bringe,
Öffne ihm die Herzenstür.
Machet Eure Tore weit
Ihm, dem Herrn der Herrlichkeit.
Hosianna, Hosianna in der Zeit.

Die erste und die dritte Strophe werden fünfmal wiederholt, die Noten habe ich später mir von dem Organisten Detlefs in Altona aufschreiben lassen.

Meine Eltern und Schwestern interessierten sich immer sehr für diese Lieder, und da ich schon in früher Jugend ein sehr richtiges musikalisches Gehör besaß, so mußte ich sie gewöhnlich auch bei meinem Onkel Paulus, wenn wir am Sonntag im alten Jungfernstieg waren, vortragen, welcher dazu auf dem Klavier eine Begleitung improvisierte.

Als ich obiges Lied in der Schule gehört hatte, kam ich denn auch gleich mit der Nachricht bei meinem Vater an, ich wüßte wieder ein neues Lied: „Na, denn leg man mal los", sagte er. Die Melodie wußte ich nun zwar ganz perfekt, von den Worten aber hatte ich desto weniger Verständnis. – Ich legte also los: „Hoch Diana in der Höhe, Hoch Diana in" – „Wat is dit?", unterbrach mich mein Vater, „Hoch Diana? wat sall denn dat för'n Leed sin?“ – „Dat is en Winachtenleed, Pappa“, sagte ich. – „Na“, sagt mein Vater, „wenn dat en Winachtenleed is, denn mug ick wol mal dat Osternleed hören; dat mut ja heten: Hosianna in der Höhe.“ – Ich aber blieb dabei, es hieße Hoch Diana, und ich fand das auch sehr natürlich, denn, argumentierte ich: Diana war doch eine Göttin, und daß die sich hoch oben aufhielte, wäre doch sehr leicht einzusehen, und daß Diana die Göttin der Jagd sei, wußte ich von meiner Schwester Catharina, denn diese hatte zu der Zeit zum ersten Mal den Freischütz gehört und sang tagelang den Jägerchor, in welchem bekanntlich die Diana kundig erfunden wird, die Nacht zu erhellen. – Na, endlich mußte ich mich denn doch geben, zumal da die folgenden Worte so gar nicht recht zur Göttin Diana stimmen wollten.

Wir hatten noch mehrere sehr hübsche Melodien zu verschiedenen Gesängen, zum Beispiel auf „Gott ruft der Sonn' und schafft den Mond“, „Oft klagt ein Herz, wie schwer es sei“, oder „Hallelujah, bringet Ehre“, die mehrstimmig gesungen wurden; aber auch weltliche Lieder aus unserem, von Heise selbst herausgegebenen, Liederbuche wurden einstudiert. – Da war eins:

Es wohnt ein Herr von Haren,
Vor etwa zwanzig Jahren,
Auf seinem Gute Wölbst usw.

dessen – wohl nicht unbekannte – halsbrecherische Reimmethode meinem Vater so viel Spaß machte, daß er eine Parodie darauf dichtete, humoristischen Inhalts, die mir leider aus dem Gedächtnis entschwunden ist. Ich weiß nur noch, daß die Anfangsstrophen lauteten:

Es wohnt ein Herr von Hunden
Kaum mehr als 15 Stunden
Vom Gute Wölbst entfernt usw.

Herr Heise war eine ganz stattliche Figur. Er trug stets eine schwarze Samtmütze, schwarze Weste und kurze Hosen, einen langen grauen Rock, aber keinen Zopf. Er war ein starker Schnupfer, und sein Pult sowie unsere von ihm korrigierten Schulhefte waren stets mit Schnupftabak dekoriert. Sein Regiment war nicht allzu streng, obgleich er beständig ein kleines, schwarzbraunes Korrektionsinstrument in Form eines Tauendchens, aus Lederriemen geflochten, in der Rocktasche mit sich führte. Fuhr also, bei irgendeiner vorkommenden Unregelmäßigkeit, die Hand in diese verhängnisvolle Tasche, so wußte der Betreffende, was die Glocke geschlagen hatte, und wenn ihm noch so viel Zeit verblieb, so war es alsdann Geschäftsusus, ein Schreibheft rasch unter die Weste zu praktizieren, wodurch dann die Schläge ungemein knallten und dadurch nicht selten die Vorsichtsmaßregel verraten wurde. Bei solcher Exekution erklärte uns der gute alte Mann jedesmal: wir schüttelten die Schläge schnell wieder ab, aber ihm täten sie desto weher; was wir immer recht abgeschmackt fanden und uns gern angeboten hätten, mit ihm die Rollen zu tauschen. War aber das Vergehen so bedeutend, daß es durch dies kleine Tauendchen nicht hinreichend gesühnt werden konnte, so wurde die Strafvollziehung dem Herrn Hinsch übertragen, welcher darin sehr viel Gewandtheit zeigte, auch jedesmal erst sorgfältig die Hinterteile seiner Delinquenten, das heißt ihrer Westen, untersuchte, von wegen etwa untergeschobener Schreibbücher. Sein Korrektionsinstrument bestand in einem zwei bis drei Fuß langen, aus rot und weißen Lederriemen geflochtenen, wahrscheinlich im Inneren durch einen Rohrstock verstärkten Prügel, auch wohl bunter Joseph, bei uns Tagel, genannt, welches in einem länglichen, eigens dazu dienenden Häuschen oder Schranke, zu dem Herr Hinsch den Schlüssel führte, wohnte. – Bei solchen Exekutionen blieb er ungemein kaltblütig, verlor auch dadurch eigentlich nichts von unserer Verehrung, und wenn wir ihn von unseren Lehrern am meisten fürchteten, so liebten und achteten wir ihn doch am meisten, da er sich wohl streng, aber immer gerecht und unparteiisch zeigte und stets bei guter Laune und Humor war. Er war im Rechnen gewiß sehr tüchtig, wenngleich seine Lehrmethode, wie überall der Schulunterricht in jener Zeit, eine rein mechanische war. Von den Theorien des dekadischen Zahlensystems, der Brüche, der *Regula de tri* usw. bekamen wir in der Schule durchaus keinen Begriff, es war alles reine Gedächtnissache. Unter meinen Kollegen gab es sehr fertige Rechner, aber ich glaube kaum, daß einer von ihnen eine Erklärung seiner Ansätze hätte machen können oder gar wußte, was für eine Bedeutung ein Dezimalbruch habe. Herr Hinsch schrieb eine vorzüglich hübsche Handschrift, war auch sehr wohl darin bewandert, schöne bunte Buchstaben mit vielerlei Schnörkeleien auszuführen, und immer gern erbötig, die Namen in oder auf unsere Bücher auf solche Weise zu schreiben, was als eine hohe Ehre bei uns galt. Während seiner Unterrichtsstunden war er stets beschäftigt, Federn zu schneiden, denn Stahlfedern gab es zu der Zeit noch nicht; man kannte nur den Gebrauch des Gänsekiels, und allerdings gehörte eine gewandte Hand, gutes Auge und viel Übung dazu, eine brauchbare Feder zu schneiden. Solche Federn wurden aber auch bald unbrauchbar, und wenn dieselben eine Stunde lang aushielten, ohne sich abzunutzen, dick zu werden, wie man sagte, so war das alles, was man verlangen konnte. Daher denn auch häufig der Ruf erscholl: „Herr Hinsch, darf ich mir eine neue Feder holen?" – Da der Herr Hinsch die erste Nachmittagsstunde zu geben hatte, kam es oftmals vor, daß ein Knabe nach Beginn seines Unterrichts erschien. Er hatte dann immer dieselbe Anrede an einen solchen Säumigen: „Na, hast wohl Stuernsuppe gegessen?" – worauf dann ein etwas dumm verlegenes Lächeln und die Frage folgte: „Herr Hinsch, wonem soll ich mich setzen?" und als feststehende Antwort: „Mein'twegen setz dich auf'm Heiligengeistfelde", was denn so viel sagen wollte als „nimm den ersten, besten Platz, wo du keine Störung veranlaßt".

Die Vorschriften, alle vom Lehrer selbst gefertigt und auf längliche Pappstreifen geklebt, waren teils in deutschen, teils in lateinischen Buchstaben. Eine derselben hieß: Franz Pizarro, ein grausamer Mensch, eroberte Peru, eine andere: Salz und Brot macht die Wangen rot, eine dritte: Sich selbst überwinden ist der –, das Ende des Sprichworts fehlte, und ich fragte, als ich eines Abends mit einer ganzen Seite dicht vollgeschriebener „Sich selbst überwinden ist der" nach Hause kam, ganz naiv meinen Vater, was es denn wohl mit diesem „der" für eine Bewandtnis habe, worauf ich die Belehrung erhielt, daß hier der beste Sieg, wie so oft wohl im menschlichen Leben, nicht zur Perfektion gelangt oder vielmehr verloren gegangen sei.

Während dieser Schreibstunden herrschte eine ungewöhnliche Ruhe, welche höchstens, namentlich bei offenen Fenstern, durch das bekannte eintönige Hämmern eines weiterhin in der Straße wohnenden Kupferschmiedes, was oftmals bei starker Hitze wahrhaft einschläfernd wirkt, unterbrochen wurde; denn Herr Hinsch war ein großer Feind von Plaudereien, und wenn ein Schüler sich mehrmals dieselben zuschulden kommen ließ, so hieß es: Peter, Paul, oder wie er heißen mochte, komm mal vor. – Das war nun für den Betreffenden eine höchst unangenehme Aufforderung, denn sie bedeutete nichts anderes als ein, oder im Wiederholungsfälle, mehrere paar „Panthers" zu empfangen. Das bei dieser Bestrafung angewendete Werkzeug war ein längliches, mit einem strammen Lederriemen überspanntes Holz, wie's auch die Barbiere beim Messerschärfen brauchen und auf welchem Herr Hinsch sein Federmesser wetzte. Mit demselben, „Pantherbrett" genannt, wurden nun dem zu Strafenden recht derbe Schläge auf die vorgestreckte innere Handfläche appliziert, welche nicht schlecht brannten und an Schmerzgefühl dem großen Tagel um nichts nachstanden, vielmehr ihn noch übertrafen. Auch für diese Strafmethode hatte unser Erfindungsgeist ein milderndes Präservativ erdacht, und als der Sohn des damals so berühmten, besser wohl berüchtigten, Peter Ahrens – der Besitzer des bekannten Tanzlokals in der Neustraße – einem soeben Vorgeforderten dasselbe mit dem etwas zu lauten Warnungsnachruf „Spee di in de Han'n" ins Gedächtnis rief, erscholl nach vollzogener Exekution der Ruf: „Jochen Ahrens, komm mal vor." Jochen mußte vor, doch ehe das verhängnisvolle Pantherbrett aufgehoben wurde, erging an ihn die Frage: „Hast du in die Hände gespuckt?" „Nein" – „nun, dann rate ich dir, es noch jetzt zu tun", und dann erhielt der wohlmeinende Jochen einige paar Panthers, gegen die das Präservativ wohl nicht ausgereicht haben mag. Ja! – mit Herrn Hinsch ließ sich nicht spaßen, und doch standen wir uns mit ihm, von allen unseren Lehrern, am besten. Wir liehen ihm Unterhaltungsbücher, die er mit vielem Vergnügen zu lesen schien, und er dagegen gab denen, die sich für Poesie besonders empfänglich zeigten, einige seiner ausgesuchtesten Schreibvorschriften, die für den Schulgebrauch ihm zu erhaben dünkten, mit nach Hause.

Solcher Poesien hatte er mehrere in äußerst schöner Handschrift abgeschrieben und sprach, wenn er ihrer erwähnte, immer in sehr ehrerbietigem Tone davon. Die eine derselben hieß: „Die Schöpfung" und bestand in einer ganzen Reihe von Versen; eine andere: „Der Morgen, Mittag, Abend und die Nacht", welche ich selbst zum Kopieren mit heimnehmen durfte. Ich weiß mich nichts mehr davon zu erinnern, als daß der eine Vers, den Mittag bezeichnend, anfing:

Dampfend aus emporgereckter Nase
Streckt behaglich in dem hohen Grase
Wiederkäuend sich das feiste Vieh –

wobei ich, trotz der Schönheit des Gedichtes, mich mit dem Dampfen aus der Nase nie recht einverstanden erklären konnte, denn nie hatte ich an einem heißen Sommertage, sondern nur an feuchten Wintertagen Rindernasen dampfen sehen.

Später erhielten meine jüngste Schwester und ich von diesem ehrenfesten Herrn Hinsch Schreibunterricht zu Hause, da meine Mutter auf eine gute Handschrift sehr viel Wert legte, und bei diesen Unterrichtsstunden gab sich unser Herr Hinsch als ein recht gemütlicher, zutraulicher Mann zu erkennen; er schnitt uns gratis nebenbei immer eine Menge der schönsten Schreibfedern, und wenn meine Mutter ihm eine Tasse Tee anbot, so pflegte er zu sagen: „Vor einer Tasse Tee, Frau Pastorin, lauf ich nicht weg."

Von den Unterlehrern in der Heiseschen Schule, deren wir mehrere hintereinander hatten, weiß ich mich eines derselben, des Herrn Breter, noch besonders deutlich zu erinnern. Derselbe war ein junger, in den alten Sprachen und Klassikern sehr unterrichteter Mann. Mathematik, Griechisch und Lateinisch verstand er aus dem Grunde, nur war es mit seiner Lehrerwürde nicht ganz so fest bestellt, und wir machten deshalb auch mehr Torheiten mit ihm, als vom Oberlehrer gutgeheißen werden konnte. Zuweilen deklamierte er, zu unserer Erbauung, griechische oder lateinische Oden, und unser Beifall artete dann gewöhnlich in wildes, tumultuarisches Toben und Gelächter aus, in das er selbst mit einstimmte. „Ihr habt gar kein Verständnis, kein Gefühl für die Schönheit solcher Verse, selbst wenn ich sie euch übersetzen würde", sagte er, wenn er endlich wieder zu Wort kommen konnte, – „der herrliche Schwung eines Hexameters ist für euch rein verloren." – „Soll ich mal'n schwungvollen Vers deklamieren", fragte ein naseweiser Junge, und ohne die Erlaubnis abzuwarten fing er an:

Nu laß den Säber* kraufen,
Er konnte öde sonst Dir kleien.

Wieherndes Gelächter und Geschrei brach los, und als dasselbe sich etwas gelegt, hörte man die Stimme eines Kommilitonen, Hans Jochen Möller mit Namen:

De Put de hangt an'n Gebel. Herr Steter,
Ist das nich auch'n schön'n Hexen-Peter?

War es vorher ein wieherndes Gelächter und Geschrei gewesen, so ward es jetzt ein Gebrülle, und unser Herr Breter konnte erst wieder Herr der Situation werden, als das Herannahen des Oberlehrers befürchtet wurde und ihm zu Hilfe kam, die Ruhe wiederherzustellen.

Auch von einer mehr gemütlichen Seite lernten wir ihn kennen, wenn einige von uns vor Beginn der Schulstunden sich eine Treppe höher auf sein „Sanctuarium" (sein Wohn- und Schlafzimmer) schlichen und hier seine Herrlichkeiten in Augenschein nahmen. Nach Besichtigung der verschiedenen Raritäten ließ er uns dann auch einen Blick in seine Delikatessen-Sammlung tun, durch Aufschließung eines alten Schreibpultes, wo wir marinierten Hering, geräucherten Aal oder Stör und Käse mit unseren zu korrigierenden Schreibebüchern einträchtiglich versammelt fanden; als ganz vorzüglich empfahl er uns seinen Leberkäse, von welchem jeder ein Stück zur Probe erhielt, und wenn wir denselben mit vielem Genuß verzehrt hatten – denn bekanntlich finden Schuljungen alles genußreich, was ihnen auf unerlaubtem oder wenigstens, wie hier, auf ungewohntem Wege zuteil wird –, so öffnete er, wenn in besonders mildtätiger Laune, eine gewisse Medizinflasche mit „Cuminum duplex", wie er's nannte und welches übersetzt etwa Doppelkümmel heißen möchte, um den Leberkäse für unseren Magen verdaulicher zu machen. So entstand nun ein höchst kordiales Zusammenleben, welches uns noch besser gefallen konnte als die lateinischen und griechischen Oden und die Hexameter oder Hexen-

* Maikäfer

Peters, wie Hans Jochen Möller sie nannte. Schade, daß dieser burschikose junge Mann nicht lange blieb, sondern einem anderen, dem Herrn Stange, Platz machte, der ohne Panther oder Tagel uns dermaßen in Respekt hielt, daß wir uns nicht zu mucksen wagten; derselbe scheint denn auch dem alten Heise so sehr gefallen zu haben, daß er ihm später seine älteste Tochter zur Frau gab.

Unser englischer Lehrer, der erstere heißt es, war ein alter mürrischer Mann in gelben Stulpstiefeln und mit stattlichem Zopfe; er hieß Mr. Bauer. Leider muß ich bekennen, daß wir vor ihm den allerwenigsten Respekt hatten, und seine Lehrmethode mag wohl der Hauptsache nach nur aus lautem Übersetzen aus dem Englischen und von seiner Seite aus dem Überhören des Auswendiggelernten bestanden haben. Wir waren etwa zwölf, die von ihm in einem separaten Zimmer den Unterricht erhielten, und selten ging es dabei ohne Allotria ab. – Einer von uns, ein höchst schüchterner, stupider und fauler Junge, hatte regelmäßig seine Vokabeln schlecht oder gar nicht gelernt; jedoch erfand er eine eigentümliche Methode, sich aus der Not zu helfen, und statt des ihm fehlenden englischen Wortes ein ähnlich lautendes plattdeutsches mit englisch klingender Aussprache anzuwenden. – Überhörte Mr. Bauer zum Beispiel die Vokabeln über Zeitverhältnisse und an ihn kam die Frage: „eine Stunde“, so antwortete er, ohne sich lange zu bedenken, „a staund“, oder: „der Augenblick“, „the ogenblick“, oder: „der Vormittag“, „the vormiddag“, und schallendes Gelächter unsererseits, Fluchen und *damned rascal* des Lehrers folgten seiner Antwort. – Ein anderer, der schon erwähnte Hans Jochen Möller, Sohn eines wohlhabenden Zuckerbäckers, welcher sich durch öfteres Mitbringen von Pfannenzucker bedeutende Freundschaft erworben hatte und als ein Hauptangeber bei jeder Art von Dummheit und Schabernack anzutreffen war, dagegen durch ein gefälliges Wesen und zweckdienliche Hilfeleistung bei dem Oberlehrer oder Herrn Hinsch sehr gut angeschrieben stand, spielte dem Alten am ärgsten mit, und besonders gewandt zeigte er sich darin, den Hut seines würdigen Lehrers nach Schluß der englischen Stunde, nach langem vergeblichen Suchen und gotteslästerlichem Fluchen desselben, plötzlich an einem Orte erscheinen zu lassen, wohin er auf natürlichem Wege, das heißt durch Hand und Willen seines Herrn, jedenfalls nicht gelangt sein konnte. – Doch die Sache sollte endlich ein plötzliches

Ende nehmen, als in einer dieser gesegneten englischen Stunden auf einmal ein dichter Rauch von unten durch die Tischplatte stieg und lustig nach oben wirbelte. Da diese Erscheinung höchst auffallend und durchaus nicht durch den Gang des Unterrichts bedingt war, so guckte alles gespannt unter den Tisch. – Unser Freund Hans Jochen hatte daselbst, zur Abwechselung oder wohl mehr zur Verherrlichung seines geliebten Lehrers, ein artiges kleines Freudenfeuer von Papier angezündet und somit die Wahrheit des Sprichworts bewiesen, daß wo Rauch, auch Feuer sein muß. – Das wurde dem Alten zu kraus, er zeterte und schimpfte, weinend vor Wut, und brachte den Oberlehrer Herrn Heise zur Stelle. – Ob nun eine Lehrerkonferenz erfolgte, ob Hans Jochen als Täter ausgekundschaftet oder ob wahrscheinlicher das Bubenstück als ein im allgemeinen verübtes angesehen wurde, ist mir nicht mehr erinnerlich. Tatsache aber war, daß wir bald darauf einen andern englischen Lehrer erhielten, Mr. Watson, einen jüngeren sehr eleganten Herrn, bei dem das Hutverschwinden und die Freudenfeuer nicht ferner in Anwendung kamen.

Warum ich beim Sprachunterricht so erbärmlich wenig lernte, mag teilweise darin seinen Grund haben, daß ich gar kein Talent für Sprachen besaß und nur mit Widerwillen die Aufgaben betrieb, größtenteils aber wohl darin, daß ich mit zu viel Spielereien die Zeit vergeudete und recht faul in jeder den Kopf anstrengenden Arbeit war. Selbst schon in der Schule hatten wir so viele Torheiten und zerstreuende Nebensachen im Kopf, daß an eine rege Aufmerksamkeit nicht zu denken war. Bilder, Ankleidefiguren und sonstige Schnurrpfeifereien gingen immer von Hand zu Hand oder wechselten mit anderen Kindereien ab. Für jeden Uneingeweihten mußte es unerklärlich sein, warum die Leisten an unseren schrägen Schultischen, die so schon der vielen eingeschnittenen Namen und sonstigen Schnitt- und Schriftverzierungen wegen einige Ähnlichkeit mit ägyptischen Sarkophagen haben mochten, mit lauter Bohrlöchern versehen waren, welche von oben auf sehr kunstlose Weise eingebohrt, dann wieder horizontal nach auswärts mündeten.

Lieber Leser, du errätst gewiß nicht, was diese scheinbar so unschuldigen Lochreihen für eine kriegerische Bedeutung hatten. – Es waren lauter Geschützreihen groben Kalibers. Dieselben wurden geladen, indem in die oberen Löcher das Pulver geschabter Schieferstifte, gemeinhin Rechengriffel genannt, geschüttet wurde, während man das untere Loch zuhielt, und wenn nun die Leiber sämtlicher Kanoniere bis auf deren Köpfe unter dem Tisch verschwanden und auf den gegebenen Kommandoruf: „Gebt Feuer!“ ebenso viele jugendliche Mäuler durch die untere Öffnung bliesen, so entstand natürlich eine Dampfwolke, die lebhaft an eine begonnene Schlacht erinnerte. – Und litten denn die Lehrer solches? – Nun, während der Unterrichtsstunden ruhten die Geschütze, und wenn auch während derselben hin und wieder ein Freudenschuß empordampfte, so saß der Kanonier längst wieder über seinem Buche, ehe die Wirkung des Schusses Aufsehen erregte; aber die großen Geschützmanöver fanden natürlich vor Beginn des Unterrichts statt, wo dann überhaupt alle sonstigen kriegerischen Affären ausgefochten wurden. Und keiner hinderte uns, des Nachmittags im Drange unseres Schuleifers eine halbe Stunde früher zu erscheinen, zur würdigen Vorbereitung für den beginnenden Unterricht; das heißt mit anderen Worten, uns untereinander herumzubalgen, über die Tische zu springen und mehr dergleichen Unfug zu treiben. Hierbei wurde dann auch wohl vom Pulte unseres Präzeptors der am Morgen von ihm vergeudete Schnupftabak zusammengefegt und verteilt, um während der Stunden erheiternde Nasenexplosionen hervorzubringen, die nicht anders als Symptome grassierenden Schnupfens ausgelegt werden konnten. Des Morgens um zehn Uhr hatten wir eine Viertelstunde Pause, dann stürzte alles hinunter in den Torweg; auch wohl etwas weiter noch, über die Straße zu einem Bäcker namens Böttger, dessen drei Knaben ebenfalls zu unseren Schulkollegen gehörten, und mancher warme Berliner Pfannkuchen fand dabei seinen Liebhaber, das heißt wenn selbiger über einen Schilling zu verfügen hatte; wo nicht, so begnügte man sich mit Butterkringeln und dem vom Hause mitgebrachten Butterbrot. Unter uns Schülern herrschte, im Ganzen genommen, ein recht kollegialischer Ton, wir hielten immer fest zusammen, wenn es galt, einen Kameraden vor Entdeckung einer Untat zu schützen, und Angebereien, „Klaffern“ wie's in der Schulsprache heißt, waren arg verpönt. – Man hörte wohl mal eine Stimme, namentlich in den halbdunklen Abendstunden: „Herr Heise, Friedrich Pohl drängt hier“, oder: „August Stange tritt ein'n mit Füßen“, auch kam mal ein bei jeder Gelegenheit heulender Schwächling weinend zum Oberlehrer: „Herr Heise, Heinrich Cordts schlägt mir immer mit der doppelten

Faust ins Leib“ – aber das waren nur Anklagen mehr unschuldiger Natur, die ohne ernstliche Bestrafung blieben und dem anderen eher zum Amüsement als zum Schaden dienten.

Sommerschulferien kannte man damals noch nicht, sie waren auch nicht vonnöten, denn weder Schullehrer noch Schüler gaben sich dermaßen den wissenschaftlichen Arbeiten hin, daß eine Erholungsreise oder zeitweilige Ausspannung notwendig gewesen wäre; dafür aber feierten wir die denkwürdigen Hundstage; eigentlich eine Reihe blauer Montage, welche die drei Sommermonate über währten, ich glaube, es waren 14 an der Zahl. Dieses kam mir nun, unseres Sommeraufenthalts in Dockenhuden wegen, sehr zustatten. Freitagnachmittags und sonnabendvormittags schwänzte ich, nach Übereinkommen mit Herrn Heise, und dienstags brauchte ich ja erst wieder zur Schule zu gehen; meine Hausarbeiten aber während dieser Zeit bestanden nur in der Anfertigung eines Aufsatzes, dessen Thema ich am Sonntage durch Vermittlung von A. Lüders erhielt, und im Auswendiglernen eines Gedichtes oder Gesanges, und das ließ sich schon bewältigen ohne großen Zeitaufwand. In den letzten Jahren meines Schulbesuchs fuhr ich übrigens erst am Sonnabendabend mit einer anderen Gelegenheit nach Dockenhuden hinaus.

Von einer besonderen Wichtigkeit, wenigstens für uns, die Schüler, war noch die Feier des Geburtstages unseres Oberlehrers. Derselbe traf, wenn ich nicht irre, auf den 16. Mai, und an diesem Tage fiel nicht allein der Unterricht aus, sondern Herr Heise nebst Familie machte alsdann mit seinen sämtlichen Schülern eine Vergnügungstour nach der Hohen Luft, wenn irgend das Wetter sich günstig zeigte, und soviel ich mich erinnere, war das mit wenigen Ausnahmen der Fall. An solchem hohen Tage zogen wir dann mit frohen Gesichtern, in Sonntagskleidern und, wer es irgend leisten konnte, mit großen Blumensträußen, in denen die Tulpen und Syringen die Hauptrolle spielten, sehr frühzeitig nach der Schule. Wenn nicht konstant, so kam es doch öfters vor, daß sich unter uns ein Geburtstagskomitee gebildet hatte, welches freiwillige Beiträge zu einem Wertgeschenke sammelte, und dieses Geschenk, zum Beispiel ein hübsches Tintenfaß, ein Lehnstuhl etc., wurde dann feierlichst unserem alten Lehrer übergeben, wobei die Unzahl von Blumensträußen die Dekoration bildeten. Der alte Mann war bei solchen Gelegenheiten sehr gerührt, und nachdem er uns seine Dankrede gehalten, wir auch jeder mit einer Tasse Schokolade gestärkt worden, blickte alles hinaus in den Himmel, ob derselbe wohl der Lustpartie sich geneigt zeige. Traurig, wenn stattdessen alles grau in grau oder wohl gar ein sanfter Regen herunterrieselte und trotz alles Ausspähens, selbst um zehn Uhr, wo bekanntlich immer noch ein Aufklaren des Wetters erhofft wird, nach dem alten Hamburger Spruch:

Klock tein, wenn't opklart achter St. Peter

seine Änderung erfolgte, und wir dann mit trüben verzagten Mienen, bedauert und bedauernd, entlassen wurden. Aber nur selten trat dieser Fall ein, in der Regel war uns der Himmel günstig und truppweise zogen wir dann zum Dammtor hinaus; die Kleinen um Herrn Heise gruppiert, unter dessen spezieller Aufsicht; die Älteren kleine Trupps bildend oder sich um die übrigen Lehrer, die mit von der Partie waren, scharend, mit allem möglichen kriegerischen Gerät, Säbeln, Flinten, Patronentaschen, Helmen versehen.

Es lagen damals, ich glaube gar noch jetzt, hart an der Landstraße zwei Wirtshäuser auf der Hohen Luft. Eins rechts am Wege, das andere, welches in der Regel uns aufzunehmen bestimmt war, einige Schritte links. Dort stürzten wir dann lärmend und polternd in den großen, schallenden Tanzsaal, und sicher war es, daß zum ersten einer oder mehrere die Treppe zur Musikantentribüne hinaufstürmten und gegen die große Trommel knallten, was denn natürlich viele Nachahmer herbeilockte.

Die Lehrer beschäftigten sich nun den größten Teil des Tages mit Kegelschieben, unser Herr Heise an der Spitze; wir verbreiteten uns alsbald in dem ziemlich geräumigen Garten, welcher außer verschiedenen Lauben, Sitzen und Bosquets zwei einander gegenüberliegende, mit Gebüsch bewachsene Anhöhen aufzuweisen hatte, die natürlich sogleich als Festungen von zwei feindlich gestellten Parteien bezogen wurden, und der Krieg wurde erklärt. Andere spielten Räuber und Soldat, Jäger und Hund und dergleichen mehr. Jedenfalls amüsierten wir uns so kostbar, daß wir an der Erinnerung noch lange schwelgten. Kam vielleicht mal ein Regenguß in die Quere, so retirierten wir in den großen Tanzsaal, wo dann militärische Exerzitien ausgeführt wurden. Ein eigentliches Mittagessen fand sehr vernünftigerweise nicht statt, dagegen stand es jedem frei, sich belegte Butterbrote, Eier, Schinken, Milch etc., natürlich für eigenes Geld, geben zu lassen; und trotzdem es streng untersagt war, uns geistige Getränke verabfolgen zu lassen, so lief doch wohl mal ein verstohlener Kirschen- oder Himbeerliqueur mit unter. Abends zogen wir dann wieder fröhlich heim und erstatteten Bericht über den erlebnisreichen Tag.

Nachgesessen habe ich nur selten und mit den anderen verschiedenen Besserungs- und Korrektionsanstalten auch nicht allzuoft Bekanntschaft gemacht, dagegen aber auch leider wenig Auszeichnungen für Fleiß oder gutes Betragen erhalten. Wir hatten in der Schule, wenigstens in der zweiten Klasse, eine eigene Vorrichtung, ein schwarzes Brett, von Herrn Hinsch mit Lob und Tadel überschrieben, groß und mit wundervoll verzierten Buchstaben; ich weiß noch, daß in dem unteren L-Strich eine Fischergesellschaft im Kahn spazierenfuhr. Vorn auf diesem Brette waren von oben nach unten die Schülernamen verzeichnet, und bei jedem Namen lief dann eine Reihe Löcher nach rechts, wohinein, je nach dem Betragen der Schüler, Stifte mit roten oder schwarzen Knöpfen gesteckt werden konnten, welche wir rote und schwarze Punkte nannten, von denen die roten natürlich Lob bedeuteten. Es war nun, wenn ich aus der Schule kam, im Hause stehende Frage: ob ich einen roten Punkt erhalten, welche aber fast immer verneinend beantwortet werden mußte, und als einmal mein Vater darüber gescholten und mich gefragt, warum ich denn nicht mehr Sorge trüge, einen roten Punkt zu erhalten, soll ich höchst unwirsch geantwortet haben: „Sall ick denn Herr Heise seggen, ick will aber abs'lut, will mit Gewalt en roden Punkt hebben?" Es waren nun noch für die erste Klasse Karten von drei verschiedenen Graden eingeführt, welche den hervorragenden Schülern als besondere Auszeichnung quartaliter erteilt wurden. Ich erinnere mich nur ein einziges Mal, eine solche Auszeichnung, dritten Grades, mit nach Hause gebracht zu haben. Von einer besonderen Feierlichkeit war noch das jährliche Schreiben von Weihnachtswünschen, die dann jeder Schüler für seine Eltern mit nach Hause nahm. Diese Wünsche, vom Oberlehrer verfaßt und daher alle gleichlautend, wurden in der zweiten Klasse auf feinen Schreibbögen, mit roten, grünen oder blauen Rändern umsäumt, geschrieben; in der ersten Klasse waren dies Bögen des feinsten Postpapiers, nur mit Goldschnitt versehen. Die Angst aber, mit der solche Wünsche angefangen wurden, wie zitternd und zagend die ersten Worte: „Geliebte Eltern“ auf dem Papier entstanden, nachdem die Feder zwei bis drei Mal auf dem Vorlegebogen versucht worden war, und die Vorsichtsmaßregeln gegen Tintenkleckse oder fehlerhafte Buchstaben sind mir noch heute aufs deutlichste erinnerlich, und wenn wir nur halb soviel Angst und Sorge gehabt, die Gelöbnisse dieser Weihnachtswünsche zur Tat werden zu lassen, so hatte es lauter Mustersöhne in unserer Schule gegeben, aber wenn denn endlich das letzte Wort *dankbarer Sohn* etc. ohne Tintenspritzen dastand, dann mochte uns wohl ein ähnliches Gefühl wie den Wilhelm Tell, nachdem er den Apfel von seines Sohnes Kopf geschossen, erleichtern.

Wo sind sie wohl geblieben alle diese herrlichen Weihnachtswünsche und was ist, möchte ich weiter fragen, von all den darin enthaltenen Wünschen und Versprechungen wohl in Erfüllung gegangen? Mit wenig Gefühl und Verständnis mögen sie abgeschrieben worden, mit noch viel wenigeren Ausnahmen mag der Wille, selbst wenn er vorhanden gewesen, zur Ausführung gekommen sein. Aber so geht's ja leider mit uns Menschenkindern, großen wie kleinen, allerorts. Form und Äußerlichkeiten nebst schönen Phrasen, daran mangelt es nicht; schade nur, daß so selten der wirkliche Kern, wenn überhaupt ein solcher darinnen verborgen liegt, zum Vorschein kommt. Nun, solche Betrachtungen stellten wir gerade nicht an, und wenn wir beim Schluß der Schule unsere von Herrn Hinsch sauber zusammengefalzten Wünsche in Empfang genommen, gesegnete Feiertage gewünscht hatten und nun auf vierzehntägigen Urlaub die Schule verließen, wußte wohl eigentlich keiner noch, was für schöne Sachen in dem Wunsche zu lesen ständen. So zogen wir dann dem lieben, herrlichen Weihnachtsfeste entgegen, und wem würde nicht das Herz warm, wenn er an diese liebliche Jugendzeit zurückdenkt, wo Wunsch und Erfüllung sich begegnen, weil die Liebe ihr Reich errichtet hat.

[7]

Feste und Spiele

Schon drei Wochen vor dem Feste begann die Freudenzeit für uns Kinder; da fingen zu Hause die Vorbereitungen zum Kuchenbacken an, und dies spielte in damaliger Zeit eine gar wichtige Rolle, namentlich bei meiner Mutter, und das muß wahr sein, ihre braunen Kuchen, feine sowohl als grobe, waren delikat. Den Anfang machte das Abhülsen und das Zerschneiden der Mandeln, der Succade und der Zitronenschalen, wobei nicht allein wir Kinder, sondern auch alle dem Hause nahestehenden Personen, Näherin, Scheuerfrau etc. helfen mußten, und am Abend vor dem Backen begaben wir uns allesamt nach der Küche, um das Anrühren des Teiges mit anzusehen, wohl auch mitzuhelfen. Einer hielt die am Herde ausgestellte Mulde, in welche dann die Ingredienzen, als da sind: Mehl, Sirup, Mandeln, Rosen- und Kanehlwasser nebst Hirschhornsalz und die übrigen gewürzigen Zutaten, geschüttet wurden, und ein anderer rührte mit einem ruderförmigen Holze aus Leibeskräften die Masse zum gleichförmigen Teig, und es war in der Tat keine leichte Arbeit, diese zähe Substanz zu bewältigen.

Am anderen Morgen früh mußte dann unsere alte Köchin Cathrin mit dem während der Nacht unter seinem warmen Federkissen schön „gegangenen" Teige zum Bäcker, und des Nachmittags kam sie mit zweien Bleicherkörben voll Brauner Kuchen zurück; die feinen mit einem Succadeblättchen, die groben mit einer Mandel bezeichnet. Ei, und wie dufteten sie, und nachher, wie schmeckten sie erst – schade nur, daß so viele von diesen süßen Weihnachtsboten in die Fremde wandern mußten; denn das stand einmal fest, jedes mit uns befreundete Haus bekam ein oder zwei Dutzend zum Geschenk, und außerdem mußten noch Scheuerfrau, Näherin, Zeugausklopfer, Dienstmädchen und Gott weiß wer sonst davon ihren Anteil haben. Die Vorfreuden des Weihnachtsfestes außerhalb des Hauses waren nun freilich von viel bescheidenerer, dagegen aber auch viel gemütlicherer Natur als gegenwärtig. Dicke Damen, Riesinnen und Zwerge, Südseeinsulaner, Polar- oder Seemenschen gab es damals nicht zu schauen, auch keine Gaukler, Zaubertheater und Weihnachtskomödien; höchstens lief ein Mensch mit Rosinenkerlen oder schlanken Füchsen durch die Straßen, und auf dem Gänsemarkt war der Weihnachtsmarkt – Dom – aufgeschlagen, der aber nur Verkaufsbuden enthielt. Den Hauptkommers bildete der alte Steinweg, wo von vierzehn Tagen vor Weihnacht an alltäglich an jeder Trottoirseite eine dichte Reihe von Verkaufskarren aufgestellt war, deren Inhaber, die Juden, im mörderlichen Ausschreien und Anpreisungen ihrer Waren einander überboten. Unter diesen Verkaufskarren pflegte auch der in damaliger Zeit stadtbekannte und allbeliebte Weber seinen Platz zu behaupten, ein höchst origineller komischer Kauz, dessen Verkaufsniederlage von geräuchertem Aal und Störfleisch in der Regel ein größeres Publikum konzentrierte. Nicht aber etwa seine vorzügliche Ware hatte diese Anziehungskraft, sondern seine drolligen und kaustischen Witze, die er zum besten gab, welche in der trockenen Manier, womit er sie vortrug, höchst ergötzlich waren. Für gewöhnlich betrieb er einen Bürstenhandel. Er trug einen weißen Zylinderhut, rote Weste und blau und weiß gestreifte Hose und Jacke und hatte, trotz seines weinerlichen Gesichts, für jeden, der mit ihm anbinden mochte, einen passenden Witz parat. Aber auch seine israelitischen Nachbarn wußten durch mannigfachen Humor Käufer anzulocken. So hatte einmal ein solcher Judenbengel eine Reihe kleiner Holzfiguren mit schwarzen Mänteln und weißen spanischen Kragen auf seiner Karre ausgestellt und bot dieselben laut schreiend, unter beliebigen stadtbekannten Namen feil, zum Beispiel Ratsherr Hudtwalcker för'n Schilling, Senater Dammert för'n Schilling, Bürgermeister Abendroth för twee Schilling usw.; worauf denn alsbald hohe Polizeibehörde einschritt und ihm das Namennennen verbot. Der Jüngling wußte sich aber zu helfen und schrie jetzt: „En Mann mit'n Kragen, ich darf's nich sagen, für ein Schilling." Wir hatten damals von stadtbekannten Originalen noch mehrere auszuweisen, zum Beispiel den reichen Häuserbesitzer Buck auf dem Valentinskamp; einige nannten ihn sogar einen Millionär; eine Art von Misanthrop, welcher ganz zurückgezogen in geiziger Absonderung lebte und keinen anderen Umgang pflegte als den mit seinem knickbeinigen, schielenden Faktotum Sanftleben, der von den ihn oftmals verfolgenden Straßenjungen mit „Suppenlepel“ benannt wurde. Man erzählte sich, daß obiger Buck allsonntäglich eine Art von Gottesdienst hielt, wobei als Zuhörer eine Anzahl Gipsfiguren dienten, denen er jeder einen Schilling in den Mund klemmte, als Honorar für den dabei als Küster und einzigen Zuhörer fungierenden Sanftleben. Bei Bucks Tode sangen seine Zeitgenossen, als Parodie des damals bekannten Straßenliedes: „Lot ist todt“

Buck is dod, Buck is dod,
Suppenlepel ligt in'n Graben.

Noch hatten wir einen halbverrückten, aber sonst unschädlichen Wasserträger, Hummel mit Namen, der alles nachrief, was die Straßenjungen ihm zuschrien, aber, wenn es ihm zuviel ward, seine Plagegeister zu sehr despektierlichen Zumutungen aufforderte und sie dann auch wohl wütend verfolgte. Auch mag hier noch einer, vielleicht wahren, Anekdote erwähnt werden, nach welcher eine Waschfrau von einem Stege der Binnenalster ins Wasser fiel, aber vermöge ihrer aufbauschenden Röcke nicht untersank, wobei ihre Tochter im freudigen Erstaunen ausrief: „Hurra! Min Moder kann swem'n!“, welcher Ausruf bald in aller Munde war und sogar jetzt noch mitunter bei einer angenehmen Überraschung sich in Hamburg hören läßt. Im Comptoir eines sehr vornehmen, titelstolzen Kommerzienrates war der Sohn desselben, der als Lehrling im Geschäft fungierte, aufs eifrigste bemüht, einen Fehler in einer Berechnung zu entdecken. Endlich kam er damit zustande, und in großer Freude über das jetzt stimmende Fazit bricht er in den erwähnten Ausruf aus: „Hurra! Min Moder kann swem'n!“, worüber die umsitzenden Kollegen in ein unmäßiges Gelächter geraten, so daß der gerade ins Comptoir tretende Chef sehr erzürnt den Buchhalter fragt, was die Ursache dieses respektwidrigen Betragens sei. „Ach! Herr Kommerzienrat“, stottert verlegen der arme erschrockene Mann, „es ist wirklich nichts Geschäftswidriges vorgefallen, der Herr Sohn machte nur soeben eine interessante Bemerkung, in welcher Sie die Güte hatten, uns mitzuteilen, daß Ihre hochgeehrte Frau Mutter, die gnädige Frau Kommerzienrätin, schwimmen könnte.“ – Doch genug davon, wir wollen lieber wieder zu unserem Weihnachtsfest zurückkehren.

Es zeichneten sich als Weihnachtsausstellungen in meiner Jugend vorzüglich die der Konditoreien aus, mit ihren oft wunderhübsch ausstaffierten Schlittschuhbahnen, Winterlandschaften oder eingeschneiten Schlössern und dergleichen, und vorzüglich brillierte in dieser Hinsicht der Konditor Hellberger im alten Jungfernstieg, dessen Laden zu besuchen uns gewöhnlich, wenn wir sonntags bei meinem Großvater waren, erlaubt wurde, was für uns zu den schönsten Genüssen gehörte. Dann waren aber auch die sogenannten Weihnachtshäuser, Etablissements, wie sie noch heutzutage bei Schultz am Gänsemarkt oder Alois Busch am Alten Wall anzutreffen sind, von besonderem Reiz für die Jugend. Der Name Werlich, das bedeutendste Institut dieser Art, rief das freudigste Entzücken hervor. Es lag in der Großen Johannisstraße, und vom Breiten Giebel – vor dem Feuer von 1842 eine sehr frequente Straße – sah man schon dessen erleuchtete Fensterreihen, nur verdunkelt durch höchst anziehende Schattenrisse von Tschakos, Fahnen, Puppenköpfen, und der Besuch desselben war der Glanzpunkt bei unserer damaligen Domwanderung, die mit dem Durchziehen der im Dreieck aufgestellten Budenreihen des Gänsemarktes anfing. Aber was wir in solcher Domwanderung in Begleitung von Mutter, Verwandten oder sonst zu unserer Beaufsichtigung Angestellten als Geschenk erbeuteten, zum Beispiel eine Teufelsklaue, ein Geduldspiel oder eine alte Dame, die mit Leidenschaft, vermöge einer untergestellten Räucherkerze, aus der Pfeife raucht, war das wenigste; der Hauptreiz bestand in der Ahnung von dem, was unseren Blicken ängstlich entzogen ward, aber aus den heimlichen Gesprächen unserer Eltern mit den Verkäufern merkten wir's bald genug, wenn es der Abschließung eines Handels zugunsten unserer Weihnachtsbescherung galt. Die während der Schulzeit später ins Haus geschickten Pakete aber wußte meine Mutter unseren Blicken schon zu entziehen, auch wurden die Haupteinkäufe von ihr an Vormittagen allein besorgt. Viel Interesse erweckte auch noch in dieser Zeit die Packung einer Weihnachtskiste für die Verwandten in Friedrichstadt. Die verschiedenen Geschenke wurden sorgfältig emballiert (*verpackt*), die übriggebliebenen Zwischenräume mit Zitronen vollgestopft und endlich das noch Fehlende mit Häcksel vollgeschüttet.

Der Tag vor Weihnachten, an dem unsere Schule schon geschlossen war, konnte als der spannendste vom ganzen Feste angesehen werden. Die

Wohnstube war alsdann für alle, Mutter ausgenommen, unzugänglich, und wir anderen wurden in der Hinterstube zusammengepfercht, auch durften wir ohne vorherige Erlaubnis die Diele nicht betreten, um nicht etwa dem Transport der Geschenke von oben herunter zu begegnen. Um mich desto sicherer und ruhiger zu halten, waren mir von meinen Schwestern schon am Vormittag ihre Geschenke ausgehändigt, welche etwa in einer Schachtel Bleisoldaten, einer Messingkanone, Bilderbögen etc. bestanden, auch kamen um diese Zeit die Geschenksendungen von den Geschwistern meiner Mutter, bei denen mitunter auch für mich sich eine Beilage befand. Wenn also ein höchst sauber gekleidetes Dienstmädchen mit ihrem verdeckten Korbe in die Haustür trat, so kann man sich die Spannung und Freude denken, mit der sie eingelassen ward. So weiß ich mich noch sehr gut zu erinnern, welch große Freude mir einige vortreffliche Pferdelithographien von Carl Vernet, die mein Onkel Paulus für mich zum Nachzeichnen bestimmt hatte, verursachten; die Blätter besitze ich noch jetzt.

So wie nun der Tag fortschritt, nahm auch die Spannung zu, und alles Denken, Sprechen und Vornehmen drehte sich nur um die am Abend zu erwartende Bescherung und die damit verbundenen Vorbereitungen. Meine Mutter, als die Seele des Ganzen, bekam man, wenn sie mit dem Einwickeln unzähliger Braunkuchenpakete fertig war, nur wenig zu Gesicht. Bald oben, bald unten, bald dort befragt, bald hier gerufen, war sie mit ihrem Schlüsselkorb fortwährend auf den Beinen, und ihr Adjutant, das Kleinmädchen Lena, war ohnedem noch den halben Tag mit Ausbringen verschiedener Geschenke und Kuchen beschäftigt. Ich lebte natürlich nur in der Erwartung des Abends, höchstens zogen die Erinnerungen früher verlebter Weihnachtsabende als Nebelbilder vorüber, oder alte bekannte Weihnachtsschnurren wurden durch diesen oder jenen ins Gedächtnis zurückgerufen. So weiß ich einen dieser herrlichen Verse, die vielleicht von Margreth Oderich oder von unserer Köchin herstammen:

Hüt Abend is Winachten-Abend,
Da gaht wi na baben,
Da klingen de Klocken,
Da danzen de Poppen,

Da piepen de Müs,
In Grodvaders Hüs usw.

Dergleichen sangen wir, gingen aber nicht „na baben“, wie's in der Schnurre heißt, sondern nach unten, von meinem Vater geführt, unter dessen Obhut wir uns seit Dunkelwerden befunden hatten. Tannenbäume waren damals noch nicht so allgemein im Schwunge wie jetzt, dafür hatten wir in der Regel eine sogenannte Pyramide aus vier oben zusammenlaufenden, mit Buxbaum oder Tannenlaub dicht umwundenen Stäben bestehend, oben mit einer Fahne aus Flittergold verziert. Der untere viereckige Raum enthielt die schönsten Gartenanlagen, mit Grotten, Teichen, Brücken sowie den dazu passenden Figuren versehen, alles aus Moos, Strohblumen, Pappe und Spiegelglas angefertigt. Die belaubten Seitenrippen der Pyramide dienten zugleich als Halter der das Ganze hellbestrahlenden bunten Wachskerzen, und im Innern hing noch von der Spitze herab ein schwebender Wachsengel, recht niedlich anzuschauen. Man kaufte diese Pyramiden fertig auf der Weihnachtsausstellung des Gänsemarktes.

Meine Schwestern und ich hielten uns, so lange die Vorbereitungen und das Anzünden der Lichte dauerten, wie schon erwähnt, mit meinem Vater in der Schlafstube auf. Um die Sache recht spannend und abenteuerlich zu machen, saßen wir da im Dunkeln um den gemütlich sausenden Ofen gruppiert und ließen uns von dem einzigen Licht, welches dem Zugloch des Ofens entströmte, beleuchten, sorgfältig aufhorchend, ob schon Tritte auf der Treppe hörbar wurden, bis denn endlich Lena erschien: – „Na, nu is't so wiet.“ – Nun, die erwartungsvolle Spannung, wenn wir von Papa hinuntergeführt wurden, das Aufsperren der Stubentür, das Anstarren der Lichter von seiten der Kinder, das Beobachten der Gesichter derselben von seiten der Eltern brauche ich nicht weiter auszumalen; es ist ja das alles bekannt und war damals gerade so wie heute. Eins aber war damals anders als jetzt; – eine solche Übertreibung beim Beschenken, wie sie leider Sitte geworden ist, kannte man in meiner Jugend nicht; eine sehr weise Ökonomie sorgte dafür, daß bei den Eltern das Besorgen der Geschenke keine Last, bei den Kindern das Empfangen keine Übersättigung hervorbrachte, und wenn ein und dasselbe Geschenk, nur unter anderer Farbe und Gestalt, zwei bis drei Weihnachtsbescherungen hindurch seine Rolle spielte, so war das gar nichts Ungewöhnliches. Ich erhielt in meinem dritten oder vierten Lebensjahr ein sehr hübsches hölzernes Pferd, einen Schimmel auf Rollen. Im nächsten Jahr vor der Weihnachtszeit verschwand plötzlich der Schimmel und am Weihnachtsabend erschien dafür ein schöner Goldfuchs, dessen Gestalt der des früheren Schimmels zum Verwechseln ähnlich sah; aber auch der Fuchs verlor allmählich seine Schönheit, weißes Haar stellte sich fleckweise ein, und er verschwand endlich ganz und gar. Doch zum Feste kam wieder ein prächtiger Brauner, nur durch einen langen Schwanz verschieden und vor einen Wagen gespannt, während die Vorgänger sich nie vor dem Wagen hatten gebrauchen lassen.

Die größte Freude machte mir einmal an einem Weihnachtsabend eine messingene Kanone von etwa neun Zoll Länge, mit derber hölzerner Lafette, mit der ich lange Zeit nachher noch viel gespielt und mit meinen Genossen nach der Scheibe geschossen habe.

Unser aller Freund und gern gesehener Gast, Herr Nolte, von dem schon die Rede war, pflegte auch jedem von uns ein oft wertvolles Weihnachtsgeschenk zu machen, auch wohl selbst sich abends einzufinden, wie auch mein Onkel Paulus und andere. Einmal bekam ich von meinen Eltern, oder richtiger gesagt von meiner Mutter, denn mein Vater bekümmerte sich nicht um die Besorgung der Geschenke, nichts weiter an Spielsachen als eine Anzahl Schachteln mit Bleisoldaten. Offen gestanden kam mir dieses Geschenk gegen früher erhaltene etwas dürftig vor, und schon fing ein gewisser Unmut an, sich meines Gefühls zu bemächtigen, als das Geschenk meines Freundes Nolte, bestehend in einem kleinen hölzernen Schlitten, dessen Kern die Gestalt eines Schwans zeigte, noch dazu im Silberglanz, mit zwei herrlichen Schimmeln bespannt, plötzlich hereingetragen wurde und die frohe Weihnachtslaune wiederherstellte; und später kamen die bleiernen Soldaten zur vollen Würdigung, denn es ließ sich mit der Masse vortrefflich manövrieren, und kaum war der Tisch groß genug, um der Entwicklung der verschiedenen Truppen Raum zu bieten.

Der folgende Tag, der erste des Weihnachtsfestes, versammelte nun die sämtlichen Familienmitglieder in der Kirche, und da meine Eltern so vernünftig waren, mich vor meinem elften oder zwölften Jahre nicht mit zur Kirche zu nehmen, so konnte ich in behaglicher Muße die herrlichen Geschenke vom gestrigen Abend noch mal Revue passieren lassen und neue Reize bei ihnen entdecken. – Zur Kirche wurde stets gefahren, schon meines Vaters wegen, dessen Amtstracht, vor allem der damals noch bei uns gebräuchliche große dreieckige Hut, für den langen Kirchenweg nach Altona zu auffallend gewesen wäre.

Es kam also um 9 1/4 Uhr eine jener schwerfälligen, hochräderigen Kutschen, wie sie damals im Gebrauch waren, mit Kutscher Ahrens vor unsere Tür. Der Bock an diesen Kolossen stand frei auf der Vorderachse aus steifen hölzernen Stützen. Er war ohne jegliche Lehne, nur mit schrägem Fußbrett und mit einer reich geschmückten Bockdecke, welche die häßlichen geraden Träger größtenteils verdeckte, versehen. Da der Langbaum solches Gefährtes, oder die Langbäume – gewöhnlich waren es zwei – da, wo die Vorderräder unterbogen, ausgeschweift waren, so vermochte eine solche Kutsche auf kleinem Raum umzubiegen, und insofern gaben sie unseren modernen Kutschen oder Droschken nichts nach. Der große geräumige Kasten selbst hing in steilen Federn und mochte wohl an sechs Personen fassen können. Das schwerfälligste daran war der Tritt zum Ein- und Aussteigen, welcher sich, im Inneren befindend, vermittelst zweier oder dreier Gelenke bei geöffneter Tür herunterklappen ließ und dabei ein Geräusch verursachte, als ob ein Fußboden gelegt würde, denn schwer und massiv genug war er und ein Dienstmädchen von schmächtigem Körperbau hätte denselben nicht leicht regieren können. Ein solcher im Wagenkasten selbst befindlicher Tritt hatte aber die große Annehmlichkeit, stets trocken und sauber zu sein. Noch weiß ich mir sehr deutlich die gefährliche Situation des Kutschers in seinem mit sechs bis sieben Kragen versehenen Mantel, „Chenille“ genannt, auf dem hohen Bock vorzustellen, den man von der Kutsche aus durch die Vorderfenster vor sich her „bebern“ sah, denn die zitternde Bewegung des steif auf der Achse ruhenden Bockes teilte sich demselben natürlich mit, und zum Schwindel geneigte Personen taugten zu solchem Amte nicht. In diese Kutsche stiegen denn nun meine Eltern, vielleicht auch meine Schwester, und dann fuhr der Wagen erst mit ihnen nach den Vorsetzen zum Hause meines Onkels Hermann, wo dann ebenfalls ein oder zwei Personen der dortigen Bewohner einstiegen, und nun ging’s zur Kirche. Nach Beendigung des Gottesdienstes wurde ich an diesem wichtigen Tage, wie meistens auch an jedem gewöhnlichen Sonntage, nachdem mein Vater bei unserem Hause ausgestiegen war, nun mit zum Großpapa genommen, wo heute allgemeine Familienbescherung war. Die Damen und Kinder kamen allemal schon zum Frühstück um zwölf Uhr, die Herren erst später zum Mittagessen um drei Uhr.

Das Haus meines Großvaters, in welchem er mit seiner unverheirateten Tochter, Tante Gertrude, und seinem jüngsten Sohn, Onkel Paulus, wohnte, lag im alten Jungfernstieg und bildete mit seinen zwei Nebenhäusern den Raum, auf dem jetzt das Victoria-Hotel steht. Es war ein altmodisches hohes Gebäude, die Giebelwand der Straße zugekehrt. In die Haustür eintretend, gelangte man durch einen sogenannten Windfang auf eine große mit Marmorfliesen belegte Diele. Vorn an derselben war rechts ein kleines Zimmerchen von der Tiefe des Windfangs, dessen drei Wände Glasfenster bildeten und an dessen vierter, der Seitenwand, lauter kleine eingerahmte Kupferstiche hingen, unter diesen die beiden bekannten „Jean qui rit“ und „Jean qui pleure“, ferner das Bild eines Dudelsackpfeifers, unter dem zu lesen war:

Wenn die Melancholie mir will das Herz beschweren,
Laß ich auf der Sackpfeif mich unvergleichlich hören.

Manche Sonntagsstunden habe ich hier mit meines Großvaters Bedienten Heinrich Ohnesorgen, der mein sehr guter Freund war, gesessen. Hier sahen wir bei gutem Wetter die Passage im Jungfernstieg und bei schlechtem lasen wir den Robinson, wovon er ein Exemplar mit schönen bunten Bildern besaß.

Der Hofplatz, mit braunen Fliesen belegt, enthielt eine Pumpe und ein Gebäude, in welchem Waschkammer und Gartenkammer befindlich waren, und führte nach dem dahinterliegenden ziemlich großen Garten durch eine Gitterpforte von Schmiedeeisen. Daß die eisernen Stangen dieses hohen Gitters mit breiten lanzettförmigen Spitzen versehen waren, ist mir deshalb noch im Gedächtnis, weil ich mir, wenn ich die Geschichte aus Loehrs Märchen *Der Prinz und seine sechs Diener* las, dieselben immer mit den Köpfen der armen angeführten Prinzen, welche die Aufgaben der stolzen Königin, von der die Geschichte handelt, nicht zu lösen vermochten, bespickt dachte.

Der Garten, wie bei uns in der Poolstraße die Breite zweier Häuser einnehmend, lag zwischen den Nachbargärten recht freundlich und sonnig und stieß hinten, wo denselben drei bis fünf wahre Riesenpappeln begrenzten, an ein sogenanntes Hasenmoor*, das sich bis zum Bleichenfleet erstreckte und keineswegs einen der Eau de Cologne ähnlichen Geruch aushauchte. Später wurde dieses Hasenmoor überdeckt und bildete nunmehr einen Gang, auf dem man, zwischen Gärten hinspazierend, auf einen großen freien Platz der „Großen Bleichen" gelangte, dahin etwa, wo jetzt in der Poststraße das Posthaus steht, damals ein Lösch- und Landungsplatz für Torfewer etc.

Doch nun zurück zum Weihnachtsfest. Um drei oder halb vier Uhr wurde gespeist, und um die Zeit bis zur Beschenkung würdig auszufüllen, spielten wir, die Söhne meines Onkels Hermann und ich, mit dem Bedienten Heinrich Ohnesorgen Teufel, das heißt wir trieben mit selbigem auf der geräumigen Hausdiele einen Skandal, daß wohl ein Uneingeweihter denken konnte, „der Teufel sei los". Heinrich Ohnesorgen versteckte sich in greulicher Vermummung im Keller oder in einem kleinen Gang hinter dem Kabinett des Wohnzimmers oder an sonst einem zum Hinterhalt passenden Ort; wir schlichen, spähend und zitternd vor Aufregung, die Diele entlang bis zur kritischen Stelle, wo es links in den dunklen Gang zum Kabinett, rechts die Küchentreppe hinunterging, und wenn dann der gefürchtete Teufel hervorbrach, so erhoben wir ein zetermäßiges Geschrei und flohen zum vorderen Teil der Diele zurück, wenn nicht etwa der Teufel einen von uns erwischte, der dann wieder befreit werden mußte, und wenn dabei dann einmal einer von uns gegen die Stubentür anprallte, daß selbige in ihren Fugen krachte, so wurde die ängstlich heraustretende Mutter oder Tante einfach beruhigt durch die Versicherung: „Wir spielen nur Teufel."

Und dieses höchst amüsante Getobe hatte einen solchen Reiz für uns, daß kaum der Ruf zum Empfangen der Weihnachtsgaben uns für das

* Unter „Hasenmooren" verstand man in Hamburg gemauerte Sammelstellen für Abfälle und Abwässer, die in Fleete und Alster geleitet wurden, sie waren zugleich Rückhaltevorrichtungen für Schlamm („Schlammkisten"). Diese Hasenmoore, von denen 1832 noch 13 existierten, waren berüchtigt für ihren Gestank bei der Entleerung.

Abbrechen desselben eine Entschädigung bot. – Wir wurden nun zum großen Saal hinaufgeführt. Dort erhielt ein jedes Mitglied der Familie von meinem Großvater ein Spezialgeschenk, aber für uns Kinder hatte den größten Wert in der Regel ein für uns gemeinschaftlich bestimmtes, welches bei Großpapa verblieb und zu unserer Sonntagsbelustigung diente. Dieses Allgemeingeschenk bestand in einer großartigen Komposition seitens unseres Onkels Paulus, welcher ein wahres Genie im Erfinden und Anfertigen aller Arten Papparbeiten und dergleichen war. Bald war es eine Festung mit Zugbrücken und militärischer Besatzung, bald eine Brücke als Hauptgegenstand, die auf- und abgeschlagen werden konnte, bald waren es ländlich idyllische Darstellungen mit einer Unzahl von Bäumen, bei denen Moos und Besenreiser eine wichtige Rolle spielten und Seen und Teiche aus Spiegelglas sehr täuschend dargestellt wurden. Dabei mochte meines Onkels Amüsement während der Anfertigung nicht geringer als unsere Freude beim Empfang des Geschenkes gewesen sein, denn die Einzelheiten der Bäume, der Geschirre etc. waren mit einer Nettigkeit und Sorgfalt ausgeführt, daß es fast schade darum war, sie als bloßes zerbrechliches Spielzeug zu benutzen.

Doch von all diesen Herrlichkeiten mußten wir scheiden, sobald der Bediente meines Onkels, mit Namen Blanck, erschien, der uns in einer großen Kutsche abholte. Dann wurde freilich manche Träne vergossen, doch den Kutscher ließ man damals nicht warten, und wenn wir erst mit dem alten ehrenfesten Blanck, der früher bei den dänischen Husaren gestanden hatte und uns oft durch Erzählung seiner friedlichen Kriegsabenteuer unterhielt, in der Kutsche saßen, so wurden wir durch den Vortrag seiner Lieder entschädigt, unter welchen das beliebteste „Rinaldo Rinaldini, der Räuber Kühnster“, war. Unterwegs, vor unserem Hause in der Poolstraße, wurde ich ab- und dann das dadurch unterbrochene Räuberlied wahrscheinlich mit erneuter Kraft fortgesetzt.

Auf solche oder ähnliche Weise ging das schöne Weihnachtsfest vorüber, die Ferienarbeiten für die Schule, unter denen eine Rechenaufgabe unter dem Namen „Probe“ die zeitraubendste war, namentlich wenn sie nicht kommen wollte, das heißt das gegebene Fazit nicht stimmte, mußten angefertigt werden, und das neue Jahr nahm seinen Anfang. Der Übergang zum neuen Jahr wurde bei uns nicht weiter durch häusliche Festlichkeit gefeiert, als daß wir am Altjahrsabend Apfelkuchen aßen und am anderen Tage nach der Kirche solche im aufgewärmten Zustande bei meinem Großvater zum Frühstück erhielten. Den Jahreswechsel wachend zu erleben, daran dachte, in unserer Familie wenigstens, niemand, auch war es höchstwahrscheinlich um zwölf Uhr nicht lebhafter auf der Straße als an den übrigen Tagen, denn die Sitten und Gebräuche waren viel einfacher als jetzt, und die Belustigungslokale, wie sie gegenwärtig in den vielen Winkeltheatern und Kellerwirtschaften zu finden sind, existierten noch nicht. – Die beiden Alster- und der Elbpavillon, außer dem Stadttheater, dem Theater in der Steinstraße und dem Theater vor dem Nobistore in St. Pauli, waren die einzigen öffentlichen Vergnügungsorte, welche Hamburg aufzuweisen hatte.

Freunde und Spielkollegen, mit denen ich während meiner Schulzeit intimeren Umgang hatte, waren außer den Söhnen meines Onkels, von denen der älteste Hermann übrigens fast vier Jahr jünger als ich war, noch besonders die beiden jüngeren Söhne des Butterhändlers Lüders. – Diese Familie, welche das Eckhaus des oberen Valentinskamps und der Kleinen Drehbahn bewohnte, bestand aus dem Familienoberhaupt, dem Großvater, einem strebsamen, ehrenwerten Mann, einem echten „Hamburger Börger", welcher die unteren Zimmer, die nach der Drehbahn hinaus lagen, bewohnte, und seinem verheirateten Sohne, der mit Frau und sechs Kindern (einer Tochter und fünf Söhnen, die aber bis auf die beiden jüngsten außer dem Hause waren) oben hauste. Dieser verheiratete Sohn war freilich in dem Fettwarengeschäft tätig, indessen dem Alten gegenüber eine reine Null, denn letzterer leitete das Ganze, hatte vielfache Konnektionen, und die Köchin Sophie, eine kleine tüchtige Person, das einzige Dienstmädchen im Hause, besorgte den Detailverkauf und wußte die Kunden vortrefflich zu nehmen. – Großvater Lüders erschien außerhalb des Hauses stets im weißen Halstuch, feinem Tuchrock und hohen Quastenstiefeln mit gelben Stulpen, dazu trug er ein langes spanisches Rohr, vielleicht gar mit Goldknopf, und setzte die Füße so ausnehmend auswärts, daß ein Tanzmeister nichts daran zu tadeln gewußt haben würde, war außerdem ein Gourmand, der sich auf Delikatessen verstand und einmal gegen meinen Vater geäußert hatte: „Ja Herr Paster, rogen Schinken und junge Paalarfen, dat is wat Delicates."*

Zu Hause liebte er sehr die Bequemlichkeit und trug daselbst eine spitze baumwollene Nachtmütze und einen weiten Schlafrock, aber immer sauber und anständig. – Das Mittagessen geschah gemeinschaftlich im Zimmer des Alten. Abends dagegen saß er nur in Gesellschaft seiner Köchin Sophie, und da mochten sie dann ja wohl die Geschäftsverhältnisse miteinander beraten. Der jüngere Familienteil blieb alsdann oben, Herr Lüders junior ging in seinen Club oder was es sonst sein mochte, wenigstens weiß ich mich nicht zu erinnern, ihn, wenn ich bei ihnen war, je beim Abendessen gesehen zu haben. Ich war bei der Familie sehr gut aufgehoben und regelmäßig donnerstags dort zum Mittagessen, weil dann bei meinem Großvater Familienclub war, wohin nur die Erwachsenen gingen. Auch sonntags war ich oft bei Lüders eingeladen und amüsierte mich mit meinen beiden Schulkollegen ganz vortrefflich, wurde überhaupt stets dahingeschickt, wenn ich zu Hause hätte allein sein müssen oder sonst im Wege war. – Bei günstigem Wetter zogen wir Knaben zum Dammtor hinaus nach den Sandgruben neben und um den Pestberg, woselbst wir mit unseren messingenen Kanonen schossen oder die dort befindlichen Quellen und Wasserlachen abdämmten, Steinwälle und Brücken bauten und sonstige Spiele trieben. Es war das derselbe Raum, auf dem gegenwärtig sich die Anlagen des zoologischen Gartens befinden; auf dem erwähnten Pestberg steht jetzt die Gemsenburg. Im Winter wurden sonntäglich von der Hamburger Bürgergarde die Paraden derselben auf dem Gänsemarkt, auf dessen Mittelpunkt eine Wache stand, abgehalten, und da durften wir ja natürlich nicht fehlen. Diese Paraden waren allgemein beliebt, namentlich ihrer stark besetzten, wirklich vortrefflichen Musikkorps wegen, und der ganze Marktplatz so dicht von Zuschauern besetzt, daß die Wagenpassage gesperrt war, und die Haustreppen der Sonnenseite des Gänsemarktes als erhöhte Standpunkte wurden dermaßen in Beschlag genommen, daß den Hausbewohnern das Ausgehen fast zur Unmöglichkeit wurde. Bei schlechtem Wetter amüsierten wir uns im Hause, und dann diente die Hinterdiele, welche nach der Drehbahn hinaus lag, deren Haustür aber immer fest verschlossen blieb, uns zum Spielraum.

* „Ja, Herr Pastor, roher Schinken und junge Erbsenschoten, das ist was Delikates."

Unter anderem verwandten wir ein altes schwerfälliges Schaukelgestell, welches in früheren Zeiten ein großes mit Leder überzogenes Pferd getragen hatte, mit wahrhaft künstlerischem Genie zur Herstellung eines Schiffes, indem wir der Länge nach eine Leiter darauf festbanden, eine langgestielte Staubuhle als Mast aufrichteten, Bugspriet, Steuer etc. anbrachten und endlich in der Mitte eine Schlafkoje aufführten durch dachförmig zusammengestellte, mit Leinenzeug oder Decken überhängte Fensterladen. Einer von uns postierte sich vorn, der andere hinten auf der Leiter, die natürlich das Schiffsverdeck vorstellte, und durch Handhabung zweier Besenstiele, welche die Ruder oder Schiebstacken ersetzten, ward die Maschine in schaukelnde Bewegung versetzt, während der dritte, nach schwer vollbrachter Arbeit, in der Schlafkoje lag. Ein kleines Gestell mit Rollen, auch ein Überbleibsel eines ehemaligen hölzernen Vierfüßlers, diente als Boot, auf dem wir uns vermittelst eines Besenstiels ans Land, will sagen zum Ausgang der Diele schoben, um Proviant einzuholen, und wenn dies geschehen, ward zum Mittagessen gepfiffen, welches dann in der Koje verzehrt wurde. Um die Sache abenteuerlicher, romantischer zu machen, dachten wir uns auch wohl das Schiff vor Anker liegend; die alten staubigen, verräucherten Dielenwände verwandelten sich in den schönsten Sternenhimmel, der je sich über einem Tropenmeer wölbte, alles atmete Ruhe und Frieden, und die Besatzung des Schiffes überließ sich dem süßen Schlummer in der Koje, bis auf den Wachtposten, der den Dienst versah. Doch diese friedliche Ruhe, der sanfte Schlummer, dauerte nicht lange. Düstere Wolken verfinstern den Horizont und ein drohendes Unwetter steigt langsam herauf, man hört ferne Donner, die immer deutlicher, warnender rollen, immer schneller den zuckenden Blitzen folgen. Das Meer verliert seinen glatten Spiegel, das Schiff beginnt zu schaukeln und zu stampfen, der Wachhabende läßt schrillende Pfeifentöne erklingen, und ängstlich stürzt die Mannschaft hervor. – Das ist Sturm und alles bemüht, das Schiff vor der Brandung zu retten. – Ein Mann über Bord! – doch er wird durch die Geistesgegenwart eines Kollegen gerettet; jetzt folgt Kappung des Mastes, Notschüsse, furchtbares Hilfegeschrei und Tumult; völliges Scheitern des Schiffes mit allen seinen Schrecken.

„Gott bewahr uns, wat sall de gräßliche Spektakel“, ruft endlich Sophie zur Tür herein, „ji wüllt ja woll dat ganze Hus op'n Kopp stell'n“, und weckte uns dadurch aus unseren allzu lebhaften Phantasien, und das konnte uns denn auch am Ende ganz recht sein, da es nun zum wirklichen Mittagessen ging, und bei Großvater Lüders gab's des Sonntags immer was Gutes.

Viel Zeit wurde bei ihnen auch auf Anfertigung von Feuerwerksgegenständen verwendet, wozu uns Vater Lüders Anleitung gab und welche dann auf ihrem Hofplatz abgebrannt wurden. Auch waren wir bei einem Feuerwerker, der auf „den Hütten" wohnte und einen mitten durch Feuerflammen spazierenden Ritter zum Aushängeschild hatte, feste Kunden. Von ihm kauften wir sogenannte Frösche, Schwärmer, Feuerräder sowie einmal sogar eine Sonne, welche in unserem großen Garten in der Poolstraße abgebrannt wurde. – Winterabends beschäftigten wir uns mit einem Puppentheater, wobei Blitz und Donner die wichtigsten Akteure waren, oder wir spielten Lotto, Hammer und Glocke und dergleichen, bis endlich das Abendbrot erschien, bestehend aus sehr dünnem Tee und Butterbroten mit sehr dicken Käseschnitten belegt. Damit war der Spaß aber noch nicht aus, denn nun wurde ich von meinen Freunden nach Hause begleitet, alle wohlausgerüstet mit Wurfgeschossen verschiedener Art, in Form von weißen Bohnen, Erbsen, Papierkugeln usw. Kamen wir nun an einem offenstehenden Keller eines Käsehändlers oder Krügers vorbei, so wurde als grobes Geschoß eine mächtige Papierkugel auf den Ladentisch geworfen; ein hellerleuchtetes Stubenfenster dagegen erhielt ein bis zwei Salven gelber Erbsen; ein höher gelegener Tanz- oder Gesellschaftssaal, dessen strahlende Fensterreihe ein zu herausforderndes Ziel darbot, ward mit dem Pelotonfeuer einiger Hände voll weißer Bohnen attackiert. – Die Hauptpointe hierbei war nun, nach geschehener Tat schleunigst und geräuschvoll fortzustürzen; dann aber ganz unbefangen, einzeln, im langsamen Schritt, harmlos vor sich hinpfeifend, zurückzukehren, um im Vorbeischlendern die gehabte Wirkung zu beobachten. Als gelungen wurde dieselbe betrachtet, wenn der Käsehöker vor seiner Kellertür umherspähte und eine Reihe Flüche über die Spitzbubenbande von Jungens hervorsprudelte, die ihm solchen Schabernack angetan, oder aus einem geöffneten Fenster eine Abhandlung über die schlecht organisierte Polizei erklang, die solchem Straßenskandal nicht zu wehren vermöge. Solche Erscheinungen waren indes als gefahrlose zu betrachten, denn viel bedenklicher kam uns das Zurückkehren vor, wenn alles scheinbar unbeachtet und still verblieb, weil das die sichersten Zeichen eines Hinterhalts waren, und wir fanden es alsdann am geratensten, uns mehr auf unsere Beine als auf unsern Witz zu verlassen.

Waren die Spielkameraden bei mir zum Besuch, so bot unser Garten einen viel günstigeren Spielplatz dar. Da wurde gehörig umhergelaufen, gesprungen, geschaukelt, geklettert, auf Stelzen marschiert, und viel Vergnügen bot uns das Schießen aus kleinen Messingkanonen oder mit dem Bogen und endlich das Schleudern des unreif abgefallenen Obstes. Solche unreife Äpfel wurden auf schlanke Stöcke gesteckt und dann weithin über Häuser und Bäume geschleudert.

Waren an einem Geburts-, Fest- oder Sonntage meine Vettern von den Vorsetzen bei mir zum Besuch, so war das ein recht genußreicher Tag. Es wurde dann wohl eine ähnliche Schiffsnachahmung, wie wir sie im Lüdersschen Hause hatten, im Garten zustande gebracht, oder wir zogen uns gegenseitig in einem Wagen und dergleichen mehr. Ich besaß zu der Zeit auch ein außerordentlich zierlich und vollständig gebautes Schiff, eine Brigg, die mir ein Schiffszimmermann meines Onkels Hermann, Johann Rose mit Namen – er hatte ein früheres Dienstmädchen von uns geheiratet –, angefertigt und geschenkt hatte. Hinten an den Spiegel ließ ich von unserem Hausmaler den Namen „Amphitrite“ setzen und puppte überhaupt viel mit demselben herum. Es mochte an zwei Fuß lang sein und lag eine Zeitlang Tag und Nacht in einer großen Balje (*Kübel*) auf dem Wasser, aufs sorgfältigste aufgetakelt und mit Bleisoldaten als Wache besetzt. Dieses Schiff nun entweder auf den Teichen und Gräben der Sandgruben vor dem Dammtor oder in Dockenhuden auf der Elbe schwimmen zu lassen war ein großes Vergnügen für mich und meine Spielgefährten. Ein anderes Amüsement bestand darin, einen Fallschirm aus dem offenen Fenster herabschweben zu lassen. Es war nämlich zu der Zeit eine Demoiselle Garnerin in Hamburg erschienen, welche in ihrem Luftballon von der Sternschanze aus aufzusteigen beabsichtigte. – Damals bildete die Sternschanze, deren höchsten Punkt die noch jetzt in der Nähe des Bahnhofs hoch oben stehenden beiden Linden zierten, eine sanft ansteigende Fläche und diente der Bürgergarde, namentlich dem Jägerbataillon, zum Exerzierplatz. Rund um diese beiden Bäume, in einem ziemlich großen Kreise, hatte nun die

Luftschifferin eine hohe Planke ziehen lassen, an welche die Zuschauersitze sich lehnten, und in der Mitte befand sich die Vorrichtung zur Füllung des Ballons mit Wafferstoffgas, welches in großen Fässern, mit Hilfe von Eisen und verdünnter Schwefelsäure, entwickelt werden sollte. Am Donnerstag vor demjenigen Sonntage, an welchem die Dame den Ballon zu füllen gedachte, exerzierte das Bürgermilitär, und während der Ruhezeit glaubten die Jäger das Recht zu haben, die Zurüstungen der Garnerin in Augenschein zu nehmen, zumal dieselben auf ihrem Exerzierfelde aufgerichtet wurden. Die Eigentümerin jedoch war anderer Meinung und verlangte ein Eintrittsgeld für etwas, das erst im Werden begriffen war, was dann zu Streitigkeiten führte und endlich, da die gute Französin, die ein gottgesegnetes Maulwerk soll gehabt haben, in nicht eben sehr feinen Ausdrücken sich erging, zur Folge hatte, daß die ganze Schar gewaltsam hineindrang und bei der armen Dame einen gewissen unschuldigen Teil ihres Körpers für den schuldigen das Bad fühlen ließ; so hieß es damals. Indes mußte ihr die fatale Prozedur weiter nicht geschadet haben, denn am Sonntag darauf stieg sie bei sehr schönem Wetter, zur vollen Zufriedenheit der Zuschauer, auf. Dem Programm nach wollte sie in einem Fallschirm sich herunterlassen, und auch dieses Manöver glückte vollkommen. Unter dem Ballon hing der Fallschirm, eng zusammengeschlagen wie ein zusammengefalteter Regenschirm, und daran dann an acht bis zwölf Stricken die Gondel, in der sie saß. – Als der Ballon nun etwa 2000 Fuß Höhe haben mochte, löste sich der Fallschirm und fiel, bevor er sich auseinanderbreitete, an 300 Fuß herab, welches einen so grauenerregenden Anblick gewährte, daß man unwillkürlich zusammenzuckte und mancher Angstschrei gehört ward; doch ebenso schnell verschwand auch der Schrecken, als nun der Schirm sich plötzlich entfaltete und die kühne Schifferin sanft und leise in graziösen Schwankungen der Erde wieder zuschwebte. – Dieses Schauspiel hatte damals einen so mächtigen Eindruck gemacht, daß die ganze Stadt voll davon war und die Kinder vier Wochen lang sich mit nichts anderem beschäftigten, als Fallschirme fliegen zu lassen, die in ihrem einfachsten Zustande aus einem Stück Seidenpapier bestanden, an dem vier an den Ecken befestigte Zwirnsfäden einen Stein trugen. Viel schöner indessen glückte das Manöver, wenn man so glücklich war, ein weiches Seidentuch zu erwischen. Daran wurde eine zierliche Gondel aus Pappe oder ein Körbchen gehängt, vermittelst mehrfacher an den Zipfeln oder Rändern des Tuches befestigter Fäden. – Einen solchen Fallschirm ließen wir nun von den oberen Fenstern des Hauses herabschweben, da aber hierbei die hinter dem Hause stehende Linde mit ihren weiten Verzweigungen sehr störend einwirkte, so gingen wir damit nach der sogenannten „schiefen Stube", welche, bekanntlich im Nachbarhause sich befindend, ihre Fenster über dem Hofplatze unseres Nachbarn, des Juden Lazarus, hatte. Hier konnte der Fallschirm ungestört herabschweben unter dem Beifallsruf der unten harrenden Judenkinder, die sich gern erbötig zeigten, uns den Fallschirm wieder heraufzubringen, oder vielmehr mit Freuden diese Gelegenheit ergriffen, in unser Haus zu gelangen, da sie etwas neugieriger, zudringlicher Natur waren. Später befestigte ich einen Faden unten an der Gondel und zog daran die Maschine wieder empor, doch dies behagte meinem israelitischen Zuschauerkreis gar nicht, und sowie ich mich nur oben am Fenster blicken ließ, so schrien sie schon: „O, Berendsch, ohne Tau!", welches unsere Köchin als: Berend ohne Tadel verstanden und es für eine Kundgabe ihres höchstens Entzückens gehalten hatte.

Mit diesen jüdischen Nachbarn kamen wir manchmal in nähere Berührung. Wenn sie ihr Laubhüttenfest feierten, so wurden wir dazu eingeladen, und meine Mutter oder Schwestern nahmen mich mit, um eine halbe Stunde unter den Verzierungen der Laubhütte zu sitzen, die großen Paradiesäpfel zu bewundern und gelegentlich die Lichte zu putzen, was strenggläubige Juden während der Feiertage als Arbeit ansehen und nur von ihren christlichen Dienstboten tun lassen.

Um noch einmal auf oben bemerkte Luftschifferin zurückzukommen, so hatte dieselbe nicht allein zur Folge, die Kinderwelt mit Fallschirmen befreundet werden zu lassen, sondern sie erregte auch bei uns in der Schule das Verlangen, einen Luftballon selbst zustande zu bringen. Daß das Steigen eines solchen auf der Füllung mit einer leichteren Luftart beruhe, hatten wir wohl von unseren Eltern oder in der Schule gehört, aber wie eine solche Luftart benannt oder wie sie erzeugt werde, davon hatten wir keinen Begriff; wir nahmen auf gut Glück an, da der Rauch aus den Schornsteinen in die Höhe steige, so könne solcher auch wohl, in einem Ballon eingeschlossen, dasselbe tun, und verabredeten, einen solchen Versuch in unserem Garten vorzunehmen. Statt des seidenen Ballons nahmen wir eine gewöhnliche dicke Schweinsblase, erweichten dieselbe in warmem Wasser, drückten sie, um alle atmosphärische Luft zu entfernen, stark aus und zogen sie über die untere Öffnung eines Blechtrichters. Bis dahin ging alles nach Wunsch, aber nun kamen die Schwierigkeiten. Auf welche Art sollten wir den Rauch erzeugen? Wo Rauch ist, pflegt auch Feuer zu sein, heißt's im Sprichwort; also machten wir hinter dem in unserem Garten befindlichen Lusthause ein Feuer an, warfen Papier, Späne und dergleichen darauf und hielten den Trichter mit der Schweinsblase über die emporwirbelnde Rauchsäule; aber der Herr Rauch war nicht so gnädig einzutreten, und wir sahen endlich das Vergebliche unserer Bemühungen ein. Als nun noch einer von uns, Hans Jochen Möller, in die Mysterien des Rauchens schon eingeweiht, den Versuch machte, den Rauch einiger Zigarrenstummel, die er vom Hause mitgebracht, in die Blase hineinzublasen, dieselbe aber trotzdem so schwer blieb wie zuvor, verzweifelten wir an dem Erfolg und hielten es nun für viel interessanter, das Feuer durch herbeigeholte Holzstücke immer lebhafter anzufachen, bis es zuletzt einen kleinen Scheiterhaufen gab, der lustig seine Flammen emporsandte. Doch wo Rauch ist, pflegt auch Feuer zu sein, hatte mein Vater ebenfalls geschlossen, als er vom Hause aus eine Rauchsäule emporwirbeln sah, und nicht gering war unser Schrecken, als selbiger nun plötzlich vor uns stand und mit der Frage dazwischenfuhr: ob wir das Lusthaus in Brand zu setzen gedächten? So endete dieser wissenschaftliche Versuch.

Eine Zeitlang gingen wir auch mit dem Vornehmen um, in unserem Garten Vögel zu fangen. Mein Vater verstand es, als Jugenderinnerung, aus fünf Mauersteinen Vogelfallen zu konstruieren, die wohl auch jetzt noch ziemlich bekannt sind; außerdem hatte er ein Fangbauer, er nannte es Klipp, das in der Mitte einen Behälter für Lockvögel enthielt, an dessen Seiten und oben sich vier kleinere Fangkäfige befanden. Mit diesen Apparaten hatte er mitunter schon so viele Sperlinge gefangen, daß wir sie als Mittagsmahl braten lassen und verspeisen konnten, und wenn es auch nur höchst kleine Braten abgab, so schmeckten sie doch delikat, ich glaube zarter noch als Kramtsvögel. Obgleich nun mein Vater behauptete, daß seine Spatzen ungleich klüger und pfiffiger als die eigentlichen Singvögel wären, welche letzteren viel leichter sich fangen ließen, so war doch, wenigstens unter den in unserem Garten in der Stadt gefangenen Vögeln, niemals ein

Singvogel, um den mir es gerade zu tun war; wahrscheinlich weil solche überhaupt sich nicht in der Stadt aufhalten. Mein Freund Hans Jochen Möller aber behauptete, es läge nur an der Art des Fangens, und schlug vor, den Vogelleim in Anwendung zu bringen, in dessen Bereitung und Gebrauch er die gründlichsten Kenntnisse besitze. Mein Vater willigte ein, das Experiment zu versuchen, und so erschien denn eines Nachmittags, an welchem wir keine Schule hatten, Hans Jochen mit einer Quantität Leinöl; den Topf zum Kochen lieferten wir, und die Kocherei konnte beginnen. Sie ging auch vor sich, und wir erhielten endlich eine Substanz, die mein Freund für den schönsten Vogelleim erklärte, aber wir hatten, obgleich das Kochen im Freien geschah, einen so unbeschreiblichen Gestank verbreitet und dermaßen Geschirre und uns selbst eingeschmiert, daß meine Mutter sich ein für alle Mal eine Wiederholung des Experiments verbat. Wir besaßen nun aber doch fürs erste den nach Aussage des Hans Jochen so vortrefflich geratenen Leim. Ersterer machte sich alsbald daran, die Leimruten aufzustellen, und mancherlei Käfige wurden zugerichtet, die verschiedenen Vögel aufzunehmen. Leider aber endigte hiermit das so hoffnungsvoll Begonnene, denn weder ein Singvogel noch ein Sperling wurde nach der neuen Methode gefangen, und mein Vater hatte allein das Plaisir, uns gehörig auszulachen.

[8]

Bürgerwehr, Feuerwehr, Nachtwächter

Schon früher habe ich die Hamburger Bürgerparade erwähnt, und da dieselbe eine wichtige Stelle im Hamburger Staate einnahm, so hat sie es wohl verdient, ihren äußeren Erscheinungen nach noch etwas ausführlicher besprochen zu werden. Ihre genauere Organisation sowie ihre geschichtliche Entwicklung zu beschreiben, dazu fühle ich mich freilich nicht befähigt.

Die alte Hamburger Garde, die vor der Belagerung Hamburgs existierte, wie man sie in Abbildungen des Professors Suhr und in geeigneten Beschreibungen kennenlernen kann, habe ich natürlich nicht gekannt, aber wohl vernommen, daß ihre Erscheinung etwas Uranfängliches, wenn nicht zu sagen Lächerliches, zur Schau trug, so daß manche Anekdoten darüber im Umlauf waren.

Es gab allerlei Schnurren von dieser alten Knüppelgarde, wie sie auch wohl hieß, aber wir wollen uns dabei nicht länger aufhalten, sondern nur erwähnen, daß dieselbe bei der französischen Okkupation zu existieren aufhörte. Die nach dieser Zeit errichtete Bürgerwehr zeigte indes eine andere Erscheinung und durfte sich schon sehen lassen. Sie stellte ein Korps dar von acht, später zehn Bataillons Infanterie, einem Bataillon Artillerie mit zwölf Kanonen, einem Bataillon Jäger und einer Eskadron Kavallerie. Die Artillerie komplettierte sich vorzüglich aus der Aristokratie; Leute, die es sich leisten konnten, wählten vorzugsweise die Kavallerie, denn diese hatte weder Wachtdienst noch allzu anstrengende Exerzitien; Infanterie bildete der große Haufen, und das Jägerbataillon bestand, wie es hieß, fast nur aus Schneidern und Friseuren. Die ganze Truppe mochte etwa zehn- bis zwölftausend Mann ausmachen; jedes Bataillon hatte ein Musikkorps von vierzig bis fünfzig Mann, und zwar waren dies lauter Leute vom Fach, weshalb die Korps ganz vorzüglich spielten und bei den sonntäglichen Paraden eine große Zuhörerschaft versammelten. Jeder in Hamburg Ansässige mußte von seinem 25. bis 45. Jahre in diese Garde eintreten und sich Waffen und Montierung dazu anschaffen. Das Einexerzieren der Rekruten geschah im Winter abends in einer Reitbahn; das Manövrieren in Kompagnien und später in Bataillons im Frühling vor den Toren, vorzüglich montags, mittwochs und donnerstags des Nachmittags von fünf bis neun Uhr, und dann wurde zum Schluß ein großes gemeinschaftliches Manöver, „Revue", abgehalten, welches gewöhnlich im Juli stattfand und von drei oder vier Uhr morgens bis zwölf Uhr dauerte. Diese Exerzitien gestalteten sich zu wahren Volksfesten, die an Harmlosigkeit und origineller Natürlichkeit alle sonstigen Volksbelustigungen übertrafen, wenn an schönen Frühlingsabenden Hamburgs Bevölkerung hinauszog, ihre „Börgers" im Waffenschmuck exerzieren zu sehen, und für die liebe Jugend gab es in dieser Zeit nichts Wichtigeres, als baldmöglichst die Schularbeiten zu beseitigen, um zeitig genug hinauszukommen. Etwa um vier Uhr nachmittags schon hörte man einen einzelnen Tambour durch die Straßen seines Reviers trommeln: dum drum dum, „Kamrad kum", begleitet von einer Schar kleiner Kinder, und bald darauf sah man dann die Krieger in voller Bewaffnung mit Tschako, blauem Rock und weißen Hosen ihre Wohnungen verlassen und ihren Versammlungsorten, „Alarmplätzen", zueilen. Nachdem alsdann die Feldwebel die Namen aufgerufen – denn wer ohne Erlaubnis fortblieb, wurde in Strafe genommen – und die Häupter ihrer Lieben gezählt, ging das Kommando los, und unter rauschender Musik und klingendem Spiel zog das Bataillon in höchster Ordnung hinaus; vorauf die Sappeurs, „Zimmerleute", die über ihrer dunkelblauen Montur lange Schurzfelle trugen von brandgelbem weichem Leder, Gewehr über der Schulter hängend und auf der Schulter eine stattliche silberglänzende Axt tragend. Die Hände zierten große gelbe Stulphandschuhe, und als Kopfbedeckung trugen sie große Bärenmützen mit einer blutroten Kokarde. Beim gewöhnlichen Exerzieren wurden diese schweren Grenadiermützen indes durch leichte Tschakos ersetzt.

So ging's denn in großer Gesellschaft durch die von Zuschauern dicht besetzten Tore nach den verschiedenen Exerzierfeldern; dies waren die Wiesen vor dem Dammtor, die Glacis längs des Stadtgrabens, die Sandgruben, das Heiligengeistfeld und die Sternschanze. Hier ward nun exer-

Bürgergardisten des 8. Bataillons, St.Pauli, Fotografie um 1860

Neben dem Stadtmilitär gab es seit 1617 auch die Bürgerwache, die fünf Regimenter zählte; jedes Kirchspiel stellte eines. In dieser Bürgerwache hatte jeder männliche Einwohner Hamburgs bis zum Alter von sechzig Jahren Wachdienst zu leisten, allerdings gab es zahlreiche Möglichkeiten, sich vom Dienst befreien zu lassen. Während der französischen Okkupation wurde die Bürgerwache aufgelöst, 1814 unter dem Namen „Bürgermilitär" erneut ins Leben gerufen. Als Hamburg sein Wehrwesen 1868 Preußen unterstellte, wurde das Bürgermilitär aufgelöst.

ziert und manöveriert, und wenn's auch nicht allzu exakt ging, die Fronten in der Regel die schönste Wellen- oder Schlangenform annahmen, die Karrees oft ein unregelmäßiges Vieleck bildeten, so ging doch das Ganze immer noch besser, als man von einer Bürgerwehr, die höchstens zehn Mal des Jahres im Bataillon exerzierte, zu erwarten berechtigt war.

Nach etwa zwei Stunden trat Erholungszeit, „Ruhe", ein; die Gewehre wurden in Pyramiden zusammengestellt, und die Musikbande trat zum Musizieren an, entweder vor einem der Erfrischungszelte, die am Rande der Wiesen aufgeschlagen waren, oder in einem benachbarten Wirtslokale, woselbst sich auch die Herren Offiziere einfanden, während der größere Teil der Mannschaft auf dem grünen Rasen im Schatten der Bäume lagerte und erwartete, was Mutter Gutes mitgebracht. Letztere hatte aber, begleitet von ihren „Gören", schon längst den Vater unter seinen Kameraden herausgefunden und entlud nun den Korb seines Inhalts, bei dem die Flasche natürlich nicht vergessen war, auch fehlte es nicht an einer Schar älterer Weiber, die als Marketenderinnen für Erfrischungen sorgten. So bildeten sich dann recht idyllische Familiengruppen, denen hier, auf dem grünen Rasen gelagert, unter den Klängen der Musik, ihr Abendbrot gewiß besser schmeckte als zu Hause in dumpfiger Arbeitsstube, und bald zeigten die im Tanz sich Schwenkenden, daß der Wein oder Doppelkümmel bereits zu wirken beginne. Dabei hörte alles militärische Wesen auf, die Zuschauer hatten sich unter die Gardisten gemischt, suchten ihre Bekannten auf und zechten wacker mit ihnen, bis endlich wieder die zusammengetretenen Tambours ihr „Kamerad kum" im gemeinschaftlichen Takt erschallen ließen und damit fortfuhren, bis alle wieder in Reih und Glied standen. Ob nun aber das Weiterexerzieren mit derselben Ordnung und Pünktlichkeit fortging, läßt sich wohl sehr bezweifeln, denn dem patriotischen Feuer des Bürgers hatte sich noch ein anderes, dem *Cuminum duplex* entströmendes, hinzugesellt, und da mochte sich denn wohl mancher brave Kamerad beim Schließen der Glieder etwas fester an seinen Nebenmann lehnen, als gerade der Dienst verlangte. Gegen neun Uhr begann der Rückmarsch, vorauf einige Reihen Straßenjungen, welche, da sie den Musikern beim Spielen die Noten vorgehalten hatten, jetzt sich als Angehörige betrachteten und sich verpflichtet hielten, in Reihen, zu zehn oder zwölf sich einhakend, ein ununterbrochenes Hurrageschrei zu vollführen, welches ohne eigentlichen

Beweggrund bis zu den Alarmplätzen fortgesetzt wurde; und so ging es unter jubelndem Lärm hinein in die Tore. Das Dammtor hatte seiner Lage nach natürlich die Hauptmassen der Zuschauer, respektive Zuschauerinnen, versammelt. Kopf an Kopf drängte sich die bunte Volksmasse, und mit klingendem Spiel zog die lange Reihe der blanken Bajonette durch dieselbe hindurch, wobei Scherzworte, Witze und Erkennungszeichen hin- und herflogen sowie bekannte Gesichter unter oder von den Vorbeimarschierenden entdeckt wurden. Ja, das war ein äußerst lustiges Bild, dessen Hintergrund in den dichten Staubmassen verschwamm, die, dem Zuge folgend, sich mit in die Straßen hineinwälzten und mit der zunehmenden Dämmerung dem ganzen Gemälde eine interessante Unbestimmtheit verliehen. Mancher Krieger war denn auch wohl in einem Zelt oder Wirtshaus mit seinen Zechgenossen hängengeblieben, und so sah man mitunter einen gutmütigen Kameraden zwei statt eines Gewehrs tragen. Nun, das wurde so gar scharf nicht genommen. Doch noch bedeutend wichtiger war das eigentliche allgemeine Abexerzieren, welches unter dem Namen „Revue", nach beendigter Exerzierzeit der einzelnen Bataillons, stets an einem Donnerstagvormittag stattfand. Hierzu wurde vom Stabe ein eigentlicher Schlachtplan entworfen und demnach die Bürgerwehr in Angreifer und Verteidiger geteilt. Wenn nun zum Beispiel beabsichtigt war, die Stadt von Feinden angreifen zu lassen, so mußte schon am Morgen vor Sonnenaufgang ein Teil der Truppen, welchem die nötige Menge Kavallerie und Artillerie nebst Schützenkorps zugeteilt war, auf die benachbarten Dörfer, Eimsbüttel, Eppendorf etc., marschieren und von da aus den Angriff auf die Stadt beginnen, der dagegen von den Verteidigern abgewehrt werden sollte. Der Hauptangriff und die Entscheidung erfolgte dann in der Regel auf dem geräumigen Terrain der Sternschanze und den Sandgruben, und wenn endlich der Feind nach heißem Kampfe siegreich zurückgedrängt, wohl gar total in die Flucht geschlagen worden, so trat wieder brüderliche Vereinigung und allgemeines Frühstücksmahl ein. Das Kanonieren bei diesem Kriegsspiel war so stark, daß oft in den benachbarten Häusern die Fensterscheiben sprangen, und nach der Menge Pulver, die dabei verknallt wurde, mußte man innerhalb der Stadt annehmen, daß eine wirkliche Entscheidungsschlacht geliefert werde; und später waren die Felder, über welche sich das Schlachtgetümmel erstreckt hatte, mit so viel Papierläppchen der verschossenen Patronen bedeckt, daß den Lumpensammlern eine reiche Ernte zuteil wurde. Bei diesen Manövern kamen oft recht interessante Episoden vor; die Sappeurs mußten zum Beispiel Brücken schlagen, oder es wurden auch solche in die Luft gesprengt und dergleichen mehr, und daher war es erklärlich, daß während einer Revue die Stadt wie ausgestorben erschien, und die Schullehrer konnten ohne Gewissensbisse für den Vormittag ihre Schule schließen, denn Schüler ließen sich doch nicht sehen. Einen wichtigen Abschnitt bei diesem militärischen Vorgange machte das Frühstück in dem großen Offizierszelt, in der Mitte der Sternschanze unter den beiden dort jetzt noch stehenden Lindenbäumen, woselbst der Stab sich aufhielt und seine Gäste, bestehend in den Abgeordneten eines hohen Senats, den Offizieren der Hamburger Garnison und der in Altona liegenden dänischen Besatzung und wer sonst dahin gehörte, bewirtete, während die Truppen sich in den am unteren Ende des Feldes errichteten Zelten oder größtenteils auf den platten Boden lagerten und von den gehabten Strapazen erholten. Nach vollzogener Restauration mußte nun die ganze Mannschaft bataillonsweise vorbeidefilieren, unter mächtigem Hurra, und sodann sich durch die Tore nach Haus verfügen, zuletzt die Artillerie, die vorher noch dem abziehenden Stabe eine Salve von zwölf Kanonenschüssen nachfeuerte und damit für dies Jahr die Exerzitien schloß. – So fröhlich und harmlos eine Revue der Regel nach verlief, so waren doch auch manchmal recht traurige Unglücksfälle dabei vorgekommen. Die guten Bürger hatten in ihrem Feuereifer, um das Knallen der Gewehre zu verstärken, mitunter einen gehörigen Graspfropfen aufgesetzt und dadurch ein Steinchen mit in die Flinte bekommen, welches Verwundung zur Folge hatte; sie ließen auch wohl mal, was noch schlimmer war und wirklich den Tod eines Kameraden herbeiführte, in der Hitze des Gefechts den Ladestock im Laufe stecken, und um solchem Unglücke vorzubeugen, wurde später der gegenseitige Angriff aufgegeben, und man beschoß von da ab einen imaginären Feind, wodurch freilich das Fest viel von seinem Reiz verlor.

In den eigentlichen Wachtdienst teilte sich die Bürgergarde mit der hamburgischen Garnison; sie hatte zum Beispiel die Wache am Dammtor, Steintor und ihre Hauptwache am Gänsemarkt wie auch die Rathauswache zu besetzen; ihre Artilleriewache war auf dem Wall zwischen Dammtor und dem jetzigen Holstentor – welches übrigens in meiner Jugend noch nicht existierte –, woselbst auch während der Exerzierzeit die Kanonen standen. Dann fanden, außer den sonntäglichen Wachtparaden, noch die größeren Paraden im März und April für die einzelnen Bataillons wie auch für die Kavallerie statt; und endlich musste die ganze Bürgerwehr am 18. Oktober, welcher zur Feier der Völkerschlacht bei Leipzig früher als hoher Festtag im ganzen deutschen Reiche galt, ausrücken. Das war für jung und alt ein ganz vorzüglicher Freudentag. Es wurde in allen Kirchen gepredigt, Schulen und Gewerbe, selbst die Börse blieben geschlossen, in der Aula hielt man Festreden, und abends brannte die Turnerschaft auf der Sternschanze ein hohes Gerüst von Pechtonnen ab, nach gehaltenen Reden und unter dem Gesang patriotischer Lieder. – In der Poolstraße, also vor unserem Hause, versammelte sich, weil daselbst der Major wohnte, das eine Bataillon der Bürgergarde; das dauerte stundenlang unter Musik und Trommelschlag und war eine Hauptbelustigung für uns Kinder, und wenn später um zwölf Uhr das ganze Heer auf dem Heiligengeistfelde versammelt war, gingen wir auch wohl, von meinem Vater, Onkel oder sonst jemandem begleitet, hinaus, um die Feierlichkeit mit anzusehen. Die Mannschaften bildeten einen großen Kreis um die im Mittelpunkt versammelten höheren Offiziere, und unter Begleitung der Musik wurde zuerst der Choral „Nun danket alle Gott“ und dann die Volkshymne „Auf Hamburgs Wohlergeh'n“ gesungen, später noch eine Anzahl Kanonenschüsse gelöst und nun im Parademarsch um das Feld defiliert. – Ich erinnere mich sehr gut, daß dieser Tag und seine Feier von einer wirklich patriotischen Stimmung bei jedermann begleitet war. Ich durfte an demselben eine Sammlung Nationalbilder der 1808 in Hamburg im Quartier gelegenen spanischen Besatzung, von Professor Suhr herausgegeben und von einem Herrn Bodenburg mir geschenkt, die meine Mutter sonst in sorgsamer Verwahrung hielt, aufs neue besehen, und von meinen Eltern wurden mir dazu die gehörigen Kommentare erteilt, sowie denn auch vielfache Erinnerungen und Erzählungen aus damaliger schwerer Zeit wieder in Anregung kamen und die politischen sowohl als die Familienereignisse aus der Franzosenzeit aufs neue wiederholt wurden. Mit welchem Interesse erzählte nicht mein Vater den Einzug der Kosaken unter Tettenborn, nach Abzug der Franzosen, am 13. März 1813; wie freudig, enthusiastisch die jubelnden Hamburger ihre bärtigen Freunde empfangen hätten, wie Greisen beim Anblick ihrer Befreier die Tränen längs den Backen gerollt seien, Damen den Kosaken die Hände gedrückt, ja, Mütter ihnen ihre Kinder zum Liebkosen aufs Pferd gehoben hätten, wie sie dann durch die Steinstraße im Triumphzug nach dem Jungfernstieg ritten und daselbst ihr Lager aufschlugen, und wie zwei Abende hintereinander die Stadt illuminierte. – Oh! Wie sehnte ich mich danach, einen solchen Kosaken von Angesicht zu Angesicht zu sehen und seinen zottigen Klepper; ja, wenn ich hätte wählen dürfen: am liebsten wäre ich selbst ein solcher Kosak gewesen, und da dies nun einmal leider nicht der Fall war, so suchte ich wenigstens alles, was Bild und Leben eines Kosaken in mir vervollständigen konnte, mir anzueignen und wurde nebenbei ein Sammler aller derjenigen Lieder, welche zur Zeit der Befreiungskriege gedichtet waren oder doch auf diese Zeiten Bezug nahmen.

Der Bürgergarde lag auch unter anderem die Pflicht ob, bei einem ausbrechenden Feuer die bezügliche Straße abzusperren und der Polizei bei Aufrechthaltung der Ordnung zu assistieren, und dieser Dienst hatte, da er vorzüglich in der Nacht zur Anwendung kam, wahrlich nichts Angenehmes. Wenn in früheren Zeiten ein Feuer in der Stadt ausbrach, so war das von einer viel ernsteren Bedeutung und Gefahr als in jetziger Zeit, wo, dank unserer Stadtwasserkunst, das Wasser allenthalben im Übermaß vorhanden ist und unsere militärisch organisierte Feuerwehr mit Telegraphenhilfe sogleich an Ort und Stelle erscheint, auch bei den jetzigen Spritzen der Dampf die menschlichen Kräfte ungleich wirksamer vertritt und in der Regel das Feuer gleich beim Entstehen gelöscht werden kann. – In meiner Jugendzeit war ein ausbrechendes Feuer ein viel wichtigeres Ereignis, und um dasselbe zur Kenntnis der Bürger überhaupt, besonders aber der Löschmannschaft, zu bringen, bedurfte es eines großen Aufwandes von Alarmsignalen. Die Turmwächter waren angewiesen, bei Tage sowohl wie bei Nacht strenge Ausschau zu halten und, so wie sie Flammenschein bemerkten, dieses durch Trompetengeschmetter zu verkünden und dem Feuer zugekehrt bei Tage eine rote Flagge, bei Nacht eine Laterne auszuhängen. Auch gaben sie durch Anziehen der Sturmglocke Nachricht, ob das Feuer im Zu- oder Abnehmen sei, je nachdem die Zahl der Schläge sich vermehrte oder verminderte. – Sobald die Turmsignale sich zeigten, wurden vor jeder Wache eine Reihe Flintenschüsse gelöst, welches in der stillen Nacht derartig durch die Straßen schallte, daß auch der festeste Schläfer aus den Federn emporfuhr, um ans Fenster zu eilen und den näheren Auskünften der Nachtwächter zu lauschen. Diese nämlich bestimmte der Dienst, sich schleunigst nach dem Orte des Brandes zu erkundigen und nun durch ihre Reviere zu laufen mit dem Rufe in plattdeutscher Sprache: „Füa! Füa! In de un de Straat." Wußten sie die Straße noch nicht, so riefen sie nur dreimal „Füer". Doch hiermit war des Lärmens noch nicht genug. Die Trommelschläger der Bürgergarde rannten, den Generalmarsch schlagend, durch ihre Distrikte, um die zum Machtdienst verpflichtete Mannschaft auf den Alarmplatz zu rufen; die Feuerleute, der wachthabende Teil der Spritzenmannschaft nämlich, welche allnächtlich in langen roten Mänteln, mit einem Horn über der Schulter und mit eisenbeschlagener Lanze versehen, mit der sie regelmäßig im Takt auf das Straßenpflaster stießen, um ihre Wachsamkeit anzudeuten, zu zweien durch die Gassen patrouillierten, bliesen erbarmungslos in ihre Ochsenhörner, um die Kollegen zu alarmieren; und Kavallerie galoppierte vom Orte des Feuers nach dem Rathause fortwährend hin und her, um Rapport abzustatten, denn während einer Feuersbrunst mußte ein Teil des Senats daselbst versammelt sein. Hierzu kam nun noch das Rollen der Spritzen, welche, von ihrer Bedienstmannschaft gezogen, von allen Stadtteilen zum Feuer eilten, sowie das dumpfe Getöse der durch die Straßen jagenden Koopen – große durch Pferde gezogene Wasserwagen, die vorn ein leeres Faß, hinten eine mit Wasser gefüllte Tonne trugen und die Spritzen mit Wasser versorgten. – Man kann sich denken, daß bei diesen umfassenden Alarmmitteln eine Feuersbrunst, besonders in der Nacht, etwas sehr Aufregendes hatte, und wenn dieselbe nicht schon zu weit vorgerückt war, so lief alles, was Lust und freie Zeit dazu hatte, hin, sich das grausige Schauspiel anzusehen. – Das damalige Spritzen- und Retterkorps mochte etwa 500 bis 600 Mann zählen und unterschied sich in Spritzenleute, welche die Land- und solche, welche die Wasserspritzen, in Schuten befindlich, um die Kanäle zu befahren, bedienten. Sie bestanden aus Leuten der arbeitenden Klasse, die neben ihrem Geschäft diesen Staatsdienst „Bahntje" betrieben. Sie trugen lange weiße Leinwandkittel und dicke helle lederne Hüte, deren großer Rand, vorn aufgeschlagen, ein gemaltes Feuer und die Spritzennummer trug. Die Wasserspritzenmannschaft war dagegen mit klei-

Heinrich Jessen, Spritzenleute – Hamburger Feuerwehr, Lithographie 1843

Brandkatastrophen hatten Hamburg schon 1284, 1606 und 1615 heimgesucht, dennoch kannte die Stadt keine Berufsfeuerwehr, sondern nur Freiwillige, bestehend aus den Mitgliedern des Stadtmilitärs, der Bürgerwache und einigen Handwerkern, die sich aber beim Großen Brand 1842 als hilflos erwiesen. Lehren wurden daraus nicht gezogen. Erst 1872 – zwanzig Jahre nach Berlin – bekam Hamburg eine Berufsfeuerwehr.

neren schwarzledernen Hüten versehen. Das Retterkorps hatte schwarze Blusen, schwarze Kappen und war ausgerüstet mit den zum Retten nötigen Werkzeugen, zum Beispiel Tauen, Winden, Haken und Beilen und unterschied sich in Menschen- und Mobilienretter. Die Feuersbrünste wurden bald Aufläufe, bald Glockenfeuer benannt, je nachdem die Flammen gleich beim Entstehen wieder gelöscht waren oder nach außen durchbrachen und alsdann zum Anziehen der Sturmglocken Veranlassung gaben. Die drei zuerst auf dem Platze erscheinenden Spritzen erhielten, um den Eifer anzuspornen, Prämien. Jede Spritze hatte eine Nebenspritze, Zubringer genannt, welche von dem großen Faß der Koope oder direkt vom Fleet etc. aus der Hauptspritze das Wasser durch lange Schläuche zuführte; und die Bedienungsmannschaft einer jeden Spritze wurde durch einen Kommandeur, mit rotem Stabe, und einen Rohrleiter befehligt. Es war ein grausiges, aber interessantes Schauspiel, dem Wirken dieser Leute zuzusehen, wenn überhaupt die Lage ein solches Zusehen möglich machte.

Man denke sich ein oder mehrere in Flammen stehende Gebäude, vielleicht Warenspeicher, aus deren Fenstern das entfesselte Element mit wilder Gier emporleckt und, durch die verschiedenen Brennstoffe überreichlich genährt, in mannigfachem Wechsel die Farbe ändert, während, je nachdem der Luftzug stärker oder schwächer hinzutritt, bald in Tageshelle die umliegenden Häuser und Gestalten aufleuchten, bald wieder schwarzer Ruß und Qualm die blutrote Glut einhüllt und unheimliche dunkle Schatten umherwirft. Die Hitze ist bereits so intensiv, daß die hineingesandten Wasserstrahlen verdampfen, ehe sie den Herd des Feuers erreichen und, wenn dies geschieht, nur ein stärkeres Prasseln und wütenderes Emporfahren der Flammen bewirken. Blutrot sind die vorüberziehenden Wolken angestrahlt, blutrot wirft die umliegende Häusermasse den Feuerschein zurück, und dichte Schwärme leuchtender Funken sprühen in den schwarzen Nachthimmel hinaus. Daneben das dumpfe, unheimliche Getöse vieler angestrengt Arbeitender, durchzuckt vom Angst- oder lautem Kommandorufe. Das ist ein furchtbar schönes Bild, welches man mit schauerlichem Entzücken betrachten würde, wenn nicht die Sorge, wie solcher Zerstörungswut Einhalt geschehen könne, jedes andere Gefühl unterdrückte. Doch die tapfere Spritzenmannschaft behält unverzagt ihre Kaltblütigkeit; längst schon hat der Oberspritzenmeister erkannt, daß an ein

Retten der brennenden Gebäude nebst ihrem Inhalt nicht zu denken ist, und um so energischer greift er das feindliche Element an seinen Umgrenzungen an, ihm keinen Fußbreit weiteren Fortschritts einräumend. Schaurig ist es zu sehen, wie die furchtlose Mannschaft, bald hellbestrahlt von der aufleuchtenden Lohe, bald tief und scharf sich von dem hellen Flammengewirbel abhebend, auf den anliegenden Häusern sichtbar wird und diese mit den Fluten überschwemmt, welche, in den allenthalben durch die Fenster hinaufgezogenen Wasserschläuchen nach oben getrieben, im dicken Strahl dem Rohr entströmen und Dächer, Rinnen und Mauern vor jedem Weitergreifen der Flamme bewahren. Unerschrocken dirigiert der Rohrleiter seinen Wasserstrahl bald hie-, bald dorthin und wechselt, wenn der Hitze nicht länger zu widerstehen, mit einem Kameraden, welches alles nach dem Oberbefehl des Kommandierenden ausgeführt wird. Hin und wieder sieht man eine Mauer mit furchtbarem Krachen zusammenstürzen, und eine momentan lautlose Stille tritt ein, wenn nun die Flammen, aus dem Krater mit erneuerter Wut emporgeschleudert, alles ringsum in einen Funkenregen einhüllen. Doch endlich verringert sich die Brunst; man hat das Feuer in der Macht, die Glockenschläge der Türme nehmen in raschem Maße ab, und die Löschmannschaften können sich abwechselnd eine Erholung gönnen. Endlich kann ein Teil der Spritzen abkommandiert werden, und nur so viele bleiben zurück, als zum gänzlichen Löschen des Brandes notwendig ist, was aber oft noch tagelang dauert.

So großartig und erregend eine solche Feuersbrunst anzusehen ist, so trübe und traurig nimmt sich der Schauplatz am anderen Morgen aus. Die Straße ist wohl noch mit Polizeimannschaft, wenn nötig auch noch mit einem Wachtposten der Bürgergarde, besetzt, aber man darf doch vorübergehend die grausigen Trümmer betrachten. Ein höchst eigentümlicher Brandgeruch beherrscht die ganze Umgegend; hinter den stehengebliebenen, angeschwärzten Mauern aber sieht man ein trübes, widerliches Chaos von schwarzen noch schwelenden Balken und Mauergerümpel, dem ein graublauer Qualm entsteigt und aus dessen Trümmern hin und wieder noch eine Flamme emporzüngelt, um sogleich durch einen wohlgezielten Wasserstrahl zur Ruhe verwiesen zu werden. Dann und wann erschallt noch der Kommandoruf: „Nummer twee“ oder „Nummer dree, giv' Water“, und träge greift die Mannschaft zum Spritzenschaft und das eintönige

Arbeiten der Pumpenden erschallt; die meisten Leute aber hocken schläfrig auf ihrer Spritze oder besuchen einen benachbarten Krügerkeller, sich nach den Anstrengungen der Nacht zu erholen. Alles sieht müde, schaurig und schmutzig aus; wie schlüpfrige Schlangen liegen die Zubringerschläuche über dem Straßenpflaster, und ringsum trieft und sickert eine schmutzige Wasserlache und verwandelt die Rinnsteine in kleine Bäche. – Ich erinnere mich noch als einer der bedeutendsten Feuersbrünste damaliger Zeit derjenigen, welche im Winter an einem Sonntage in den Gebäuden von Vogelsang in der Brandstwiete ausbrach, wie sich später zeigte, durch absichtliches Anlegen entstanden. Wir waren bei meinem Großpapa im Jungfernstieg und sahen diesem furchtbaren Brande, der am späten Abend seine größte Ausdehnung erlangte, vom Bodenfenster aus zu, wie die emporsprühende Lohe den ganzen Himmel rot färbte und die mit Schnee beladenen Dächer in taghellem Schein erglänzen ließ. Am anderen Morgen war auf den Straßen der Schnee mit schwarzen Punkten, verkohltem Getreide, dicht besät, und drei volle Wochen dauerte es, ehe die ungeheure Brandstätte zu glühen und später zu rauchen gänzlich aufhörte. Bei einem solchen Glockenfeuer, wenn auch von geringerer Bedeutung, auf den ersten Vorsetzen verlor leider der Oberspritzenmeister J. G. Repsold, ein höchst geschickter, intelligenter, allgemein geachteter und beliebter Mann, sein Leben, zur größten Trauer seiner Mitbürger und besonders seiner in Liebe, ja in wahrem Enthusiasmus ihm ergebenen Mannschaft. Wir waren an einem Donnerstagabend* gerade bei meinem Onkel Hermann auf den Vorsetzen im Familienclub versammelt, als das Feuer ausbrach, und ich weiß noch sehr gut mich zu erinnern, mit welcher Trauer die Schreckensbotschaft uns erfüllte: soeben sei der Spritzenmeister Repsold erschlagen. – Er war in Begleitung seines, ihm später im Amte folgenden, Sohnes und des Spritzenmeisters Bieber, wahrscheinlich um die Mannschaft vor der Gefahr zu warnen, vor dem brennenden Hause vorübergeschritten, als der Giebel desselben nach vorn herunterstürzte und ihn erschlug, während seine beiden Begleiter glücklich davonkamen. Sein Leichenbegängnis war großartig zu nennen. Das sämtliche Lösch- und Retterpersonal folgte da-

* Am 14. Januar 1830.

bei; die Hälfte der Spritzenmannschaft in ihren weißen Kitteln, die andere Hälfte in ihrem Feuerwachtkostüm, blutrote Mäntel sowie ein unzähliges Gefolge von Kutschen mit den Honoratioren, leidtragenden Freunden und Familienmitgliedem. Repsold war nicht nur, wie auch später sein Sohn, ein weit und breit berühmter Mechaniker und Optiker, ein durch und durch genialer Mann, der sich um das Löschwesen in Hamburg, welches damals als Muster berühmt war, die größten Verdienste erworben hat, ja wohl eigentlich der wahre Gründer desselben war, sondern auch zugleich ein Biedermann und echter Patriot, ziemlich rauh und derb seinem äußeren Wesen nach, aber zuverlässig, stets mit Rat und Hilfe bereit. Mein Vater erzählte gern, wie geachtet Repsold in der Patriotischen Gesellschaft als Mitglied derselben gewesen sei, obgleich immer derb und nonchalant in seinem äußeren Vorkommen. Einmal hatte er beim Vorzeigen eines mechanischen Modells die Hände beschmutzt, und als einer der Herren ihm sein Schnupftuch zum Abwischen derselben anbot, hatte er geantwortet: „Ah wat! Dat hev ick all lang in de Büx wischt."** – Sein wohlverdientes Denkmal steht wie bekannt beim Millerntor vor der ebenfalls von ihm gegründeten Sternwarte.

Nach der vorhin geschilderten Bürgergarde kann ich nicht unterlassen, auch noch des alten ehrwürdigen Nachtwächterkorps zu erwähnen. Die diesem Korps Angehörigen betrieben, ähnlich den Spritzenleuten, nebenbei ihre verschiedenen Gewerbe und dienten zunächst als nächtliche Polizeimannschaft, weshalb sie auch unter der Autorität des Polizeiherrn standen. Sie waren vollkommen militärisch organisiert und equipiert, hatten als Montur blaue Röcke mit roten Aufschlägen, graue Hosen mit rotem Streif, weiße Kreuzbandeliers und große, zweikantige Hüte mit Feder, und bezogen mit Gewehr und Degen regelmäßig ihre Wache auf dem Pferdemarkt. Des Nachts aber, wo der eigentliche Dienst begann, waren sie in lange blaue Mäntel gehüllt, hatten warme Pelzmützen auf, waren bewaffnet mit langen Lanzen, und an ihrem Gürtel trugen sie einen Degen sowie die altbekannte Nachtwächterschnurre. Alle halbe Stunde mußten sie ihr Straßenrevier abpatrouillieren und, nach vorhergegangenem Schnurren, die

** „Ach was! Das hab ich längst an der Hose abgewischt."

Heinrich Jessen, Ein Nachtwächter in seiner Dienstkleidung, Lithographie 1847

In der Jugend von Berend Goos patrouillierten dreihundert Nachtwächter durch die Straßen Hamburgs, ausgerüstet mit Pike, Säbel und einer Ratsche. Da sie Unannehmlichkeiten möglichst aus dem Weg gingen und sich bei schlechtem Wetter gern in Kellerlöchern und Mauerwinkeln verkrochen, bekamen sie den Spitznamen „Uhl“ (Eule), woraus später die Bezeichnung „Udl“ für den Polizisten wurde. Das im 17. Jahrhundert gegründete Nachtwächterkorps wurde 1852 aufgelöst und die „Uhlen“ durch die „Udls“ ersetzt.

Zeit abrufen in plattdeutscher Sprache, zum Beispiel „De Klock het elben slagen, elben is de Klock“, oder, wenn Feuer ausbrach, den Ort desselben melden, wobei dann aber die Schnurre ungleich lebhafter und andauernder erscholl. Daß diese treuen Wächter der Stadt mitunter ihren Dienst nicht zu pünktlich vollführten, sich wohl mal aus den benachbarten Revieren zusammenfanden und auf einer einladenden Kellertreppe ihre Abenteuer mitteilten oder auch daselbst ein unschuldiges Schläfchen riskierten und sich von naseweisen Buben ihre Lanzen stehlen ließen, soll auch mitunter vorgekommen sein. Es wurde erzählt, daß ein Spaßvogel einigen schlafenden Nachtwächtern die Lanzen genommen und auf einer benachbarten Schmiede die Spitzen derselben zusammengeschmiedet, sie dann aber wieder neben die Fortträumenden hingelegt habe. Was mögen die beim Erwachen für Gesichter gemacht haben? – Schlimmer noch war es, wenn sie sich durch Verlassen ihrer Posten kleine Nebeneinnahmen zu verschaffen suchten, indem sie verspäteten Nachtschwärmern beim Auffinden ihrer Wohnung behilflich waren oder Fremde zu ihren oft weit abgelegenen Hotels führten und sich den Dank dafür in klingender Münze erbaten. So erzählte mein Vater, daß dem früheren Polizeiherrn, Senator Abendroth, wenn ich nicht irre, einst zu Ohren kam, daß das eben erwähnte Unwesen der Nachtwächter, auf Kosten ihrer Dienstpflicht sich dem Fremdenführeramt zu widmen, sehr im Schwunge sei und er deshalb beschloß, als ein zweiter Harun Al Raschid sich persönlich von der Wahrheit solcher Aussagen zu überzeugen. Er legt also ein ihn vor Erkennen schützendes Gewand an und redet, als fingierter Franzose, einen ihm begegnenden Nachtwächter an: „Ah! Mein liebe Freund, saggen er mir, wie ich komme ßu meine Hotel, Alte Stadt London.“ – „Je, min goode Herr, dat is wiet von hier, aber wenn't den Herrn nich op'n Dringeld ankümmt, so künn ick ihnen ja licht henwiesen.“* – „Ah! – charmant“, sagt der Franzose, „ick werde gebben Ihnen ein guter Douceur vor das.“ – Nun, die beiden ziehen ab und unser Nachtwächter, nachdem er sein Geld empfangen, bedankt sich und wünscht „Wollslapen Nacht“. Am nächsten Tage jedoch wird er vor den Polizeiherrn zitiert und scharf inquiriert: „Seg mal, Petersen, is dat

* „Ja, mein guter Herr, das ist weit von hier, aber wenn es dem Herrn nicht auf ein Trinkgeld ankommt, so könnte ich Ihnen das ja leicht zeigen.“

wahr, dat Du des Nachts dienen Posten verlätst?" – „Ick – minen Posten verlaten? Ne, wohlweiser Herr, de dat segt, de lügt dat gottslästerlich." – „Petersen!", fährt Abendroth auf, „nimm di wahr, wat du segst – heft du nich güstern Abend um halbig twolf en Fremden na de olle Stadt London brögt?" – Dem Wächter wird's doch schwül bei der Sache, er dreht seine Mütze verzweiflungsvoll zwischen den Händen und nimmt einen höchst weinerlichen Ton an: „Du leber Gott ja, dat is dat ene Mal west, aber wohlweiser Herr, – dat wör, – nehm'n Se't nich öbel, – so'n besap'nes Swin, de künn nich op sien Beenen stahn un dat wör nich mehr als Christ'nplicht, dat'ck den to Hus bröcht."*

Den Nachtwächtern lag es auch ob, unverschlossene Haustüren den Hausbewohnern zur Anzeige zu bringen; auch übernahmen sie gern gegen eine Vergütung das Weckeramt, wenn Leute ungewöhnlich früh aufzustehen gedachten, und bei Wächtern auf dem Lande mochte ihre Wirksamkeit sich noch viel weiter in die häuslichen Angelegenheiten erstrecken. So pflegte mein Vater zu erzählen – während die Eltern vor Altona an der Pinneberger Landstraße, später Holstenstraße genannt, wohnten –, bei ihnen führten noch die Gnomen und Heinzelmännchen ihr wohltätiges Wesen: Man brauche zum Beispiel ein Paar defekte Schuhe oder Stiefel nur des Abends vor die Haustür zu stellen, um sie anderen Morgens auf derselben Stelle besohlt oder ausgebessert wiederzufinden. Dies Rätsel fand darin seine Lösung, daß der diensttuende Nachtwächter zugleich Schuhflicker war, der die defekte Fußbekleidung mit nach Hause nahm und sie in der folgenden Nacht fertig wieder an denselben Ort setzte.

Beim Jahreswechsel pflegten auch die Nachtwächter in diejenigen Häuser, in denen eine Gesellschaft versammelt war, zu treten, um sich für ihren Neujahrswunsch ein Trinkgeld zu verdienen; man ließ einen solchen Gratulanten denn auch wohl um die Tafel schreiten und laut die letzte Stunde des Jahres abrufen.

*„Sag mal, Petersen, ist das wahr, daß du nachts deinen Posten verläßt?" — „Ich – meinen Posten verlassen? Nein, wohlweiser Herr, wer das sagt, der lügt gotteslästerlich." — „Petersen! Gib acht, was du sagst; hast du nicht gestern Abend um halb zwölf einen Fremden zur Alten Stadt London gebracht?" — „Du lieber Gott ja, das ist das eine Mal gewesen, wohlweiser Herr, – das war – nehmen Sie's nicht übel – so ein besoffenes Schwein, und das war nicht mehr als Christenpflicht, daß ich den nach Hause gebracht habe."

Es gab in Hamburg früher bekanntlich noch mancherlei solcher Institutionen und Gesellschaften, zum Beispiel die Reitenden Diener, die Krahnführer und andere, doch sind das Dinge, die jedermann in alten, speziell mit Hamburgensien sich befassenden Schriften nachlesen kann und welche für unsere Familienangelegenheiten weiter keinen Wert oder Einfluß haben; doch will ich hier nur noch kurz die Sitte erwähnen, daß die Kunstreitergesellschaften, welche sich damals in Hamburg aufhielten, durch große, oft sehr pomphaft luxuriöse Aufzüge das Publikum auf ihre Gegenwart aufmerksam machten. Einst war ein Maler beschäftigt, über einem Fenster oben am Hause ein Schild, Namen oder dergleichen zu malen, und hatte, da die Arbeit von kurzer Dauer war, ein einfaches Brett hinausgelegt, auf dessen inwendigem Ende, zur Haltung des Gleichgewichtes, der Lehrbursche plaziert war. Da hört man plötzlich einen Kunstreiteraufzug die Straße heraufkommen und der sehr kunstliebende Bursche, alles vergessend, schreit voller Aufregung: „O Gott, de Kunstriders kamt!“ – springt von seinem Brett und eilt die Treppe hinunter auf die Straße. Hier trifft er natürlich seinen Meister an, der glücklicherweise beim Sturze unbeschädigt geblieben todeserschrocken dasteht und sich stöhnend die Glieder reibt. „Herr Je di“, ruft der Bursche, „is de Meister ock all dar?“

In früherer Zeit waren ferner die jährlichen Umzüge der Waisenkinder, welche bis zu dem großen Brande in dem damaligen Waisenhause in der Admiralitätstraße – dem jetzigen Rathaus – ihre Wohnstätte hatten, auch noch viel bedeutender als jetzt, und wir waren an solchem Tage in dem Hause meines Großvaters, woselbst der Zug vorbeikam, um die Schillinge unter den Büchsenknaben zu verteilen. Diese liefen in ziemlicher Anzahl zu beiden Seiten des Zuges einher, den Kopf schmückte ein künstlicher Eichenlaubkranz, der durch ein grünes Kreuzband festgehalten wurde, und ihre an einem langen roten Stabe hängenden Büchsen hielten sie im Vorbeischreiten den vor jeder Haustür zahlreich versammelten spendenden Händen entgegen, mit dem bekannten Anruf: „Beleben Se de Armen to bedenken; ock eenen in de Hand to schenken? Gott's Lohn wegen de Arm'n.“

[9]

Allerlei Belustigungen

Als ich etwa zwölf Jahre zählte, hatten wir einen größeren Bau an unserem Hause in der Poolstraße, auf welches noch eine Etage und ein neuer Boden gesetzt werden sollten, und dabei kam ich natürlich mit einer Menge Handwerker in Berührung, mochte sie gern in ihren verschiedenen Hantierungen beobachten, wurde aber auch dadurch mehr von meinen Schularbeiten abgehalten, als für meine Ausbildung wünschenswert war. – Unter diesen Leuten schloß ich eine besondere Freundschaft mit dem Maurerparlier Nicolaus Jürgensen, einem geborenen Schleswiger, der sich durch seine mannigfachen Geschicklichkeiten und sein gefälliges Wesen so sehr die Gunst meiner Eltern, namentlich meiner Mutter, erwarb, daß er später, als er sein Handwerk, ich weiß nicht aus welchem Grunde, verließ, von uns in Dienst genommen wurde und allmählich vom Hausknecht bis zu einem sogenannten Faktotum stieg, als welches er sich durch seine freilich ausgezeichneten Eigenschaften fast unentbehrlich zu machen verstand und allmählich das volle Vertrauen meiner Mutter gewann, die ihm nur leider mehr Freiheiten und Vergünstigungen einräumte, als mit seiner Stellung vereinbar waren. Damit soll übrigens nicht gesagt sein, daß er diese Vergünstigungen mißbrauchte. Sein Bestreben, solange er bei uns blieb, war stets, sich so nützlich als möglich zu machen, und hinsichtlich seiner verschiedenen Kunstfertigkeiten war er unerschöpflich. Er konnte drechseln, tischlern, pappen und tapezieren, verstand mit Gartenarbeiten umzugehen, noch besser mit Pferden, und ritt und fuhr vortrefflich. Und alle Aufgaben, denen er sich unterzog, wußte er auch mit großer Zuverlässigkeit auszuführen, wußte für alles Rat und kannte keine Schwierigkeiten. Daher kam es, daß er sich bei jedermann in Gunst setzte und also auch mein bester Freund wurde. – Ich hatte zu Pfingsten ein Lamm zum Geschenk erhalten, und es währte nicht lange, so hatte er mir ein Geschirr für dasselbe angefertigt und eine Kloppdeichsel, so daß ich dasselbe an einen kleinen Wagen spannen und damit im Garten umherkutschieren konnte. Dies reichte jedoch bald nicht mehr aus; statt des Lammes erhielt ich durch seine Vermittlung einen großen, kräftigen, hörnerlosen Ziegenbock nebst sehr vollständigem Geschirr, welcher schon eingefahren war und recht gut zwei leichte Personen ziehen konnte. Jürgensen machte sich alsbald daran, im Torfschauer einen Stall herzurichten und einen größeren Wagen zu verfertigen. Die Räder wurden natürlich vom Rademacher geliefert, weil ihm das dazu nötige Werkzeug fehlte, und bald war alles so gut im Stande, daß ich Mutter oder Schwester im Garten spazierenfahren konnte, und jede freie Zeit, die ich zu erübrigen vermochte, war natürlich dem Fuhrwesen gewidmet. Meinem Vater machte dieses geniale Fuhrwerk ebenfalls vielen Spaß, und selten wohl fand sich ein so großes kräftiges Tier, welches zugleich so vortrefflich eingefahren war und in seiner Willfährigkeit einem kleinen Pferde gleichkam. Unser Garten war ja so groß, daß er Raum genug zum Fahren bot, und da ging es denn an der einen Seite im Galopp hinunter und auf der anderen wieder im Schritt zurück, denn zum eigentlichen Traben sind die Ziegen nicht geschaffen, der Schritt ist ihr natürlicher Gang, beim schnelleren Tempo fallen sie gleich in den Galopp.

Mein Fuhrwesen wurde nun noch, durch Jürgensens unerschöpfliches Genie, vielfach vervollkommnet, und als der nächste Winter anhaltenden Frost nach starkem Schneefall brachte, baute er sogar einen ganz artigen Schlitten mit einer Pritsche hintenan, und nun konnte ich unter Schellengeläut und Peitschenknall die Damen im Schlitten fahren. Und noch weiter wurde dies Wintervergnügen ausgeführt; mit meinem Ziegenfuhrwerk schaffte ich den größten Teil des Schnees von den Grasplätzen nach dem großen vorderen Beete, woselbst nach Jürgensens Anleitung ein etwa acht Fuß hoher, glockenförmiger Schneeberg aufgeführt ward, welchen wir dann, nachdem er sich beim stattfindenden Tauwetter gesetzt hatte, von innen aushöhlten, wodurch ein Schnee- oder Eishaus entstand, in dem etwa drei bis vier Personen Raum hatten. Den Eingang ließen wir so schmal und niedrig wie möglich und schlossen ihn durch eine vorgehängte Bastmatte. Durch Besprengen mit Wasser und Anhäufen des Schnees an die äußeren Wände wurde dieses Häuslein, da das Frostwetter später sehr lange anhielt, so fest, daß wir es wochenlang erhalten konnten und nun abends mit Licht darin saßen und Gäste empfingen, wodurch so viel Wärme entwickelt wurde, daß die glitzernden Schneewände zu schwitzen anfingen und so durch das spätere Gefrieren sich immer mehr verhärteten. Vor dem Hause hatten wir einen kolossalen Schneemann postiert, der sich mit seinem langen Stabe, steinkohlschwarzen Augen und Pfeife im Munde gar stattlich ausnahm.

Der Winter kam uns dabei vortrefflich zustatten, denn ein so anhaltendes Frostwetter wie im Jahre 1829 habe ich seitdem nicht wieder erlebt. Das Eis in der Elbe, über welches die schwersten Frachtfuhren transportiert wurden, stand gerade hundert Tage, also über ein Vierteljahr, und als es dann endlich zum Bruch kam, unter donnerähnlichem Getöse, zog dies freudige Ereignis unzählige Zuschauer herbei. Auch an Schlittschuhlaufen wurde den Winter über was Ehrliches geleistet, und auch darin war Jürgensen ein Meister. Ich hatte schon früher, bei Lebzeiten meines Großvaters, diese herrliche Winterbelustigung unter Anleitung des Bedienten Heinrich Ohnesorgen erlernt. Es war damals vorzüglich die Binnenalster, welche von den Schlittschuhläufern benutzt wurde, und dieselbe war ja dicht vor dem Hause meines Großvaters.

Wenn im trüben Spätherbst unter den schweren, tief liegenden Nebelwolken die Natur uns so dunstig und schmutzig entgegentritt, uns die ganze Gegend trauernd, grau in grau, lange Zeit hindurch vorgeführt worden ist und nun ein lebhafter Frost eintritt und nach gefallenem Schnee der blaue Himmel freundlich herniederblickt, so erscheint alles so rein, so jungfräulich und sauber, und wir werden unwillkürlich hinausgetrieben, um uns an dem neuerstandenen Bilde zu ergötzen; welch ein heiterer, erregender Anblick war es, wenn wir nach so erschienenem Frostwetter am Sonntage bei meinem Großvater ankamen und nun die erstarrte, weißglitzernde Fläche der Alster übersät mit Schlittschuhläufern vor uns sahen! Da ließ es denn auch mich nicht lange daheim. Gerade vor dem Hause, etwa fünfzig bis sechzig Schritt vom Ufer entfernt, stand Ohlmeyers Zelt, umgeben von einer Menge kleiner Handschlitten. Von diesem Zelte ging eine breite Bahn im großen Bogen am Neuen Jungfernstieg vorbei bis an die nördliche Ecke der Alster. Dieser Ohlmeyer war Amtsfischer und hatte nebenbei das Privilegium, die Eisvergnügungen zu seinem Nutzen auszubeuten, das heißt sein Zelt zu errichten, in welchem erwärmende Getränke verabreicht wurden, Schlitten und Schlittschuhe zu vermieten, Bahngeld einzufordern; aber auch die Verpflichtung, für die Sicherheit des Publikums zu sorgen. Schiffe gab es zu der Zeit auf der Alster noch nicht, namentlich keine Dampfschiffe, daher die Bildung der Eisdecke ungestört vor sich gehen konnte und die Glätte des Eises nichts zu wünschen übrig ließ. Die Strömung, die etwa das Eis unsicher machen konnte, ging direkt von der Lombardsbrücke der ganz südlichen Ecke zu, woselbst damals, etwa wo jetzt die nördliche Ecke der Berg- und Hermannstraße ist, die Wassermühlen mit großen unförmlichen Rädern sich befanden.

Auf der Außenalster lief man ebenfalls Schlittschuh, dieselbe wurde aber auch zugleich von Schlitten mit Pferden befahren, wenn es die Stärke des Eises gestattete, hier war dem Vergnügen natürlich ein viel größerer Spielraum gestattet. So lange kein Schneefall eingetreten war, lief man die kreuz und quer, später wurde auch hier Bahn gefegt von den Bauern, und dann war das Endziel Winterhude. Die Uhlenhorst war damals nichts weiter als eine große Wiesenfläche, hier und da ein Bauerngehöft zeigend, welche, nur wenig die normale Wasserhöhe überragend und im Winter zu einem großen Teil von der Alster überflutet, die Eisfläche sehr erweiterte, so daß man direkt bis an den Garten des Winterhuder Wirtshauses laufen konnte und von hier aus, ohne die Schlittschuhe abzulegen, von hinten ins Haus gelangte, ja sogar in dessen oberes Stockwerk, woselbst ein größerer Saal vorhanden war, und sich nun bei Eierwein, Punsch oder Kaffee erlabte, während vor dem Garten ein Gedränge von Schlitten, Schlittschuhläufern und ländlichen Zuschauern im bunten Wirrwarr sich entfaltete. – Wenn während eines längeren Frostes das Wasser fiel, so bildeten sich in der zurückbleibenden Eisdecke, soweit die Wiesen sich erstreckten, Hügel und Täler, je nachdem Wälle oder Gräben vorhanden waren, und boten so den geschickten Läufern eine besondere Abwechslung dar. Das war nun ein Vergnügen der reinsten und gesundesten Art, so dahinzusausen über die spiegelglatte Fläche, mit den Schlitten in die Wette, und sich in der heiteren, nervenstärkenden Luft zu erfrischen, und wenn man dann mit roten Nasen und noch röteren Backen zu Hause wieder anlangte, wie schmeckte da das Essen!

Dieses Vergnügen ist der gegenwärtigen Hamburger Jugend zum großen Teil genommen, denn auch hier hat der alles beherrschende Dampf und die Industrie durch die Alsterdampfboote dafür gesorgt, daß nur höchst selten eine glatte Schlittschuhbahn zustande kommt.

Daß ich nun, unter Jürgensens Aufsicht, diese Winterfreuden, so oft sich's tun ließ, zur vollen Genüge genoß, versteht sich von selbst, und auch hierin wurde ich von meinem Vater, der früher selbst ein Schlittschuhläufer gewesen, reichlich animiert. Wir legten auch wohl hinten in unserem Garten durch Ausgießen von unzähligen Eimern Wasser eine künstliche Eisbahn an, um des Abends nach der Schulzeit mich im Schlittschuhlaufen vervollkommnen zu können.

Ich könnte noch gar mancherlei von meinen Jugendbelustigungen anführen, jedoch wird sich im weiteren Verlauf meiner Aufzeichnungen noch genug der Art nachtragen lassen. Mein Ziegenbock und Fuhrwerk spielten bis jetzt darin eine Hauptrolle, und was ich in Vervollkommnung des letzteren alles, mit Hilfe meines Freundes Jürgensen, ausheckte, ging ins Weite. Der Ziegenbock wurde Liebling der ganzen Familie und gehörig gepflegt, morgens und abends erhielt er seine Haferration, und besonderes Vergnügen machte es mir, wenn ich an Winterabenden mit meiner Stallaterne hinunter nach dem Stalle ging, um ihn zu füttern. Auch hatte meine Mutter, welche ganz besondere Liebhaberei für das vortreffliche Tier zeigte, ihm eine wollene Decke genäht, die ihn nachts vor der Kälte schützte. Zur Winterszeit ließ ich ihn oft im Garten frei umherlaufen und ergötzte mich an seinen Sprüngen. Er setzte mit Leichtigkeit über Barrieren, welche an Höhe seine eigene bei weitem übertrafen. Es ließ sich überhaupt alles Mögliche mit dem Tier aufstellen.

Ich war von jeher ein großer Freund von Tieren und hatte schon oftmals meine Eltern gebeten, mir einen Hund zu schenken, doch davon wollten sie nichts wissen, bis mir denn einmal ein Schulkollege ein kleines junges unerzogenes Tier, leider eine Hündin, schenkte; aber lange ertrug meine stets auf Ordnung und Reinlichkeit haltende Mutter nicht die damit verknüpften Unannehmlichkeiten; der gute Deuteloff, der Schenker dieses Zankapfels, mußte seine Hündin wiedernehmen. Mein Jammer darüber war groß, so daß endlich mein Vater sich entschloß, an seinen Bruder, meinen Onkel in Friedrichstadt, zu schreiben, welches letztere als ein

Zuchtort von hübschen, manierlichen Hunden von ihm gerühmt wurde, und zu bitten, für mich ein wohlerzogenes Exemplar von daher zu schikken. Bald darauf antwortete mein Onkel, daß er ein sehr niedliches Hündchen aufgetrieben habe; „er ist sehr gut erzogen", schrieb er, „und geht an der Leine wie ein Püppchen", welches uns zu der Meinung veranlaßte, er könne am Ende auf den Hinterbeinen aufrecht marschieren. Darin hatten wir uns nun freilich geirrt, doch als nach Tagen ein Schiffer einen kleinen dunkelbraunen allerliebsten Terrier ins Haus brachte, welchen wir Telly nannten, übertraf derselbe in seiner Zutraulichkeit und Wohlerzogenheit unsere Erwartungen, so daß er bald allermanns Freund und namentlich der Liebling meiner Mutter wurde. Meine Freude darüber war grenzenlos, und bald wurden wir die innigsten Freunde. Leider starb er mir nach etwa anderthalb Jahren, und zwar wahrscheinlich durch Gift, welches ihm in einem benachbarten Garten gelegt sein mochte, in welchen er häufig, ein unversöhnlicher Feind der Katzen, dieselben verfolgt hatte. War meine Freude über den Hund groß, so war die Trauer bei seinem Tode noch größer, und wochenlang konnte ich nicht, ohne Tränen zu vergießen, bei seinem Begräbnisplatz, hinten im Garten, vorübergehen. Das ging meiner Mutter denn sehr nahe und sie entschloß sich, mir einen Nachfolger meines treuen Freundes zu verschaffen.

In Dockenhuden hatte ich einen dort geborenen Hund aufgezogen, der mir großes Vergnügen gewährte und sich durch Anhänglichkeit und Klugheit auszeichnete. Derselbe wußte immer genau den Tag, an dem wir mit meinem Großvater auf der Borst anlangten; er setzte sich an jedem Freitag, einige Zeit vor unserer Ankunft, mitten auf den Weg vor der Haustür und schaute unverwandten Blickes den Fahrweg hinauf, von wo unser Wagen erscheinen mußte, und wenn er ihn zu Gesicht bekam, sprang er uns schwänzelnd und freudebellend entgegen. – So fuhr ich denn mit Jürgensen eines Sonntags, auf Anstiften meiner Mutter, nach der Borst hinaus, um den jetzigen Besitzer desselben, Herrn Dr. de Voß, zu vermögen, mir den Bello, den er damals beim Verkauf mit erhalten, zu überlassen.

Als der alte Mann unseren Wunsch hörte und zugleich Augenzeuge der Freude des Hundes beim Wiedererkennen seines früheren Herrn war, zeigte er sich sogleich bereit, denselben zu erfüllen, ja er machte mir den Hund sogar zum Geschenk. – Glücklich war ich, glücklich mein Bello.

Doch die Anhänglichkeit an seinen früheren Wohnsitz machte auch bei ihm ihr Recht geltend, und da wir nicht Bedacht nahmen, ihn im Hause einzusperren, so war er nach zwei Tagen plötzlich verschwunden, und am nächsten Sonntag verfügte ich mich aufs neue zum Doktor de Voß, woselbst ich den Deserteur richtig antraf. Der Hund war sogleich bereit, mit zur Stadt zurückzukehren; doch nun geschah das Auffallende, daß er des Abends, wenn es ihm gelang, zur Tür hinauszukommen, nach Dockenhuden zurücklief, dagegen des Morgens regelmäßig von selbst wieder ankam und an unsere Haustür kratzte. Dies Wandern gab er erst nach zwei bis drei Wochen auf, von wo an er sich ganz als Städter fühlte.

Während des Brautstandes meiner Schwester Maria besuchte sie zwei Mal wöchentlich mein Schwager Linnich von Altona aus, und diese Abendbesuche waren auch mir immer sehr willkommen; sie brachten mancherlei Abwechslung, und bekanntlich sind Besuche Erwachsener den Kindern in der Familie immer sehr erwünscht, da sie gern an den vorkommenden Gesprächen teilnehmen, den vorgetragenen Erzählungen und Mitteilungen lauschen, ohne nötig zu haben für Unterhaltung der Gäste mitzuwirken, welche Selbstsucht ja auch häufig bei Erwachsenen noch angetroffen wird.

In dieser Zeit wurde mir nun auch, nach Eröffnung des damals vollendeten neuen Schauspielhauses in der Dammtorstraße, das längst ersehnte Vergnügen zuteil, einer Theateraufführung beizuwohnen. Linnich führte meine Schwester Maria in die damals noch neue Oper *Die weiße Frau**, und seine Schwester Sara, meine Mutter und ich waren Teilnehmer dieser Partie. Wir hatten eine Loge im dritten Rang, an der linken Seite des Theaters, und da ich bis jetzt nie ein solches besucht hatte, mir daher auch die Bühneneinrichtung völlig fremd war, so kann man sich denken, mit welcher gespannten Erwartung ich einen Ort betrat, an welchem ich mir nur Wunder und Herrlichkeiten vereinigt dachte und von welchem mir schon so viele Ergötzlichkeiten erzählt worden waren. So sehr mich nun auch die Größe und Pracht des Zuschauerraumes überwältigten, als wir in die Loge traten, und so sehr ich auch die Schönheit des Vorhanges bewun-

* „Die weiße Frau", Oper von Adrien Boieldieu (1825)

Peter Suhr, Die Dammtorstraße mit dem Stadttheater, Lithographie 1829

Das Stadttheater war ein Werk des Hamburger Architekten Carl Ludwig Wimmel (1786–1845) und wurde am 3. Mai 1827 mit Goethes *Egmont* eröffnet. Es bot 2800 Besuchern Platz. Im ersten Stock befand sich ein Konzertsaal, der auch für Kunstausstellungen genutzt werden konnte. Heute befindet sich an dieser Stelle die Staatsoper.

dern mußte, insofern wurde ich doch enttäuscht, als ich mit sicherer Überzeugung letzteren als feststehende Wand betrachtete und nun mich gar nicht mit dem niederschlagenden Gedanken vertragen konnte, daß alle mir geschilderten Herrlichkeiten von Rittergefechten, Aufzügen, ja auch nur Zusammenwirken weniger Personen auf dem kleinen Raum zwischen Proszeniumslampen und Vorhang, wo noch außerdem die Souffleurmuschel den Raum verengte, ausgeführt wurden; doch war ich klug genug, lieber zu schweigen und im ruhigen Abwarten mich durch die tatsächlichen Erfahrungen belehren zu lassen, als durch eine dumme Frage mich zu blamieren. Und wie wurde meine Geduld belohnt, als nun nach Beendigung der Ouvertüre der Vorhang emporschwebte! So zufriedenstellend hatte ich mir die Antwort doch nicht gedacht. Ich fühlte mich wahrhaft sinnenberauscht; und als nun erst das Spiel im vollen Gange war, der englische Offizier George Brown, welchen damals der als Sänger sowohl wie als Schauspieler so hochgefeierte Cornet darstellte, der durch seine Schönheit, Lebhaftigkeit und wundervolle Gestalt alles hinzureißen vermochte, auf der Bühne erschien, war's das erste, daß ich mich wahrhaft in ihn, sowie in seinen Beruf, verliebte und zur Überzeugung gelangte, nur der letztere würde mich für die Zukunft glücklich machen können.

Besonders die Szene im zweiten Akt, wo der George Brown auf das Erscheinen der weißen Dame wartet, seine Vorkehrungen für die Nachtwache betreibt und dann verlangend die schöne Arie: „O! komm, holde Dame etc." singt, versetzte mich in die höchste Spannung und Bewunderung.

Ich bin von jeher ein Enthusiast gewesen; alles, was auf meine Sinne und durch diese auf das Gemüt einen ungewohnten, tieferen Eindruck machte, konnte mich in wahre Begeisterung versetzen. Menschen, welche meine Sympathie und Bewunderung zu erregen vermochten, wurden mir zu Idealen, und selbst alltägliche Dinge und Spielereien, die mir besonders gefielen, erregten meine Begierde, sie zu besitzen so stark, daß ich zu ihrer Erlangung alle Mittel in Bewegung setzte. So zum Beispiel kann ich mich erinnern, daß ich meine Mutter, während unseres Baues, unermüdlich quälte, mir ein solches Schurzleder, wie es die Zimmerleute trugen, zu kaufen, weil ich ganz vernarrt darin war. Glücklicherweise ergriffen meine Eltern immer das richtige Mittel, mir solche törichten Wünsche auszutreiben, und als ich daher in den nächsten Tagen, in welchen *Die weiße Frau* es mir förmlich angetan hatte und das Erlebte mir Tag und Nacht nicht aus dem Gedächtnis kam, mit dem Wunsche hervortrat, nichts anderes als Schauspieler werden zu wollen, und Mutter bat, mir doch einen solchen Anzug, wie Cornet ihn getragen, machen zu lassen, brauchte ich für Spott nicht zu sorgen; und so verrauchten denn diese Gelüste auch bald wieder. Doch die Lust fürs Theater war nun einmal geweckt, und so wurde denn meinem Freunde Jürgensen die sehr angenehme Aufgabe zuteil, mich zuweilen an Sonntagen dahinzuführen. Ich machte mir ein Verzeichnis von denjenigen Stücken, welche als sehenswert empfohlen wurden, und lernte *Der Diamant des Geisterkönigs* von Raimund, *Die Kreuzfahrer* von Kotzebue sowie mehrere Opern als *Der Maurer, Oberon, Freischütz* etc. kennen; doch von allen diesen setzte mich wieder *Fra Diavolo** in höchste Begeisterung. – Der oben erwähnte Tenorist Cornet, dessen Glanzrolle die des Fra Diavolo war, leistete denn auch hier durch sein feines und zugleich feuriges Spiel, durch die edle, wie für diese Rolle geschaffene Gestalt und Physiognomie, durch den lebhaften Humor und vor allem durch seine herrliche Stimme Bewunderungswürdiges. Es erschienen mir daher alle später gesehenen Darsteller dieser Rolle fade, plump und langweilig; denn keiner von allen verstand es, den Fra Diavolo als Marquis so fein zierlich, aristokratisch und liebeflehend, den Räuberfürsten dagegen so gewandt, kraftsprühend und gebieterisch und doch zugleich romantisch-schwärmend wiederzugeben, wie mein Ideal Cornet.

Sein wohlgetroffenes Portrait als Masaniello in *Die Stumme von Portici*** ist ja in unserem Besitz.

Julius Cornet ist ziemlich lange am Hamburger Stadttheater tätig gewesen, später – von 1841 bis 1847 – sogar zusammen mit Julius Mühling als Direktor. Seine Frau war ebenfalls Theatersängerin und machte in der von mir zuerst gesehenen Oper *Die weiße Frau* die Jenny, die Frau des Pächters. Sie hatte in späteren Jahren hierselbst eine Singakademie.

* „Der Diamant des Geisterkönigs“, Komödie von Ferdinand Raimund (1825); „Die Kreuzfahrer, Schauspiel von August von Kotzebue (1803); „Der Maurer“, Oper von Daniel François Auber (1825); „Oberon“, Oper von Carl Maria von Weber (1826); „Der Freischütz“, Oper von Carl Maria von Weber (1821); „Frau Diavolo“, Oper von Daniel François Auber (1830)

** „Die Stumme von Portici“, Oper von Daniel François Auber (1828)

Es ist eine bekannte Tatsache, daß das Hamburger Theater in alten Zeiten unter Schröders Direktion im hohen Rufe stand, wenngleich das alte Komödienhaus, welches im Opernhof auf dem Gänsemarkt lag, keineswegs in seiner äußeren Erscheinung dergleichen erwarten ließ. Es wurde nach Eröffnung des neuen Schauspielhauses in der Dammtorstraße, im Jahre 1827 am 2. Mai, zu kleinen Wohnungen eingerichtet und ist erst vor kurzem dem Abbruch verfallen. Ich habe dasselbe als Schauspielhaus niemals betreten, dagegen manche Familienanekdoten, die sich in demselben zugetragen, im Gedächtnis behalten.

Ein alter Holländer, Herr de Börs, ein großer Kunstfreund (er wohnte im Grimm) war auch einmal in der Oper, als vor dem Aufgange des Vorhanges der Direktor erschien, um dem Publico die unangenehme Mitteilung zu machen, die Rolle der ersten, gefeierten Sängerin habe leider eine andere Dame übernehmen müssen, Publikum möge verzeihen etc. Da stand plötzlich im Parkett der alte de Börs auf und fragte mit laut schallender Stimme: „Wat is den Orsaak davan?"

Von meiner Mutter wurde das Theater selten besucht, nur dann und wann einmal, wenn eine beliebte Oper gegeben wurde; von meinem Vater, schon seines geistlichen Standes wegen, niemals; er erzählte indes gern einen Spaß, den er früher, während seiner Studienzeit in Holland, in einem Theater erlebt hatte. Es wurde nämlich eine große Zauberposse aufgeführt, in welcher im Schlußakt der Engel Gabriel erscheint, um das durch mancherlei Schicksalsschläge geprüfte Liebespaar segnend zu begrüßen. Vor Beginn des Aktes hört man hinter dem Vorhang lauten Wortwechsel, wobei endlich die Worte „Ik gaa daar niet in", woraus der Befehl „Maar gy moet daar in", verständlich werden, der nach mehrmaliger Wiederholung zuletzt einer Verständigung gewichen zu sein scheint. Endlich, nach stürmischem Getrampel des Publikums, rollt der Vorhang empor und der Engel Gabriel in einem Wolkenkonglomerat, mit kleinen Amoretten etc. umgeben, schwebt, jedoch in bedenklich zuckender Weise, hernieder. Plötzlich vernimmt man ein Knarren und Krachen, und Wolken nebst Gabriel, durcheinander polternd, erreichen auf eine so überraschend schnelle Weise den Boden, daß das liebende Paar nebst Begleitung, hast du nicht gesehen, auseinanderstoben. Freund Gabriel aber rappelt sich unter seiner Wolkenhülle wutschäumend empor und schreit mit beiden Händen nach oben drohend: „Heb' ik dat niet gesegt?"

In meiner Jugendzeit existierte in Hamburg neben dem Stadttheater noch, als Vorgänger des jetzigen Thaliatheaters, das „Theater in der Steinstraße", am äußersten Ende eines Hofes gelegen, welcher etwa der Jacobikirche gegenüber an der Südseite dieser Straße sich befindet. Es war dies eine gar gemütliche kleine Bühne, mit einem sehr in die Länge gezogenen Parterre, einem Range und einer Galerie darüber; hinten im Parterre, unter dem Range, war noch ein kleines Stübchen mit Fenstern und Blick auf die Bühne angebracht, in dem die Schenke oder, vornehmer ausgedrückt, das Büffet, und auch von hier aus konnte man, gemütlich bei einem Glase Punsch sitzend, der Vorstellung beiwohnen. So klein und niedrig das Theater war, so ein ausgezeichnetes Spielpersonal konnte es aufweisen, und die hier aufgeführten Lustspiele, unter denen *Der Heiratsantrag auf Helgoland, Das Fest der Handwerker, Der Talisman, Der fliegende Holländer* und mehrere Parodien, ganz besonders die auf *Gustav oder der Maskenball* gerade durch diese Gesellschaft zu einer Berühmtheit gelangten, brachten stets ein überfülltes Haus zuwege. Mitunter wurde von einer vornehmen Gesellschaft der ganze Rang für einen Spielabend gemietet, und den angeführten Stücken wurden unzählige Wiederholungen zuteil. Das Theater gehörte dem Uhrmacher Libbertz oder später der Witwe desselben.

Auch das vormalige Theater in Altona, welches gerade dem Anfange der Palmaille gegenüberlag und die bescheidene Inschrift trug: „Der Muße unserer Mitbürger", hatte mitunter sehr gute Trupps aufzuweisen, jedoch konnten sich dieselben niemals lange halten, und periodenweise führte jenes Theater allabendlich ein und dasselbe Stück auf: Verschlossene Türen und leere Bänke, und so geriet denn einmal der zeitweilige Direktor dieser Bühne, dem es ebenfalls nicht gelungen war, die Altonaer für das Schauspiel empfänglich zu machen, auf den genialen Einfall, nach der Vorstellung eine Verlosung zu veranstalten, an der jeder Besuchende durch die seinem Billet beigefügte Nummer teilzunehmen hatte. Das half; sei es nun, daß das Publikum durch den möglichen Gewinn oder durch die Neugier angelockt ward, das Theater war gefüllt, und der Direktor rieb sich vergnügt die Hände. Nach erfolgtem Schluß des Schauspiels rauscht alsbald der Vorhang empor, und man gewahrt inmitten der Bühne eine

Glücksurne, daneben aber den Direktor mit einem – Lamme, reich geschmückt mit roten und blauen Bändern. Allgemeines Ah! Ah! Sodann Bravo! Bravo! Die, wenigstens für das Lamm, verhängnisvolle Nummer wird gezogen, sodann emporgehalten und laut verkündigt. Der Direktor bittet den Inhaber der Nummer, sich zu melden. – Lautlose Stille – darauf nochmalige Aufforderung. Zuerst erfolgt ein unverständliches Gemurmel, alsdann wiederholt eine laute Stimme: „Herr Johann Friedrich Meiners." Also: „Herr Johann Friedrich Meiners hat das Lamm gewonnen." Anhaltendes Bravo und Händeklatschen. Sodann tritt der Direktor vor: „Herr Johann Friedrich Meiners wird gebeten, das Lamm in Empfang zu nehmen." Die Zuschauer erwarten nun Herrn J. F. Meiners auf der Bühne erscheinen und mit seinem Lämmlein abziehen zu sehen; statt dessen erfolgt wieder unverständliche Unterhaltung und dann die laute Stimme: „Herr Johann Friedrich Meiners will das Lamm nicht haben." Das war nun gegen alle Berechnung und Erwartung, und der Direktor muß noch einmal sich vernehmen lassen: „Herr Johann Friedrich Meiners wird ersucht, zu bestimmen, was mit dem Lamme geschehen soll." Da saß nun der unglückliche Glückliche, der wahrscheinlich den Direktor mitsamt seinem Lamme zum Kuckuck wünschte, schön in der Patsche, endlich hörte man wieder ein Murmeln und sodann die verdolmetschende Stimme: „Herr Johann Friedrich Meiners will das Lamm an die Armen schenken." Donnerndes Bravo, Hochlebenlassen des Herrn Johann Friedrich Meiners beschließt nun den interessanten Abend im Schauspielhause.

Außer diesen drei erwähnten existierte nun noch ein kleines Theater in St. Pauli vor dem Nobistore, von dem aber nichts Besonderes aufzuzeichnen ist.

In dieser Herbstperiode wartete meiner noch eine ganz besondere Freude. Neben dem Stall nämlich, in welchem in Hamburg unsere Fuchsstute stand, hauste ein alter heruntergekommener Fuhrmann, der einen russischen Ponyhengst, ich weiß nicht mehr woher, erhalten hatte und denselben uns für einen Spottpreis – wenn ich nicht irre, für zehn Taler – zum Kauf anbot. Das kleine Tier war ziemlich gut gehalten, von ganz besonders zierlichem Bau und außerordentlich gesund auf den Beinen; es hatte einen allerliebsten Kopf, feurigen Blick uud kolossal dicke Mähne und war so behende, schlank und munter, daß man ihm sein wahrscheinlich beträchtliches Alter durchaus nicht anmerken konnte. Ich ließ es, wie man sich wohl denken kann, an Bitten, den kleinen Hengst zu kaufen, nicht fehlen, welche Bitten von Jürgensen nachdrücklich unterstützt wurden, der besonders hervorhob, wie vortrefflich das Pferd zum Reiten in unserem Garten für den Herrn Pastor geeignet sei, und wenn er hierbei auch zunächst seiner Schlauheit folgte, so hatte er doch vollkommen recht, denn wenn je von einem Pferde gesagt werden konnte, es lasse alles mit sich aufstellen, so war es dieses kleine Tier, „Murjan" genannt. Scheu, Nücken, Faulheit oder Unbändigkeit kannte er nicht, er war seiner Kleinheit wegen leicht zu besteigen und so lenksam, daß es eines Zügels bei ihm gar nicht bedurft hätte. So ward der Handel denn abgeschlossen, und es war nur die Schwierigkeit zu überwinden, ihn unsere nach dem Garten hinabführende Treppe, welche etwa zwölf Stufen hatte, hinunterzubringen, aber auch hierfür wußte Jürgensen Rat. Er nagelte zwei lange Bretter zusammen, versah sie mit Querlatten, um den Hufen Stützpunkte zu geben, und legte dieselben über die Treppe. Die vier steinernen Stufen nach der Straße hinaus stieg das Pferd ohne weitere Schwierigkeit hinan, über die Marmorfliesen der Diele war eine Decke gelegt, über die es geführt wurde, und als es im Vorbeischreiten sein Bild in dem an der Wand hängenden großen Spiegel erblickte, stieß es ein freudiges Wiehern aus und zeigte die größte Lust, mit dem vermeintlichen Kameraden nähere Bekanntschaft zu machen. Auch die von dem Balkon nach dem Hofplatz hinab gelegten Bretter betrat es ohne weiteren Anstand, jedoch mißglückte das Experiment insofern, als die Bretter ins Rutschen gerieten und Jürgensen nebst Pferd den letzten Teil der Brücke schneller hinuntergelangten, als sie beabsichtigt, ohne jedoch den geringsten Schaden zu nehmen. Nachher wurden diese Bretter fest und sicher zu einer Art Brücke verbunden und vermittelst starker Scharniere diese dergestalt an die die Treppe begrenzende Holzplanke befestigt, daß sie durch Taue und Rollen leicht herabgelassen werden konnte. Ferner richtete Jürgensen in unserem Torfschauer, in welchem bisher mein Ziegenbock allein gewohnt hatte, einen größeren Stallraum ein, in welchem die beiden zusammen Unterkunft fanden und in kurzer Zeit so vertraut miteinander wurden, als ob sie einer Gattung angehört hätten.

Meine Zeit wurde durch diesen neuen Ankömmling nun natürlich sehr in Anspruch genommen, und wenn auch die gröberen Stallarbeiten

Jürgensen besorgte, so behielt ich mir doch die Fütterung meiner beiden Vierfüßler vor und fand daran ein großes Vergnügen, namentlich wenn ich des Abends, nach vollbrachter Schularbeit, bei der Stallaterne dieselben in ihrem warmen Stall beobachtete, wie sie ihr Futter so recht behaglich verzehrten, nachdem sie mit warmen Decken versehen waren und Wasser erhalten hatten. Der kleine Murjan gedieh bei dem guten Futter und sorgfältiger Pflege zusehends, ohne dabei übermütig zu werden, und auch mein Vater ritt ihn mit vielem Vergnügen.

Sonntags, bei gutem Wetter, machte ich jetzt mit Jürgensen, welcher dann den Fuchs bestieg, meine Spazierritte nach Pinneberg, Bergedorf, Blankenese usw. Den Hengst im Freien allein zu reiten war indes nicht rätlich, denn so sinnig und gehorsam er sonst sich betrug, so ging er doch regelmäßig mit mir durch, wenn Reiter auf Stuten vorbeijagten; er mußte dann mit unaufhörlichem Gewieher hinterdrein und hörte nicht eher mit Laufen auf, bis er neben den fremden Pferden angelangt war; dann war er zufrieden und wieder ganz manierlich. Auch das schärfste Gebiß hielt ihn nicht von dieser Gewohnheit ab, er ließ sich eher das Maul blutig reißen, als daß er nachgegeben hätte. Auch vor den Schlitten, den bisher der Ziegenbock gezogen, spannten wir das Pferdchen, welches denselben denn auch besser zu regieren verstand als sein Vorgänger. Eine Sonntagstour, die wir auf diese Weise über die Elbe nach Harburg unternahmen, legten wir von der Poolstraße aus bequem in einer Stunde zurück, obgleich viel Schnee auf dem Eise lag. Solche Schlittenpartien wurden in den, in meiner Jugend häufiger vorkommenden, strengen Wintern auf der schönen Eisbahn der Elbe oft unternommen. Es waren dann beim Grasbrook, in St. Pauli und in Altona starke Holzbrücken vom Lande aus auf die Eisdecke der Elbe gelegt, die nicht allein von Schlitten, sondern sogar von schwerbeladenen Wagen passiert werden konnten. Vor Hamburg und Altona sah man eine förmliche Gasse von Zelten auf dem Eise errichtet, in denen geschmaust und gezecht wurde; in einigen lagen sogar hölzerne Fußböden, auf welchen man bis in die Nacht hinein tanzte. Fracht und Vergnügungsschlitten kreuzten hin und her, und von letzteren waren immer ganze Gruppen aufgefahren, um Liebhaber zum Rüschen einzuladen. Der nächste Weg vom Grasbrook nach Harburg ging beim Reiherstieg vorbei, und auf diesem Eiswege hatten die Bauern der Elbinseln auf verschiedenen Stationen sehr

Peter Suhr, Wintervergnügen auf der Elbe zwischen Hamburg und Altona im Februar, Lithographie 1838

In früheren Jahrhunderten waren die Winter weitaus härter als heute. So war die Elbe 1695 vierzehn Wochen lang zugefroren. Zwar kamen Frostperioden von solcher Dauer später selten vor, doch sorgten die strengen Winter bis weit in das 19. Jahrhundert hinein für tragfähiges Eis und einen lebhaften Umsatz der Budenbetreiber.

malerische Zelte mit Schilf- und Strohwänden aufgerichtet, in denen man heißes Bier und Branntwein als sehr begehrte Artikel verabreichte, auch gewöhnlich, um die erwärmende Eigenschaft des heißen Bieres zu verstärken, Ingwer hineintat; ein labendes Getränk bei der Kälte. Das Leben und Treiben in und neben diesen mit Flaggen gezierten Zelten hatte etwas höchst Amüsantes, Anregendes, zumal wenn die Wilhelmsburger Milchbauern mit ihren schönen hannöverschen Pferden vorüberfuhren und mit ihren sogenannten Harttrabern Wettläufe anstellten. Da sah man sie aneinander vorbeisausen, die Fuhrleute auf dem Vordersitz des Schlittens hockend, während die Füße frei von der Seite weghingen, und mit Armen und Beinen fast ebenso stark arbeitend wie die angefeuerten Renner, welche, darauf eingeschult, weitauslangend mit dem geschärften Eisen in die harte Eisdecke einhauen, daß die Splitter davonstäuben und den Insassen des Schlittens gar unsanft ins Gesicht treffen; dabei das Schellengeläute, das laute Rufen und Anfeuern seitens der Wettjagenden, das krachende Geräusch der einschlagenden Pferdehufe – das muß man gesehen, muß es miterlebt haben, um sich von diesen erregenden Szenen einen Begriff machen zu können.

War die Elbe glatt zugefroren und lag kein oder nur wenig Schnee auf dem Eis, so war die Lust am größten, dann glitten die noch so schwer beladenen Schlitten von Kindeshand bewegt über die Fläche. Oftmals aber stellte die Eisdecke auch eine andere Erscheinung dar. Wenn die Schollen vor dem Stehen des Eises von Flut und Sturm aufeinandergetrieben oder vom andrängenden Wasser große Eisstücke herausgehoben waren, so mußte durch Hügel und Klippen eine Bahn gesucht werden, die aber auch ihr Interessantes hatte und zuweilen Berge und Täler bildete.

In Harburg kehrte man bei der Witwe Eddelbüttel ein und erlabte sich an einem Glase Punsch oder Eierwein, versäumte auch ja nicht, eine oder ein paar der allbekannten blauen Schachteln mit Harburger Kringeln einzukaufen. Ob dies Gebäck noch jetzt existiert, ist mir nicht bekannt; in früheren Zeiten hatte dasselbe in Folge seines vortrefflichen Geschmakkes eine Berühmtheit erlangt, und kein Besucher Harburgs kam ohne eine Probe desselben zurück. Man durfte es aber freilich nicht so machen wie ein gewisser Herr Plagemann, der, zu Schlitten von Harburg kommend, erst dem Ratsweinkeller in Hamburg einen Besuch abstattete und, während er daselbst seinen Bekannten seine Abenteuer erzählte, den Schlitten unbeachtet ließ; denn als er nun in seiner Wohnung angelangt die bekannten blauen Schachteln als Geschenke überreichte, waren dieselben, statt mit den beliebten Kringeln mit – Heideschruppern gefüllt.

Nicht allein vor dem Schlitten sondern später auch vor einem kleinen Stuhlwagen machte der Murjan sich ganz vortrefflich, und meine zukünftige Frau, die kleine Trina, wurde manch liebes Mal auf diese Weise von Jürgensen zur Schule gefahren.

[10]

Kunst im Hause

Seit der Verheiratung meiner Schwester Maria wohnte meine Schwester Catharina wieder in der Poolstraße, und da hatte ich dann mit ihr zusammen neben englischem und Schreibunterricht, wie schon früher erwähnt, auch noch Zeichenunterricht bei einem Herrn Franck. Der Unterricht fand am Donnerstag statt, wenn Mutter sich im Familienclub befand und wir für den Tag das häusliche Regiment mit meinem Vater teilten.

Meine Schwester hatte nämlich außerdem noch Singunterricht bei dem Musiklehrer Herrn Cölln, einem jungen Dandy im Schnürenrock und eleganter Toilette, übrigens höchst achtbar und wohlbeliebt. Sie sangen schwärmerische Duette, aus *Titus, Tancred* usw., und ich mußte auch bisweilen, da ich eine gute Stimme und reines Gehör zeigte, bei ihm singen, wohl auch zusammen mit meiner Schwester.

Dieser Herr Cölln nun, dessen Bruder schon länger in unserer Familie bekannt war und meiner älteren Schwester Klavierunterricht erteilt hatte, rekommandierte uns besagten Zeichenlehrer Franck, ein höchst originelles Universalgenie. Er war in der Optik, Mechanik, Musik und allerlei Handgeschicklichkeiten fast ebenso bewandert wie in der Zeichenkunst und Malerei und wußte seinen Unterricht mit mancherlei Witzen, Anekdoten und pikanten Lebenserfahrungen zu würzen; nur schade, daß er sehr leise und unverständlich sprach, so daß oft der eigentliche Kernpunkt seiner Erzählungen verloren ging. Da sich jedoch dieselben bei jeder Gelegenheit wiederholten, so wurde einem dadurch die Möglichkeit, tiefer in den Sinn derselben einzudringen und seine oft sehr scharfen Witze zu verstehen. Sein schwarzer Bart, den er aber stets sehr glatt rasiert hatte, nahm einen ungewöhnlich großen Teil des Gesichtes in Anspruch, denn selbst die Backenknochen waren mit schwarzen Haaren bedeckt, und

Berend Goos, Häuslingshaus, Bleistiftzeichnung 1853

merkwürdigerweise blieben diese stets vom Messer verschont, so daß also eigentlich sein Bart da begann, wo ein Bart sonst aufzuhören pflegt. Der Unterricht, den uns dieser Herr Franck erteilte, war nicht schlecht, und namentlich seine theoretischen Belehrungen dabei hatten viel Förderndes, indessen war derselbe, wie alle Zeichenstunden für Dilettanten, wenigstens in damaliger Zeit, mehr auf Unterhaltung der Schüler als auf künstlerische Ausbildung berechnet und erstreckte sich nur auf das Nachzeichnen guter Vorlegeblätter. Ich hatte von jeher große Lust zu zeichnen, jedoch nur Tiere, besonders Pferde; weil mir aber von meinen bisherigen Lehrern darin nie gewillfahrt ward, so erstarb dann bald die Neigung und ich machte wenig Fortschritte. Franck dagegen ließ meiner Liebhaberei für Tiere freien Spielraum, und es wurden daher fast nur Vernetsche Pferdezeichnungen kopiert, während meine Schwester Blumen und Früchte vornahm. Ich glaube nicht, daß letztere bei diesem Unterricht viel profitiert hat; ich lernte dabei einigermaßen mit Kreide und Tusche umgehen und erhielt einen Begriff von der Perspektive; das war aber auch alles. Vom Zeichnen nach der Natur hatte ich gar keine Ahnung.

Diese Unterrichtsstunden am Donnerstage stehen mir noch so lebhaft vor Augen, als ob sie gestern gehalten wären. Der fröhliche Singunterricht meiner Schwester, bei welchem sie mit ihrem Lehrer über Liebe und Glück, Schlachten und Sieg lustig in die Welt hinausgetrillert hatte, war der um ein Uhr folgenden Zeichenstunde gewichen. Da saßen wir nun am Mittelfenster der Wohnstube einander gegenüber: Catharina einen in rot ausgeführten Blumen- oder Fruchtkorb; ich einen mächtig großen Vernetschen Pferdekopf vor mir; Herr Franck, immer stehend, bald dem einen, bald der anderen seine Unterweisungen und Geschichten zuflüsternd, sonst war alles so mäuschenstill, daß man selbst von Zeit zu Zeit einen weißen Krümelregen auf unsere Arbeiten konnte fallen hören, indem Herr Franck, Genie und Praktiker in einer Person, die Flecken seines Vorhemdes durch Übertünchen mit weißer Farbe sehr geschickt zu verhüllen pflegte und diese Tünche nun bei seinen Bewegungen sich zu lösen begann; bis dann die Straßenmusik, die jedesmal um diese Zeit vor dem Hause sich einstellte, die Stille unterbrach und mit der Ouvertüre aus Mozarts *Cosi fan tutte* anfing; das war jedenfalls das Interessanteste bei der Geschichte.

Die schönen Künste, namentlich Musik, wurden in der Roosenschen Familie – das zeigen die schon mehrfach angeführten Beispiele – durchaus nicht gering geachtet. Im Hause meines Großvaters fanden, unter Leitung des sehr geachteten Musikers Klasing, mehrmals Konzerte statt, denen noch in späteren Jahren rühmliche Erwähnung zuteil ward. Meine Mutter und ihre Geschwister haben sämtlich mehr oder weniger Musik getrieben; besonders der jüngere Bruder, Onkel Paulus, hatte großes musikalisches Talent, spielte Klavier und war gesucht als Sänger in den Privatkonzerten.

Es darf daher nicht wundernehmen, daß ich, vielleicht durch Anregung meines Onkels, von meinen Eltern aufgefordert ward, mich für irgendein musikalisches Instrument zu bestimmen, da ich doch einmal, nach Aussage des Singlehrers Cölln, ein gutes musikalisches Gehör besäße und jede gehörte Melodie nachzupfeifen verstände. Klavier wäre vielleicht das Richtigste gewesen, aber dabei waren doch allerlei Bedenken, namentlich daß dies Instrument für einen jungen Mann nicht immer zugänglich zu machen sei; ich selbst hatte viel Lust zur Musik, und weil mir bei der Straßenmusik, die mehrmals wöchentlich vor unserem Hause exekutiert wurde, vorzüglich die Klarinette aufgefallen war und in ihrem Ton, als leitendes Instrument, vor allem zusagte, so blieb ich denn daran hängen und fand auch bei Onkel Paulus mit meiner Wahl Beifall, da, wie er meinte, der Ton der Klarinette der menschlichen Stimme am verwandtesten sei. Es handelte sich jetzt nur noch um den Lehrer, und auch dieser fand sich. Ein alter französischer Emigrant namens Dufaur hatte sich in Hamburg in früherer Zeit als Klarinettbläser ausgezeichnet, jetzt aber, wo ihm die Vorderzähne mangelten, war er darauf angewiesen, sich als Klavierstimmer zu ernähren. Dieser Mann nun, der auch bei uns letzteres Amt versah, erbot sich gern dazu, den Unterricht zu übernehmen.

Er war ein alter achtungswerter Mann, tüchtiger Musiker und liebenswürdiger Lehrer, der sein Amt auf gewissenhafte Weise erfüllte. Sein ernstes, gutes Gesicht mußte früher wohl schön gewesen sein, und die dunklen Augen verrieten in ihrem Glanz noch immer die französische Lebendigkeit; er hatte bei schneeweißem, dichtem Kopfhaar kohlschwarze Augenbrauen, welches natürlich sehr auffallend war; aber in noch auffallenderer Weise leider stotterte er. Der Unterricht nahm, auf einer von ihm hergeliehenen Klarinette, seinen Anfang, und schon sehr bald war ich imstande, mit ihm Duette, für Klarinette geschrieben, zu spielen. Meine Mutter hatte viel Freude daran, aber wie ich denn in allen anderen Dingen niemals die Mittelmäßigkeit überschritten habe, so blieb ich auch hier, auf einer gewissen Stufe angelangt, stehen, und als ich später in die Lehre trat, fing es mit dem Unterricht zu hapern an, und endlich hörte derselbe ganz auf, da ich weder Zeit noch Gelegenheit zum Üben hatte und die Unterrichtsstunden, die in früher Morgenstunde in Dufaurs Hause stattfanden oder an freien Sonntagen bei den Eltern, mir endlich zur Qual wurden. Ähnlich erging es dem Zeichenunterricht bei Herrn Franck; doch das gehört schon einer späteren Zeitperiode an.

[11]

An der Schwelle der Lehrzeit

So verstrich denn dieser Winter recht ergötzlich; jedoch auch meine Unterrichtsstunden wurden während desselben nicht vernachlässigt. Dieselben bezogen sich, schon während des verflossenen Sommers, vorzüglich auf den nunmehr gewählten Lebensberuf, und außer einigen Privatstunden setzte mein Vater seinen Unterricht im Lateinischen, Griechischen und Mathematik eifriger denn je fort. Es war nämlich, nach vielem Hin- und Herberaten, endlich festgesetzt, daß ich Apotheker werden sollte. Mein Vater hatte eine große Vorliebe für den chirurgischen Stand, weil derselbe der leidenden Menschheit ein höchst segenbringender sei, zugleich auf etwas Positiverem beruhe als der des Arztes, welcher doch immer mehr oder weniger im Dunkeln tappe oder doch der natürlichen Heilkraft die Hauptsache überlassen müsse, und schlug mir den erstgenannten vor. Dagegen aber opponierte meine Mutter aufs heftigste, weil die Wundärzte in der Regel gefühllose Menschen würden und sie sich nichts Schrecklicheres denken könne, als berufen zu sein, seinen Mitmenschen die Arme und Beine abzusägen. Weil ich nun ein besonderes Vergnügen darin fand, allerlei nützliche oder unnütze Versuche anzustellen, Boltjes zu fabrizieren und rote Tinte zu kochen, so wurde der Stand eines Apothekers als für mich der passendste gewählt. Daß in mir wirklich ein künftiger Chemiker oder Apotheker verborgen lag und daher die getroffene Wahl keine verfehlte zu nennen war, dafür könnte ich außer nachfolgenden noch mehrere Beweise anführen. Als meine Eltern den Gartenbesitz am Pinneberger Weg akquiriert hatten, wurde ich mit dem Sohne unseres dortigen Nachbarn, dem Mühlenbauer Schramm, bekannt. Derselbe zog gern mit mir und meinem Freunde Eduard Wiebe zur Herbstzeit aufs Feld, um Brombeeren, Mehlbeeren etc. zu suchen. Dabei machte er uns mit seiner Entdeckung bekannt, daß eine gewisse stenglichte Pflanze, welche häufig in den Hecken vorkam*, die Eigenschaft besitze, beim Kauen zuerst einen widerlich bitteren, dann aber einen anhaltend süßen Geschmack hervorzubringen. Wir unterließen nicht, diese interessante Entdeckung zu erproben, fanden dieselbe bestätigt und nannten die Stengel ihm zu Ehren Schrammholz. Ich aber machte alsbald den Versuch, den süßen Stoff des Gewächses auszuscheiden. Demnach sammelte ich mir, während ich mit meinem Vater die Mittagsstunden auf der Mühle zubrachte, besagtes Schrammholz, kochte dasselbe bei Frau Ricken, die mir dazu einen passenden Topf gab, wiederholt aus und suchte nun weiter zu reagieren. Es muß dabei, dachte ich mir, entweder der süße Stoff zurückbleiben oder auch ausgezogen und so von dem bitteren getrennt werden. Was ich mit dem Rückstand und der Auskochung weiter vorgenommen, ist mir nicht mehr erinnerlich; nur das weiß ich noch, daß Frau Ricken und ich, nach mancherlei vergeblichen Versuchen, zu dem Schluß gelangten: Die beiden in Frage stehenden Stoffe des Schrammholzes müßten zu fest miteinander verbunden sein, um sie überhaupt trennen zu können.

Wären wir befähigt gewesen, philosophische Betrachtungen anzustellen, so würde uns dieser Schluß nicht wundergenommen haben, da ja in allen Vorkommnissen des menschlichen Lebens Süßes und Bitteres stets inniglich miteinander sich paaren und einmal nicht zu trennen sind.

Am 17. Oktober 1830 hatte meine jüngere Schwester Catharina sich mit Berend Roosen, Salomons Sohn, verheiratet. Dieser treffliche Mann, der in der Familie wie außerhalb für eine liebenswürdige zuverlässige Autorität galt, war es auch, der mir eine passende Stelle in einer Hamburger Apotheke besorgte. Da nämlich der Apotheker Oberdörffer, dem ich schon früher angestellt worden war, keine Lehrlingsstelle frei hatte, so sprach mein Schwager deswegen mit dem seinem Comptoir gegenüber auf dem Neuen Wall wohnenden Apotheker Doktor Eimbcke, der sich sogleich bereiterklärte, mich im Lauf des nächsten Sommers als Lehrling anzustellen, womit wir sehr zufrieden sein konnten, da dies das bedeutendste Apothekergeschäft in Hamburg war. Sobald nun diese Angelegenheit festgestellt

* Es war die *Solanum dulcamare.*

worden, hielt es mein Vater für zweckmäßig, mir Gelegenheit zu verschaffen, mich mit den für meinen Beruf nützlichen Wissenschaften vertraut zu machen. Auf Anraten eines in Altona wohnenden Doktors Fromm sowie des früher daselbst als Apotheker etabliert gewesenen Doktors Schmeißer bekam ich außer einem botanischen Handbuch über Terminologie noch *Hagens Apothekerbuch* zum Geschenk. Letzteres, behauptete der Doktor Fromm, habe der Apotheker als seine Bibel zu betrachten; aber ganz besonders riet der Doktor Schmeißer meinem Vater, mich teil an seinen chemischen Vorlesungen nehmen zu lassen, welche er in einem großen Saal in der ersten Etage des Hauses Nr. 34 in der Königstraße hielt, woselbst er auch seine Wohnung hatte. Dieser Saal war mit einer bedeutenden Sammlung chemischer und physikalischer Instrumente versehen, die der Herr Doktor allerdings sehr geschickt zu benutzen verstand, aber in seinem Famulus, der wahrscheinlich seinem sonstigen Lebensberufe nach Läufer und Stiefelputzer war, nicht immer die erwünschte Unterstützung fand, welch letzterer Umstand diesem armen Kerl eine ganze Reihe derber Rüffel in jeder Vorlesung zuzog, welche das Mitleid der Zuhörer in so hohem Grade erregten, daß dasselbe ihre Aufmerksamkeit auf die Vorlesung bedeutend beeinträchtigte.

Der Herr Doktor Schmeißer selbst, schon ziemlich bejahrt, hatte ein kränkliches Aussehen und trug eine blaue Brille. Er war sehr reizbarer Natur; seine finanziellen Verhältnisse mochten gerade nicht die glänzendsten sein, und so war er denn natürlich darauf angewiesen, für seine Vorlesungen eine großmögliche Zuhörerschar zu pressen. Daher war die Damenwelt, da bekanntlich das weibliche Geschlecht an Gefälligkeit sowohl wie an Wissensdrang stets dem männlichen voransteht, ziemlich stark vertreten und der Doktor immer bemüht, die lieben Damen vor dem Beginn der Vorlesung mit den wichtigsten Momenten derselben bekannt zu machen. Mein Vater und ich wurden nun regelmäßige Besucher dieser Vorträge und wir folgten denselben mit lobenswerter Aufmerksamkeit, nur muß ich leider bemerken, daß mir das Anschauen der physikalischen und chemischen Experimente einen bei weitem größeren Reiz gewährte als die Erklärungen derselben und die Theorien.

So mochte es denn auch den lieben Zuhörerinnen ergehen, welche, wie mein Vater mit seinem gewohnten Humor bemerkte, stets alert waren, wenn sich die aufsteigenden Blasen eines entwickelten Gases zeigten, mochten sie auch vorher in süßem Schlummer befangen gewesen sein.

Diese chemischen Experimente machten einen so lebhaften Eindruck auf mich, daß ich alsbald anfing, dieselben zu Hause, soweit es gehen wollte, nachzuahmen. Ich verschaffte mir die nötigen Gefäße und Ingredienzen und laborierte nach Herzenslust. Kupfer wurde in Salpetersäure gelöst und auf blankes Eisen wieder reduziert, Wasserstoffgas bereitet, Pflanzenfarben durch Säuren oder Alkalien verändert und wieder hervorgerufen und damit mancherlei Flecken auf Kleidung und Mobiliar zuwege gebracht; aber dennoch wurde mein Vater so gerührt von diesem wissenschaftlichen Eifer, daß er mir den chemischen Teil von *Wieglebs natürlicher Zauberei* aus der Bibliothek der Patriotischen Gesellschaft mitbrachte, wonach das Experimentieren erst recht losging. Auch eine Elektrisiermaschine, deren Wirkungen ich in den Vorträgen von Doktor Schmeißer kennengelernt, mir anzuschaffen, willigte endlich mein Vater ein. Wir ließen zu dem Ende in die *Hamburger Nachrichten* ein darauf bezügliches Kaufgesuch einrücken, und unter den erfolgenden Anmeldungen sagte diejenige eines Bäckers namens Prediger in der Niedernstraße meinen Ansprüchen am meisten zu. Derselbe hatte eine kleine, gut erhaltene Scheibenmaschine zu verkaufen, wobei eine Anzahl elektrischer Apparate als Leidener Flaschen, Entlader, elektrische Kanone, mit Stanniol belegte Pappscheiben, kleine Figuren zum Tanzen und ähnliche Spielereien vorhanden waren.

Die Maschine wurde gekauft und der dabei befindliche Apparat, namentlich was die mannigfachen Spielereien anbetraf, aufs vielfältigste vervollkommnet. Ich erinnere mich noch, daß bei den erwähnten Gegenständen eine gar vortreffliche, auf Pappe geklebte Abbildung der schönen, an den Felsen geketteten Andromeda vorhanden war; auch das zu ihrer Verspeisung heranrückende Seeungeheuer ward sichtbar, nur Perseus ließ noch auf sich warten. Andromeda machte, wie das ja auch bei ihrer trostlosen Lage gar nicht anders sein konnte, ein gottserbärmliches Gesicht, schien aber sonst noch nicht durch die Angst gelitten zu haben, denn ihre Gliedmaßen waren recht stattlich und wohlgerundet. Was dieses Bildnis mit der Elektrizität zu schaffen hatte, ist mir auch jetzt noch nicht klar, denn soviel ich mich entsinnen kann, war bei der Befreiung der schönen

Andromeda kein Gewitter in der Luft, wenn nicht etwa, da Perseus fehlte, der Blitz dessen Stelle hatte vertreten sollen.

Es konnte denn nun nach Kräften und Vermögen darauflosexperimentiert werden, Puppen und Flieder Markkügelchen mußten tanzen, elektrische Funken und Schläge wurden appliziert und die Haare der Zuschauer auf dem Isolierschemel zu Berge getrieben; kurz, ich stand mit den Naturkräften schon auf du und du, und wenig hätte gefehlt, mich ganz den Naturwissenschaften als Jünger zuzuführen. Die Zeit, welche mir die Unterrichtsstunden übrig ließen, verbrachte ich am Tage mit Reiten oder mit Fahren mit meinem Ziegenbock, und die Abende wurden mit Zeichnen oder Experimentieren, besser gesagt, Kunststücke machen, ausgefüllt.

Ich sollte in das Geschäft des Doktor Eimbcke erst zum Herbst eintreten, und wer beschreibt daher meinen Schreck, als gegen Ende des Winters mein Schwager Berend Roosen mit seiner Frau einen Besuch bei uns machte und letztere zu meiner Mutter sagte: „Wir kommen, um dir deinen Sohn wegzuholen."

Wörtlich war das nun nicht gemeint, aber ihre Botschaft lautete: ich müsse mich bereithalten, gleich nach Ostern in die Lehre zu gehen, da durch eine Personalveränderung bei Doktor Eimbcke mein baldiger Eintritt notwendig geworden sei. Für mich war das keine angenehme Überraschung, aber „wat sin mut, mut sin", sagte Mutter und ließ es sich nun angelegen sein, meine Ausrüstung schleunig zu beschaffen. Vor meinem Eintritt mußte ich erst vom Sekretär des Gesundheitsrates, welches Amt in der Zeit Dr. med. Schrödter, auf dem Pferdemarkt wohnend, verwaltete, als Apothekerlehrling aufgenommen und verpflichtet werden und zu dem Ende auf meine nötigen Kenntnisse im Latein geprüft worden sein. Letzteres geschah, da Doktor Eimbcke pharmazeutisches Mitglied des Gesundheitsrates war, von ihm selbst, und so ward ich denn durch Schwager Berend Roosen meinem künftigen Prinzipal zum ersten Mal vorgeführt, wobei ich, wie man sich vorstellen kann, keine geringe Angst ausstand.

Wir wurden, als wir in die Apotheke traten, von meinem künftigen Kollegen angemeldet und trafen den Herrn Doktor in seinem Bibliothekszimmer. Er war ein stattlicher, großer Mann, mit ernstem, intelligentem Gesicht, dem man es sofort anmerkte, daß der Inhaber desselben nicht mit sich spaßen lasse. Den Kopf trug er in stolzer Haltung und hatte in seinen langsamen, gemessenen Bewegungen etwas wahrhaft Majestätisches. Die hohe Stirn, die schöne römische Nase und seine grauen Augen mit dem durchdringenden Blick und starken Brauen vollendeten das Imposante seiner Erscheinung. Er trug sich, wie immer in seiner Hauskleidung, sehr bequem, blaue weite Hose, kurzer Rock, von ihm Jacke genannt, und Weste, alles von demselben Stoffe, und eine schwarze seidene Mütze, welche er nur außerhalb seiner Wohnung mit einer grauen Perücke vertauschte. Er litt an sehr beträchtlicher Harthörigkeit und Ohrensausen, weshalb nach gegenseitiger Begrüßung seine ersten Worte die Aufforderung enthielten, recht laut zu sprechen. Mein Schwager überließ mich denn nun meinem Schicksale und verabschiedete sich; mich dagegen führte der Doktor in sein Arbeitskabinett. „Nun, kleener Mann, was hast du denn bisher im Lateinischen gelesen?“, war seine erste Frage. Ich hätte am meisten mich mit dem *Cornelius Nepos** beschäftigt und aus dem *Curtius*** übersetzt, antwortete ich. Er ging nun in die Bibliothek zurück, kam mit einem alten Klassiker wieder und schlug ihn vor mir auf. „Damit du siehst, daß ich nicht unbillig mit dir verfahre, so habe ich hier den Curtius, deinen Bekannten, gewählt, da kannst du diesen Satz hier ins Deutsche übersetzen; hier hast du Papier, Feder und Tinte, da plaziere dich auf meinen Schreibbock und laß dir Zeit, gestört wirst du hier von niemanden.“ Damit verließ er mich und ging in das vor dem Kabinett befindliche Zimmer. Mir schwirrte alles vor Augen; am liebsten hätte ich Doktor Eimbcke, seinen *Curtius* und mein ganzes erstes Debüt im Stich gelassen und wäre spornstreichs nach Hause gelaufen, aber das ging doch nun einmal nicht, und allmählich kam denn die nötige Ruhe, um meine Aufgabe in näheren Augenschein zu nehmen. Der Anfang ging gut, und bald kam ich zu der glücklichen Überzeugung, daß mir der Satz bis auf einige Worte verständlich sei. Ich schrieb also tapfer darauflos, bis nach einer halben Stunde der Doktor wieder zu mir trat: „Na, kommst du damit zustande?“ „Jawohl, Herr Doktor“, brüllte ich ihm entgegen, „aber das eine Wort weiß ich nicht.“ „So“, fragte er, „na, was ist denn das für'n Wort?“ „Da steht hier in der zweiten Reihe Latrones, das

* Cornelius Nepos: *De viris illustribus*

**Quintus Curtius Rufus: *Historiae Alexandri Magni regis Macedonum* — Die Stelle, die Goos so viel Mühe bereitete, findet sich im 8. Kapitel des VII. Buches

Wort kenne ich nicht." „Das kennst du nicht?", sagte der Doktor in seiner tiefen Baßstimme, „Spitzbuben, Banditen, Räuber, heißt es." Ich dankte für die Belehrung und wollte in meiner Übersetzung fortfahren, als er das bisher Niedergeschriebene aufnahm und überlas. „Nun, das ist soweit richtig, du brauchst nicht weiter fortzufahren, aber nun kannst du noch mal einige Reihen der Übersetzung analysieren." Als das geschehen war, so gut es eben gehen wollte, sah er mein Machwerk noch einmal durch. „Na", sagte er, „e'n Hexenmeister im Latein bist du nu grad nicht, aber es geht denn doch. Mach denn jetzt nur, daß du nach Hause kömmst, und dann hier, dein Zeugnis weise morgen oder übermorgen bei Doktor Schrödter vor."

Hiermit ward ich entlassen und machte mich eiligst von dannen, herzensfroh, daß es so gnädig abgegangen. Zu Hause mußte ich nun natürlich alles umständlich erzählen; meinen Vater belustigte die Affäre hinsichtlich der Latrones ganz besonders, und der Doktor schien ihm, nach meinen Mitteilungen über denselben, sehr zu gefallen.

Anderentags aber begab ich mich in der Morgenstunde zu besagtem Doktor Schrödter, vor welchem ich durch Handschlag gelobte, den mir vorgelesenen Verpflichtungen getreulich nachzukommen, und wurde sodann als Hamburger Apotheker-Lehrling ins Protokoll aufgenommen.

Vor dem bald darauf folgenden Osterfeste ward ich von meinem Vater in unserer Kirche getauft und in die Mennoniten-Gemeinde aufgenommen, besuchte am ersten Ostertag das heilige Abendmahl, und somit lag denn der erste wichtige Abschnitt meines Lebens hinter mir.

[12]

Dr. Eimbckes Apotheke

Der Tag, dem ich schon lange ängstlich entgegengesehen, wenn ich's mir auch beileibe nicht hatte merken lassen, lag endlich vor mir, der Tag, an welchem ich das elterliche Haus verlassen, vielleicht auf immer verlassen mußte.

Mein englischer Sprachlehrer, Mr. Watson, hatte wohl recht, als er mir in der letzten Unterrichtsstunde, die ich von ihm erhielt, sagte: „Mein lieber Junge, ich wünsche dir alles Gute auf deinem ferneren Lebenswege, den du zu betreten im Begriff stehst, aber du wirst auch die Erfahrung machen müssen, daß du's nirgends so gut hast wie im elterlichen Hause. Beim Verlassen desselben treten, statt der Liebe und Sorge für dein Wohlergehen, ernste Anforderungen an dich heran, und statt der Frage, was dir nützt, wird man fragen, was du nützest."

Solange der Augenblick nicht da war, schob ich solche ernste Betrachtungen leichtsinnig von mir ab, aber als nun endlich derselbe herannahte, war mir doch etwas schwül zumute.

Der ängstlich erwartete Zeitpunkt war also da, und an einem heiteren Frühlingsmorgen, gleich nach dem Osterfest, begleitete mein Vater mich auf diesem verhängnisvollen Weg zur Apotheke meines nunmehrigen Prinzipals. Zu Hause ward mir der Abschied sehr leicht gemacht, denn meine Mutter war keine Freundin sentimentaler Szenen, und mein Vater war ebenfalls bemüht, durch heitere Scherze mir denselben zu erleichtern. Vielerlei mochte uns beiden wohl auf dem Herzen liegen, als wir so nebeneinander hergingen, und viel kürzer kam uns der Weg vor, als wir wünschen mochten; da war noch so manche Lehre und Ermahnung zu erteilen, so manche Frage zu beantworten; aber die Straße ist kein geeigneter Ort für Unterhaltung der Art, und so blieb es denn bei einzelnen ernsten oder scherzhaften Ratschlägen, wodurch mein Vater meine gedrückte Stimmung zu heben versuchte.

Die Worte, welche bei meiner Überlieferung mit dem Lehrprinzipal gewechselt wurden, weiß ich nicht mehr, aber als mein guter Papa sich endlich zum Rückwege anschickte, überkam mich eine gewisse Ahnung, als ob jetzt die schönsten Tage mit ihrer Freiheit, Sommerluft und Jugendfreude hinter mir lägen, und der Ernst des Lebens schien mich gar unheimlich aus allen Ecken des düsteren Bibliothekszimmers, in welchem der Empfang stattfand, anzustarren.

Bald aber ward ich aus solchen Betrachtungen herausgerissen, als die Stimme meines würdigen Prinzipals sich erhob: „Na, nu komm mal mit, damit ich dich deinen künftigen Kollegen vorstelle."

Diese Vorstellung geschah, als der Doktor mit mir in die Apotheke trat, mit folgenden Worten: „So, da habt Ihr nun unsern neuen Lehrling; aber das sag ich euch, daß Ihr mir den kleenen Mann in allen Dingen vernünftig unterweist, denn bedenkt, daß Ihr eben so dumme Esel gewesen seid, als Ihr zu mir gekommen."

Diese Rede gab mir nun freilich die nichts weniger als ermutigende Versicherung, daß ich es im Leben noch nicht weiter als bis zum dummen Esel gebracht habe, aber andererseits lag doch ein gewisser Trost darin, daß es meinen vor mir stehenden Kollegen, und zu solchen mußte ich ja, der allgemeinen Anrede nach, den ehrenwerten Herrn Provisor selbst rechnen, nicht besser ergangen sei. Ich dachte also, es müsse mit diesem Ausspruch ja wohl seine Richtigkeit haben, da keiner der Angeredeten Widerspruch erhob, und folgte, schon ein gut Teil beruhigter, meinem Kollegen, dem schon drei Jahre im Geschäft gewesenen Lehrling, Philipp Paul mit Namen, welcher beordert ward, mich durch die verschiedenen Geschäftslokalitäten zu führen und mich im allgemeinen mit den Bedeutungen derselben bekannt zu machen.

So machten wir denn einen flüchtigen Gang durch den Apothekenkeller, in welchem die Säfte, aromatischen Wässer, Mineralsäuren etc. ihren Platz hatten, die Spirituskammer und Materialkammer, und allenthalben wurde mir der Standort wenigstens der gangbarsten Präparate gezeigt und bedeutet, daß, wenn ich ein Glas oder sonstiges Gefäß aus der Apotheke einfassen müßte, ich vorher genau die Richtigkeit des angeschriebenen Namens zu prüfen, auch mit der Eule den etwaigen Staub von den Standgefäßen zu entfernen habe. Ich sagte natürlich zu allem ja, wußte aber ebenso wenig, was das Wort einfassen bedeute, noch was ein Standgefäß oder eine Eule sei, denn daß man zur Benennung eines Staubbesens das alte plattdeutsche Wort Uhle in das Hochdeutsche übersetzen könne, war mir bis jetzt fremd. – Bei diesen Unterweisungen war ich indes allmählich wieder so viel Herr meiner selbst geworden, daß ich mir bei denjenigen chemischen Präparaten, die ich von den Vorlesungen des Herrn Dr. Schmeisser und von meinen eigenen Experimenten her kannte, zum Beispiel beim Betrachten der Gläser, welche Salzsäure und Salpetersäure enthielten, die schüchterne Frage erlaubte, ob wir dieselben im Geschäfte selbst bereiteten. Die Darstellung aller solcher chemischen Präparate und das Experimentieren mit denselben war es ja gerade, was in mir die Lust zum Apothekerfach rege gemacht hatte, und man kann sich meine Enttäuschung vorstellen, als mein Cicerone mit einem Gesicht, welches zu sagen schien, „O du kindliche Einfalt!“, antwortete, alle diese Dinge würden nur in den chemischen Fabriken bereitet. Eine zweite Frage, ob wir bisweilen Sauerstoffgas oder Wasserstoffgas entwickelten, wurde mit fast spöttischem Lächeln noch entschiedener verneint, aber aus dem mich mit Erstaunen anstarrenden Gesicht meines Kollegen sprach wieder deutlich: „Was weiß doch solcher Gelbschnabel schon von Sauerstoffgas?“

Endlich kamen wir denn auch im Laboratorio an, woselbst mir ein wundervoller Veilchenduft entgegendrang, welcher einem Haufen dieser Blumen entströmte, die auf dem in der Mitte stehenden steinernen Tische lagen. Mir wurde bedeutet, daß der an letzterem sitzende junge Mann, Jacob Krauskopf mit Namen, ebenfalls erst heute als Laufbursche eingetreten sei, und demselben als erstes Debüt die Aufgabe zuteil geworden, die Veilchen, welche zu Veilchensirup bestimmt wären, von ihren Kelchen zu befreien. Ich lernte hier auch den Defektarius, Herrn Mielck, kennen, zu dem ich mich bald am meisten hingezogen fühlte, und würde jetzt am liebsten meine Stelle neben dem Veilchenpflücker eingenommen haben, da es mir in dem hellen sonnigen Laboratorio viel besser behagte als in der düsteren Apotheke. Aber unsere Rundreise war vollendet, und ich erhielt nun die Anweisung, in der Apotheke an einem ganz hinten neben dem Ofen stehenden Tisch Signaturen auszuschneiden; auch eine nützliche Beschäftigung, bei welcher mir einfiel, daß meines Vaters Vorhersage: das erste, was ich in der Apotheke zu tun habe, wäre, die roten Holzschachteln mit Papier auszufüttern, nun doch nicht eingetroffen sei.

Die Apotheke des Herrn Dr. Eimbcke lag dem Stadthause schräg gegenüber auf dem Neuen Wall. Von der Straße führten einige Stufen zu zwei Haustüren. Diejenige rechts, eine Glastür, mündete direkt in die Apotheke, die daneben führte auf die Hausdiele, und von dieser konnte man ebenfalls hinten in die Apotheke gelangen. Unter der Diele befand sich nach vorn der Apothekenkeller, nach hinten Weinkeller und Speisekammer; unter der Apotheke war ein Keller, in welchem eine Selterswassermaschine, mit der im großen Maßstabe gearbeitet wurde, stand, und neben diesem, hart an der Seitenmauer, lief ein schmaler Gang von der Straße durch die ganze Tiefe des Hauses. Vom hinteren Teil der Diele führte eine Treppe zum Souterrain, rechts in den Apothekenkeller, links zur geräumigen Küche, geradeaus zu dem eben beschriebenen Gang. Über der Küche war das Bibliothekszimmer des Doktors, welches drei Stufen höher als die Diele lag; hinter der Apotheke das Eßzimmer, das an der inneren Seite Glasschränke mit verschiedenen pharmazeutischen Präparaten, Büchern und deregleichen enthielt, zwischen denen eine dreistufige schmale Treppe ebenfalls ins Bibliothekszimmer führte. Von diesem trat man noch in einen flügelartigen schmalen Anbau, für ein Arbeitslokal und ein dahinter liegendes Schreibkabinett des Prinzipals eingerichtet, beide sowohl mit Seiten- wie mit Oberlicht versehen, denn Dr. Eimbcke war in jeder Hinsicht ein Freund des Lichtes.

Das erste Stockwerk des Hauses enthielt ein Hinterzimmer, einen geräumigen Saal und nach vorn zwei Wohnzimmer; dann folgte eine Etage, deren zwei Vorzimmer der Doktor medicinae Chaufepié, Bruder meiner Prinzipalin, bewohnte; nach hinten an der anderen Seite des breiten Vorplatzes lagen die Zimmer seiner beiden erwachsenen Töchter. Die durch Oberlicht erhellte Treppe führte nun weiter nach dem Boden. Hier war nach der Straße hinaus die zweifenstrige Gehilfenstube und an jeder Seite eine Dachkammer, in denen die Gehilfen und Lehrlinge schliefen. Das nach dem Hof gelegene Zimmer des Provisors, einige Aufbewahrungslokalitäten und ein Vorplatz machten die übrigen Bodenräumlichkeiten aus.

Von dem erwähnten Eßzimmer ging, dem Arbeitslokal des Doktors gegenüber, eine hölzerne Brücke nach dem Hintergebäude und eine Treppe nach dem Hofplatz, welcher mit dem Kellerfußboden eine Höhe bildete, hinunter. Derselbe war klein, viereckig und enthielt, außer Klosetts, unter den Arbeitslokalen eine Waschküche und einen Behälter, in welchem ein großes Schwungrad befindlich war.

Hier folgte nun das hintere, direkt am Fleet gelegene Speichergebäude. Bei meinem Einzug bestand dasselbe unten aus einem großen Raum, in dem eine mächtige Destillierblase und ein kolossaler Kupferkessel, früher zur Darstellung einiger chemischer Präparate im großen bestimmt, enthalten waren. Eine Treppe höher waren Laboratorium, Geschirrkammer und Spirituskammer, und mit dieser Etage stand die Brücke in Verbindung, die, der Bequemlichkeit wegen, von der Apotheke durch die Eßstube direkt zum Laboratorio führte. Später wurde dasselbe, nebst den erwähnten Kammern, nach unten verlegt und dafür drei schöne geräumige Zimmer eingerichtet, die Doktor Eimbcke zu seinem Gebrauch bestimmte und welche mit seinem Arbeitslokal – gewöhnlich Werkstatt genannt – verbunden wurden. Darüber folgte dann die Materialkammer, die ganze Tiefe des Speichers einnehmend, und ein geräumiger Kräuterboden. Dann kamen, noch höher, verschiedene Bodenräume mit Glaskammer, Vorratskammer usw.

[13]

Das Hauspersonal der Apotheke

Um das Hauspersonal zu beschreiben, muß ich natürlich mit dem Oberhaupt desselben, dem Prinzipal, anfangen, welcher bei uns nie anders als der „Alte", oder, wie der Provisor sagte, „senex", genannt wurde.

Doktor Eimbcke war, als ich zu ihm kam, 64 Jahre alt. Er zeigte, wie ich schon früher erwähnt, eine stattliche Figur, und allein sein Anblick genügte, um jedermann in Respekt zu setzen. Von seinem früheren Leben habe ich nur so viel erfahren, daß er, mit seinem Schwager Chaufepié zusammen, Medizin und Naturwissenschaften studiert hatte und später in Oldesloe als Inspektor der Salinenwerke angestellt war. Durch welche Verhältnisse er nachher in seiner Vaterstadt Hamburg Apothekenbesitzer ward, ist mir nie bekanntgeworden, doch mußte er der Apotheke schon sehr lange vorgestanden haben, da sein Provisor Hillers, der zur Zeit ein Vierziger war, bei ihm gelernt hatte.

Manche nannten ihn grob und ausfallend; mag sein, aber die ihn näher kannten, mußten ihm doch Hochachtung und Liebe zollen, denn wenn er auch seine Worte nicht lange abwog, sondern gebrauchte, wie sie ihm in den Mund kamen, niemals eine Widerrede gestattete und oft ohne vorherige Überlegung lospolterte, so war sein Zorn auch ebenso schnell verraucht, und nie trug er jemandem etwas nach, machte keinen Unterschied in der Person und war gänzlich frei von jeder Falschheit, da er jedermann, unbekümmert, ob's ihm Schaden oder Vorteil bringe, offen seine Meinung zu erkennen gab. Ich habe ihn von Anfang an sehr gern gemocht und brauchte nie über eine Ungerechtigkeit von ihm zu klagen. Oft wußte er auch seine ziemlich derben Verweise auf so humoristische Weise einzukleiden, daß man sich versucht fühlte, sie absichtlich zu provozieren.

Wenn zum Beispiel einer von uns in seinem Zimmer etwas zu schaffen gehabt und nicht alles wieder an Ort und Stelle gebracht hatte, so trat er, wenn er später zur Apotheke kam, auf diesen zu: „Hör' mal, deinen Bedienten mußt du abschaffen, der Kerl paßt nicht auf'n Dienst", und wenn man ihn dann verwundert anblickte, fuhr er fort: „Er hat deinen Stuhl wieder stehenlassen", oder: „Er hat die Tür hinter dir nicht zugemacht." – Er war überhaupt ein großer Feind aller Unordnung und Unreinlichkeit; sah er irgendeine bestäubte Fläche, so pflegte er sogleich mit den Fingern den Namen desjenigen daraufzuschreiben, dem die Reinhaltung oblag, und wehe dem, der zu ihm eintrat und die Stiefel oder Schuhe nicht gereinigt hatte. Einmal, als er in der Apotheke am Fenster stand und nach dem gegenüberliegenden Hause von Salomon Roosen sah, in welchem sich das Comptoir der Firma „Salomon & Berend Roosen" befand, rief er mich zu sich: „Sag mal, will dein Schwager sich 'ne Kuh anschaffen? Ich denk mir's nur, weil er'n Wiese vor seinem Hause anlegt" – und in der Tat war vor den Kellerfenstern desselben ein artiger Rasenplatz zu sehen, der dem Ordnungssinn meines Prinzipals einen tadelnswerten Anblick bot. Seinem derben, geraden Charakter war alles süßlich feine Wesen, jedes ängstliche Streben, der Mode und Etikette zu genügen, sowie alle leere Form der äußeren Höflichkeit höchst zuwider, und alle, die ihm durch jene geistlosen Äußerlichkeiten zu imponieren suchten, brauchten für Spott nicht zu sorgen. Seine Bekleidung trug er gerade so, wie sie ihm bequem und zweckdienlich schien, ohne dabei gegen die Regeln eines natürlich feinen Anstandes zu fehlen. Seine Verstandesschärfe und wissenschaftlichen Kenntnisse machten ihn seinen gelehrten Zeitgenossen ebenbürtig, und mit mehreren berühmten Männern der Wissenschaft, zum Beispiel Berzelius, Pfaff, Professor Spangenberg, Repsold usw., hatte er freundschaftlichen Umgang, wenn er gleich, seines Kopfleidens wegen, in den späteren Lebensjahren nur noch mit mechanischen Arbeiten sich beschäftigen konnte.

Er litt nämlich an nervöser Taubheit, oder wenigstens Schwerhörigkeit mit Ohrensausen verbunden, welches ihm anhaltendes Denken unmöglich machte und am stärksten beim Ostwinde war. Er kam dann mitunter in höchst übler Laune in die Apotheke und schalt auf das ungünstige Wetter. „Der verfluchte Ostwind macht mir wieder den Kopf so wüst, das pfeift und posaunt darin, als ob ich im Konzert säße", so lauteten dann seine Klagen. Sowie das Übel überhandgenommen, hatte er denn auch seine Tätigkeit im Geschäft ganz aufgegeben und wahrscheinlich auch deshalb seinen Hillers examiniert und zum Provisor gemacht. – Ein wirklicher, das heißt examinierter und beeidigter Provisor ist eigentlich nur dann nötig, wenn der Besitzer der Apotheke fehlt oder zur Beaufsichtigung des Geschäfts unfähig ist, also namentlich in den Fällen, wo Apothekerwitwen oder sonstige Erben dasselbe fortführen, und insofern war hier ein Provisorat überflüssig, da der Alte, wenn er auch nicht gerade in der Apotheke selbst tätig war, doch die Übersicht und Leitung derselben beibehielt, denn ebenso wie die Wareneinkäufe erst nach seiner Prüfung und Genehmigung abgeschlossen wurden, so durfte auch kein Präparat in die Offizin gebracht werden, ohne von ihm wenigstens äußerlich geprüft worden zu sein; auch wagte der gute Provisor nicht die geringste Änderung oder Anordnung ohne Einwilligung seines Prinzipals; genaugenommen war Hillers also nichts weiter als ein erster Gehilfe und machte auch gar keine weiteren Ansprüche.

Hätte der Alte es bei der angeführten Beaufsichtigung seines Geschäfts bewenden lassen, so würde das nur seinem Ansehen gedient und ihm zur Ehre gereicht haben; leider aber hielt er sich für verpflichtet, bei starkem Geschäftsandrang in der Apotheke mitzuhelfen und hielt uns dadurch in demselben Grade auf, als er zu nützen vermeinte; denn nicht allein, daß jede Verständigung mit ihm erst durch lautes Ins-Ohr-Rufen erfolgen konnte, sondern er pflegte auch noch bei den einzelnen Operationen, bei welchen er zu helfen wünschte, lange Dissertationen abzuhalten, auf welche Art dieselben am zweckmäßigsten auszuführen seien, wie zum Beispiel eine Papierkapsel eigentlich gestaltet sein müsse, um den Inhalt leicht aufzunehmen, wie es höchst unanständig sei, durch Hineinblasen dieselbe zu öffnen, während hinter seinem Rücken tüchtig geblasen wurde und dergleichen mehr. Das einzige Mittel, ihn in solchen Fällen zu entfernen, bestand darin, ihm in der Hitze des Gefechts tapfer auf die Füße zu treten. Er polterte alsdann wohl los, schlich sich aber bald von dannen.

Was nun die mechanischen Arbeiten meines Prinzipals betraf, so waren dieselben für mich böhmische Dörfer; es standen da in seinem Arbeitskabinett zwei eiserne Drehbänke, auf denen metallene Röhren und

Zylinder abgedreht wurden, die zu Teilungsmaschinen oder physikalischen Apparaten dienen sollten. Die ganze Werkstatt war ausstaffiert mit Feilen, Sägen, Bohrern, Schneidkluppen, Tastzirkeln etc., und nicht allein mein Doktor arbeitete mit diesen verschiedenen Instrumenten, sondern es kam auch ein junger Mechaniker namens Kosbue oft mehrere Tage hintereinander, um zu helfen; so wie auch jeden Sonnabendabend der junge Herr Repsold einige Stunden mit dem Doktor zusammen beschäftigt war und hierbei als Lehrer betrachtet werden konnte. Ob die Resultate seiner Arbeit diesem umfangreichen Ausrüstungsapparat entsprechend waren, diese Frage muß ich leider verneinend beantworten, denn außer einer größeren Teilungsmaschine für Barometerröhren etc. habe ich nie ein Werk zustande kommen sehen und kann dem Ausspruch des Hausknechts Dietrich Mäsecke – von dem später die Rede sein wird – nicht ganz unrecht geben, wenn er, durch die Klingel des Alten von seinen notwendigen Beschäftigungen abgerufen, um ihm bei der Drehbank zu assistieren, im gerechten Unwillen ausrief: „Dat weet der Deubel, nu sall ick all wedder mit den Ollen speelen." Viel mehr als spielen war es wohl in der Tat nicht, was den Alten hier zu oft anstrengender Tätigkeit antrieb, und nur in Betracht seines körperlichen Leidens konnte man es sich erklären, daß nach den in früheren, gesunden Tagen ausgeführten geistigen Arbeiten diese Versuche in der wissenschaftlichen Mechanik ihm genügen konnten. Er war der eigentliche Gründer oder Reformator des Hamburgischen Apothekenwesens, er hatte die gesetzlichen Revisionen der, vor ihm, ganz handwerksmäßig gehaltenen Offizinen zuwege gebracht und diese Revisionen als pharmazeutisches Mitglied des Gesundheitsrates jahrelang betrieben. Er hatte dieselben auf eine verringerte, bestimmte Anzahl beschränkt, die Examina der Gehilfen und Lehrlinge eingeführt und die erste Hamburgische *Pharmacopoe* unter dem Namen: *Apparatus medicaminum hamburgensis* herausgegeben, nach welcher noch zur Zeit meines Eintritts gearbeitet wurde, zu welcher Zeit er übrigens sein Amt als Mitglied des Gesundheitsrates, welchen letzteren er ebenfalls mitgegründet hatte, niederlegte und an seinen Nachfolger, Apotheker Oberdörffer, abgab.

Ließen nun die Verstandeskräfte meines Prinzipals nichts zu wünschen übrig, so saß, wie man zu sagen pflegt, das Herz bei ihm ebenfalls auf der rechten Stelle. Er war, wenn auch der Haustyrann bisweilen sich herauskehrte, doch gegen seine Familienmitglieder und namentlich gegen seine Frau höchst liebevoll; er stand den Hilfesuchenden mit Rat und Tat bei und gab gern und reichlich, wenn es sich um Sammlungen für wohltätige Zwecke handelte. War er nicht gerade bei guter Laune – etwa bei Ostwind – und ich trat dann bei ihm mit einem derartigen Sammlungsbogen oder Bettelbrief ein, so pflegte er wohl mal loszudonnern über verfluchte Bettelei, ob man meine, ihm wüchse das Geld auf'm Buckel; aber dabei händigte er mir doch immer sein Scherflein ein.

Seine Apotheke war die größte und bedeutendste in Hamburg, und er war stets bemüht, das Geschäft auf dieser Stufe zu erhalten, sowohl hinsichtlich der Vorzüglichkeit und Mannigfaltigkeit der Präparate wie hinsichtlich der äußeren Ausstattung derselben; seine Lieblingsäußerung war: „Wer ernten will, der muß auch säen", oder: „Man muß dem Publikum immer von neuem zeigen, daß man auf dem Platz ist."

Meine Prinzipalin, die Frau Doktorin Eimbcke, war eine kleine behende Dame, die es im Äußeren freilich in keiner Weise mit ihrem stattlichen Gemahl aufnehmen konnte, dagegen in Führung des Hauswesens ihm wohl ebenbürtig zu nennen war. Sie hielt ihre drei Hausmädchen in gehörigem Respekt, und auch auf das Apothekenpersonal wußte sie ihre Autorität auszudehnen, wozu es mancherlei Veranlassungen gab. Sie hatte nämlich mehrere in der Apotheke zu verwendende Artikel, zum Beispiel Wein, Zucker, Papiere und dergleichen, unter ihrem Verschluß und konnte sehr ernsthafte Mienen zur Schau stellen, wenn dergleichen Artikel stärker als gewöhnlich verbraucht wurden und man dann nach ihrem Dafürhalten zu früh um Auslage derselben bat. Ökonomie war eine Hauptregel in ihrem Haushalt, doch würde man großes Unrecht tun, daraus den Schluß zu ziehen, daß wir in unserer Beköstigung knappgehalten wurden; im Gegenteil, dieselbe war eine ganz vorzügliche; besonders konnte man dies vom Mittagstisch sagen, und die Frau Doktorin wurde hinsichtlich ihrer Kochkunst hoch geehrt; es gab da oft so feine Leckerbissen, wie ich sie zu Hause gar nicht kennengelernt. Hatte sie aber mal für ihren Mann ein besonders feines Gericht präpariert und er, wenn genug davon vorhanden war, auch nach unserer Seite hin die Schüssel weiterzugeben beordert, so konnte sie ein höchst verdrießliches Gesicht machen, aber es half ihr nichts, er wollte einmal keine Bevorzugung leiden; und doch hatte sie recht, denn wir wurden mit mehr als guter, nahrhafter Kost so reichlich versorgt, daß wir die Leckereien wohl entbehren konnten.

Der alte Doktor Chaufepié, der mit seinen beiden Töchtern in unserem Hause wohnte, ein kleiner feingebauter Mann von echt aristokratischem Gepräge, war in Hamburg eine sehr bekannte, hochgeachtete Person und hatte eine große und vornehme Kundschaft, welche er nur zu Wagen und mit vier Pferden, die Tag für Tag wechselten, bewältigen konnte. Er kam nur dadurch mit uns in nähere Berührung, daß wir die für ihn einlaufenden Bestellungen in Empfang nahmen und täglich von ihm, vor seinem Ausgange, einen Stundenzettel erhielten, um ihm jederzeit Botschaft nachschicken zu können.

Seine beiden Töchter konnten ganz als zur Eimbckeschen Familie gehörig betrachtet werden und halfen der Doktorin in allen Dingen wie Kinder des Hauses. Sie waren beide klein und zierlich, aber sehr hübsche Mädchen. Die älteste, Sophie, hatte ein allerliebstes Stumpfnäschen und ein zuverlässiges, entschlossenes, aber keckes, fast herrisches Wesen und ebenso sichere, höchst rasche Körperbewegungen. Es war ein Spaß, sie die Treppe hinunterlaufen zu hören, es klang gerade wie ein Trommelwirbel. Die zweite, Jette genannt, war viel zurückhaltender und in Folge ihrer Kränklichkeit ziemlich verzärtelt.

Das Apothekenpersonal bestand, als ich die Ehre erhielt, demselben anzugehören, aus dem bereits erwähnten Provisor Hillers, zwei Gehilfen, dem Defektarius Mielck und dem Rezeptarius Block, und zwei Lehrlingen, nämlich meinem Kollegen Philipp Paul und mir. Im Geschäft tätig waren dann noch der Hausknecht, eine Art Faktotum, Dietrich Mäsecke mit Namen, ferner ein Stößer, der direkt unter des ersteren Autorität stand, ein Laufbursche, ein Bursche zum Reinigen des Laboratoriums und zu den daselbst benötigten Hilfeleistungen, und einer, der nur bei der Fabrikation der künstlichen Mineralwässer dem Faktotum Mäsecke half. Zuletzt ist noch der Kutscher zu nennen, Johann Haar, welcher ebenfalls einige Funktionen im Geschäft auszuüben hatte; so mußte er die Lampen in der Apotheke versorgen und die Medizingläser für den täglichen Gebrauch ergänzen.

Der Provisor Hillers, etwa vierzig Jahre alt, war schon als Lehrling im Eimbckeschen Geschäft gewesen und hatte nie mit einem anderen gewechselt. Er hatte, wenn auch nicht gerade aus sympathischen Gefühlen, so doch aus langjähriger Gewohnheit eine große Anhänglichkeit an seinen Prinzipal, und letzterer hatte einmal geäußert: „Wenn ich den Hillers zu einer Tür hinausjagte, würde er durch die andere wieder hereinkommen." Er war eine lange, etwas hagere Persönlichkeit, pockennarbig und nichts weniger als hübsch, obgleich er in Bezug auf seinen Körperbau, den er in allen Teilen für normal geraten hielt, eine gewisse Eitelkeit besaß. Seine Haltung war schlecht, er trug den Kopf sehr vorgestreckt, hatte plumpe, nachlässige Manieren und keinen Begriff von feinem Anstand. Seine Schulbildung mußte ebenfalls mangelhaft gewesen sein, denn seine Sprachfehler waren grauenhaft, wenngleich er sich dies durchaus nicht anfechten ließ. Warf man ihm dergleichen Schnitzer vor, wie das gern von dem jüngeren Doktor Chaufepié geschah, so pflegte er ganz naiv zu fragen: ob man ihn etwa nicht verstanden habe? Die Sprache sei doch nur dazu da, einander verständlich zu werden; wenn das erreicht, so sei das übrige Luxus. Dagegen konnte man ihm in mancherlei Dingen Kenntnis und Erfahrung nicht absprechen, die er später durch Lesen und den täglichen Umgang mit gebildeten Menschen sich erworben haben mochte. Er sprach so viel Französisch und Englisch, um sich im Geschäftsverkehr verständlich machen zu können, war ein tüchtiger, zuverlässiger Arbeiter, dazu anspruchslos und Tag und Nacht gleich willfährig, daher seinem Prinzipal von ganz bedeutendem Nutzen. Bei alledem standen sich die beiden aber doch viel fremder gegenüber, als man bei dem langen Zusammenleben hätte erwarten sollen. Hillers hatte eine gewisse Scheu vor dem Doktor, die es durchaus nicht zu einem intimeren Umgang mit demselben kommen ließ; er verschmähte dagegen – verstand es auch vielleicht gar nicht –, durch feinere Schmeicheleien, gegen welche der Alte nicht unempfänglich war, sich eine bedeutendere Stellung zu verschaffen; und so kam es denn, daß sie nichts weiter miteinander verhandelten, als was zum Geschäftsbetriebe gehörte, und Hillers blieb nach wie vor kein anderer als ein wohlgelittener Arbeiter. Man konnte im ganzen genommen recht gut mit diesem Manne auskommen, er war freundlich im Umgang und verlangte nicht mehr, als was einer zu leisten vermochte; doch zeigten sich auch mancherlei Abnormitäten in seinem Charakter und in seiner Lebensweise, die ihn teils lächerlich, teils unbeliebt machten. Er hatte höchst mystische, abergläubische Religionsansichten, wußte alle Erscheinungen und Begebenheiten in der Natur wie in den Weltereignissen aus den Lehren oder Prophezeiungen des alten Testaments zu erklären und suchte gern seine barocken Ansichten denjenigen beizubringen, welche gutmütig genug waren, dergleichen mit Aufmerksamkeit zu folgen. Träume, Visionen, übernatürliche Einwirkungen waren seine Lieblingsthemata, bei welchen Erzählungen er alles andere um sich her vergaß. Sein Umgang beschränkte sich auch nur auf solche, die für dergleichen Empfänglichkeit zeigten und in der Regel verschiedenen mystischen Sekten angehörten. Des Abends saß er lange auf, ohne daß jemand um seine Beschäftigung wußte, und morgens konnte er dann nicht vor acht oder halb neun Uhr aus dem Bett finden. Er besaß eine alte Mutter, die für unser Geschäft Papierkapseln, Papierbeutel und dergleichen anfertigte und dafür eine kleine Einnahme bezog. Sie schien sehr viel auf ihren Sohn zu halten und besuchte ihn dann und wann in der Apotheke. Hillers hatte endlich eine übergroße Anhänglichkeit und Vorliebe für seine Vaterstadt Hamburg und deren Institutionen, die er in allen Teilen für unübertreffliche Muster hielt. So unter anderen die Hamburger Löschanstalt, und eine ganz besondere Passion von ihm war es, nach jeder ausgebrochenen Feuersbrunst, wenn das Geschäft es erlaubte, also namentlich in der Nacht, hinzustürzen, vorzüglich um sich an der Pünktlichkeit der Spritzen zu erfreuen.

Der Defektarius – will sagen, der im Laboratorio beschäftigte Gehilfe – war ein kleines, regsames Männlein, etwa 26 Jahre alt, höchst tüchtig im Geschäft und unter seinen Kollegen sehr beliebt; er hieß Mielck, war der Sohn eines holsteinischen Predigers und lebt noch jetzt als Besitzer der Apotheke in der Dammtorstraße in Hamburg.

Dann kam der erst kürzlich zum zweiten Gehilfen avancierte Rezeptarius – das heißt Anfertiger der Rezepte in der Apotheke – namens Ludwig Block. Dieser hatte etwas sehr Burschikoses, ging stets mit bloßem Halse und trug langes Haar, einen altdeutschen Rock mit kleinem Stehkragen und mächtig weite Hosen. Er hatte eine tüchtige Schulbildung auf dem Gymnasio zu Ratzeburg erhalten, war Turner und schwärmte für Freiheit und Aufklärung und erwies sich somit als der gerade Gegensatz unseres Provisors. Er verstand es nebenbei vortrefflich, sich dem Alten durch Hilfeleistung bei seinen mechanischen Arbeiten beliebt zu machen, und konnte als dessen Günstling betrachtet werden. Mein Kollege Philipp Paul war der Sohn eines Hamburger Lehrers, schon drei Jahre im Geschäft und ein tüchtiger, brauchbarer Mensch.

Von dem untergeordneten Dienstpersonal muß ich vor allem unser Faktotum, Meister Dietrich Mäsecke, hervorheben. Dieser gewichtige, von Diensteifer und vermeintlicher Unentbehrlichkeit erfüllte Mann war mittleren Alters, untersetzter Figur, trug eine leinene Bluse, lederne Schürze und ein dito Käppchen und schien, schon seinem äußeren Auftreten nach, sich für die verantwortlichste Person im ganzen Hause zu taxieren. Seinen wohlüberlegten Bemerkungen und Ratschlägen nach zu urteilen mußte er die Weisheit schier mit Löffeln gegessen haben, und in der Tat wurde ihm großes Vertrauen geschenkt und ihm die Bereitung einer ganzen Reihe von zusammengesetzten Arzneimitteln überlassen, die er mit großer Pünktlichkeit und Gewissenhaftigkeit nach den lateinischen Vorschriften besorgte. – „Ick kann Se to Noth de ganze Pharma copoe öbersetten", pflegte er zu sagen, wenn sich einer wunderte, ihn in letzterer die Rezepte nachschlagen zu sehen, und: „Ick hev all mennichen Gehülfen ut'n Dreck hulpen, wenn he mit sin Emplastrum galbanum oder sin Bleeplaaster to sitten köm"*, war eine andere Phrase von ihm. Er besorgte denn auch ganz allein die Fabrikation des Selterswassers, so wie später auch die der gangbarsten der übrigen Mineralwässer, die mit Hilfe der Maschine nach gewissenhaften Analysen dargestellt wurden; und noch sehe ich ihn, wenn er mit der äußersten Würde und Wichtigkeit nach vollbrachtem Tagewerk ins Laboratorium trat und sich an den Gehilfen oder Lehrling wandte: „Willn Se mal anschrieben, hüt sünd twintig ganze un dörtig halbe Marienbaderkreuz un eben so veel Egerfranzens (Abkürzung von Eger-Franzensbrunnen, der Akzent wurde aber auf die letzte Silbe gelegt) fabriziert worden." Seine Wichtigtuerei gipfelte am deutlichsten in einer Erzählung, die sich auf einen Vorfall vor meiner Zeit bezog. Er hatte mit seinem Vorweser, Witt mit Namen, einem raschen entschlossenen Manne, unter dem er Stößer war, Gläser gepackt, wobei sich ersterer stark in die Hand schnitt. Bei solchen Vorfällen bediente man sich nun, um das Bluten zu stillen, ge-

* Zur Bereitung der genannten Präparate gehört allerdings Erfahrung und eine praktische Geschicklichkeit.

wöhnlich einer Mischung von Arkebusade und dänischem Schußwasser, und Witt lief daher rasch fort nach der Apotheke, um sich diese Mischung zu holen. Dietrich aber schrie ihm nach: „Witt, Witt!“ und als er nicht hörte: „Heiligen Dunnerwetter, Witt, so hör doch!“

„Na, wat is dar denn?“, fragt Witt endlich.

„Ick wull di man fragen“, sagt Dietrich, „weetst du ock dat richtige Verhältnis?“

„Ach wat, ick lach an din Verhältnis“, entgegnete Witt ärgerlich und lief fort. Aber Dietrich läßt sich nicht irremachen, er brüllt ihm nach: „Dat is wie twee to dree!“

So brauchbar und zuverlässig Meister Dietrich nun auch war, so hatte er leider den Fehler, ein großer Verehrer der Spirituosen zu sein, und dieser Fehler war im fortwährenden Wachsen begriffen, so daß zuletzt kaum ein Tag oder richtiger Abend – denn am Tage hütete er sich sehr, eine Herzstärkung zu sich zu nehmen, dazu hatte Doktor Eimbcke eine zu feine Nase – verging, an dem er nicht in eine gehobene Stimmung verfiel, die sich zuerst durch energisches Absingen von Schlachtenliedern, später durch müdes Schließen der Augenlider und ungeheuer lange, höchst weise Bemerkungen verriet. Es war in dem Eimbckeschen Geschäft der so unerhört tadelnswerte Gebrauch eingerissen, daß den Dienstleuten am Sonnabendabend eine ganze Weinflasche voll Schnaps verschiedentlicher Zusammensetzung von dem Gehilfen oder Lehrling gemischt und verabreicht wurde. Diese Flasche, zunächst Dietrich eingehändigt, verteilte derselbe unter fünf Personen; er selbst, der Kutscher, der Stößer und die zwei Burschen bekamen davon ihren Anteil. Von dieser Gewohnheit, von welcher offenbar der Alte nichts wußte, mochte bei unerem Dietrich die Neigung zum Schnapstrinken entstanden sein, aber bald genügte ihm die Sonnabendspende nicht mehr, sondern bei jeder Gelegenheit suchte er zu einer solchen Erfrischung zu gelangen, sei es, daß er zum nächsten Weinkeller von Büter einen Abstecher machte, sei es, daß er gegen eine erzeigte Gefälligkeit sich von uns einen Liqueur ausbat; ja zuletzt wußte er sich selbst zu einem solchen zu verhelfen, da er nicht eben wählerisch zu Werke ging, und Lavendelspiritus oder der Spiritus des Feldthymians bei ihm als Stellvertreter dienen mußte. Auch den edlen Künsten war er nicht abgeneigt, seine Hauptforce bildete der Gesang, und vorzüglich stark war er in Schlachten- und Soldatenliedern, da er früher unter den Bremervördeschen Husaren gestanden hatte, und an der Spitze dieser Lieder stand das alte wohlbekannte: „Gott grüß Euch Alter, schmeckt das Pfeifchen?"* Er sang gern bei der Arbeit, vorzüglich aber, wenn er sich in gehobener Stimmung befand.

Der Kutscher Johann Haar war früher schon als Laufbursche im Geschäft angestellt gewesen und später, da er wohl mit Pferden Bescheid wissen mochte, zu dieser höheren Stellung gelangt. Er war ein junger, breitschultriger, großgewachsener Mensch, von ziemlich übermütiger Natur und ließ sich nicht leicht von einem anderen, als seinem Herrn selbst, dessen Liebling er war, etwas befehlen, und selbst gegen diesen wußte er gehörig aufzutrumpfen und befaßte sich ungern mit einer Arbeit, die nicht ursprünglich zu seinen Dienstleistungen gehörte.

Einst, als eine große Elektrisiermaschine die Treppe hinuntergetragen werden sollte, wozu auch er zur Hilfe kommandiert worden war, hatte einer der Träger bei den isolierenden Glassäulen angefaßt, und sogleich hörte man den alten Doktor, der die Spedition leitete, losdonnern, wie man so unvernünftig sein könne, die zerbrechliche Säule als Handhabe zu benutzen. „Na Oll, hang' di man nich op!", rief Johann Haar, den diese Nebenarbeit in üble Laune versetzt hatte.

„Wat segst du dar?", brauste der Alte auf, der doch vielleicht mehr oder besser gehört hatte, als beabsichtigt und vermutet worden.

„Ick seg, wenn se wat kaput breeckt, süllt se ophangt war'n", entgegnete Johann mit der größten Gemütsruhe. – Er blieb indes nicht lange nach meinem Eintritt bei uns, da er sich verheiratete und eine Schankwirtschaft auf den ersten Vorsetzen übernahm, wo er so recht Mann am Platz war.

Täglicher Mittagsgast noch war der Sohn des alten Doktor Chaufepié, Hermann Chaufepié, Witwer und ebenfalls Arzt. Es hat wohl kaum jemals einen eleganteren, beliebteren Modehelden gegeben als diesen jungen Herrn Doktor. Ein äußerst feines, intelligentes Gesicht, mit schwarzbraunen, leuchtenden Augen und starkem, schwarzem Bart; ein schlanker wohlgebildeter Körperbau mittlerer Größe und ungewöhnlich zarte Ex-

* Beginn des Gedichts „Die Tobackspfeife" von Gottfried Konrad Pfeffel (1736-1809)

tremitäten bildeten die äußere Erscheinung. Dabei hatte er einen freien, natürlichen Anstand, um den ihn ein Fürst beneiden konnte, ein echt aristokratisches Gepräge und ein so sicheres Benehmen gegen jedermann, daß an ihm als Weltmann im gesellschaftlichen Verkehr nichts zu wünschen übrigblieb. Mit seinem Eifer für Beruf und Wissenschaft mochte es nicht ebenso günstig beschaffen sein. Er hätte vielleicht, seiner Befähigung und dem bedeutenden Rufe seines Vaters nach, eine ansehnliche Praxis haben können, aber so sehr er bemüht war, durch feines Benehmen und äußere Eleganz sich eine hervorragende Stellung zu sichern, so wenig Interesse zeigte er für seinen ärztlichen Beruf; ja, er beschwerte sich mitunter wohl, daß wir ihm allerlei Kunden zugeschickt, um die er durchaus nicht verlegen sei. So kam es denn, daß er zwar eine feine, aber gewiß nur mäßige Kundschaft besaß. Früher sollte er dem Alten viel Geld gekostet haben, aber ohne daß dadurch ihr freundliches Verhältnis eine Störung erlitten hatte, so wie er denn überhaupt in der Familie überall ein geachteter und gern gesehener Gast war, der sich schon mehr herausnehmen durfte, als sonst einem weniger beliebten Mitgliede der Familie erlaubt worden wäre. Bei meinem Prinzipal, seinem Onkel, stand er ebenfalls sehr gut angeschrieben und war beständiger Gast beim Frühstück sowohl wie beim Mittagessen. Einen ungewöhnlichen Luxus trieb er in seiner Kleidung, in welcher er freilich eine Eleganz und einen Geschmack entwickelte, die unübertroffen dastanden. Und wenn er nun, äußerlich so bevorzugt, in die Öffentlichkeit trat, zum Beispiel in der offenen Equipage seines Vaters, als gelegentlicher Stellvertreter desselben, durch die Straßen fuhr, so verstand er es, seiner so hervorragend schönen Gestalt eine Würde zu verleihen, die allgemein Bewunderung erregte, ohne daß darin etwas Affektiertes zu entdecken war.

Das wären denn nun die Hauptpersonen, die den täglichen Verkehr in unserem Hause ausmachten, und so viel steht fest, derselbe bildete eine ziemliche Mannigfaltigkeit, denn kaum hätten sich größere Gegensätze von äußerster Rohheit und feinster Bildung finden können, als sich in diesem, meinem täglichen Umgang darboten. Hatte ich in den gebildeten Manieren der Chaufepiéschen und Eimbckeschen Familie Gelegenheit, meine bis jetzt ziemlich vernachlässigten Sitten und Angewohnheiten zu verfeinern, so waren die verschiedenen Individuen des Laboratoriumpersonals wohl geeignet, mich mit den Gemeinheiten der Schlacke des Volkes bekanntwerden zu lassen und den Lastern desselben zuzuführen, vor letzteren bin ich nun freilich durch den religiösen Halt, den meine guten Eltern meiner Erziehung durch Lehre und Beispiel gaben, gesichert geblieben, doch will ich gern eingestehen, daß mir der Geschmack an feineren Umgangsformen ziemlich fern gerückt wurde.

[14]

Verlauf eines Tages in der Apotheke

Den Sommer über war mein Wirkungskreis vorn in der Apotheke. Das Geschäft war damals in seinem besten Flor, und oft hatten wir weit über hundert Rezepte täglich. Der Handverkauf war dementsprechend und natürlich fast ausschließlich Sache der Lehrlinge. Was aber den Dienst vorzüglich erschwerte, war der Verkauf der künstlichen Mineralwasser, vorzüglich der des Selterswassers, welche im Keller lagerten und immer nur bei einzelnen Kruken heraufgeholt werden mußten; und namentlich des Abends, wenn man schon ziemlich abgehetzt war, blühte dieses Geschäft, so daß ich das Selterswasser hinwünschte, wo der Pfeffer wächst.

Des Morgens, um etwa sieben Uhr, mußte ich in der Apotheke sein. Die Köchin hatte alsdann das Bett des wachhabenden Gehilfen zusammengeschlagen und nach der Diele hinausgeschafft sowie den Fußboden der Apotheke gereinigt, und meine Arbeit war es nun, die Fensterladen hinauszutragen, alles auf dem Rezeptiertisch zu reinigen und zu ordnen und die unteren Reihen der Gefäße und Gläser vom Staube zu befreien. In der Rezeptur fiel es dem Lehrling zu, alle äußerlichen Mittel, namentlich Salben und Pflaster, zu bereiten und die Pillenmassen auszurollen, dabei die Handarbeiten, als Signaturen, Pulverkapseln etc. zu besorgen und außerdem des Alten Lampen zu putzen und abends anzuzünden. Nachmittags mußte ich auch die Apotheke ausfegen, und als einmal während dieser Beschäftigung Doktor Eimbcke eintrat, sagte er zu mir: „Sieh mal, das ist recht, so muß man alles betreiben lernen, was zum täglichen Leben gehört; wenn nun mal später deine Jungens es nicht recht verstehen wollen, so kannst du ihnen den Besen aus der Hand nehmen und sagen: Seht! So müßt ihr's machen. – Das ist der Nutzen davon."

Carl Schustler, Der Apotheker, Lithographie 1840

Diese Lithographie aus der Mitte des 19. Jahrhunderts zeigt im querovalen Mittelfeld einen Apotheker in seiner Offizin sitzend, umgeben von zwei Gehilfen und seiner Kundschaft. Die hochovalen Felder in einem Kranz von Blütenzweigen, der die Szene rahmt, zeigen Darstellungen eines Tier-, eines Augen- und eines Zahnarztes bei ihren ärztlichen Verrichtungen. Auf dem Tisch, der den unteren Abschluss des Kranzes bildet, ist ein Arrangement von Apothekergerät zu sehen.

Um zwölf Uhr war Frühstückszeit, will sagen die Zeit, ein Butterbrot während der Geschäftsbesorgung hinunterzuschlingen. Um vier Uhr wurde im Zimmer hinter der Apotheke am Familientisch gegessen, und, wie schon früher erwähnt, war der Mittagstisch ein ganz vorzüglicher. Obenan, mit dem Rücken gegen die Spiegelwand, saß der junge Doktor Chaufepié, ihm zur Rechten, also dem Fenster zunächst, Doktor Eimbcke, dann dessen Frau; ferner Fräulein de Chaufepié junior und darauf meine Wenigkeit. Unten an, dem jungen Doktor gegenüber, mein Kollege; dann kam der zweite Gehilfe, darauf der erste und der Provisor Hillers, neben welchem Fräulein de Chaufepié senior dann wieder ihrem Bruder zunächst Platz hatte. Die Unterhaltung während der Mahlzeit war recht belebt, denn der junge Doktor war mit den Tagesneuigkeiten und namentlich mit den Vorgängen in der vornehmen Welt sehr bekannt und wußte dieselben sehr humoristisch, oft recht maliziös, vorzutragen, auch mochte er gern seine Umgebung necken oder in Verlegenheit setzen. Seine Schwestern, namentlich die jüngere, Fräulein Jette, hatten nicht wenig von ihm zu leiden, und ganz besonders mußte die unverheiratete Schwester der Doktorin, Tante Mine, herhalten, die häufig zugegen war und später, als die Fräulein Chaufepié verheiratet waren, ganz bei uns wohnte. Der Alte selbst, welcher, wie erwähnt, selten unterließ, seine Gedanken laut werden zu lassen, unterstützte ihn dabei oftmals auf recht derbe Weise, und nur mit Mühe konnten wir dann unsere Heiterkeit verbergen. Im Sommer kam jedesmal während der Mahlzeit der Kutscher, um sich zu erkundigen, wann ausgefahren werden sollte, und dabei kamen dann wieder höchst drollige Szenen vor.

Während des Essens ist das Dienstmädchen nähergetreten und berichtet: „Herr Doktor, Johann ist da und fragt, wann er fahren soll.“

„Liebe Frau, wann willst du ausfahren?“, fragt der Alte.

„Ach Eimbcke, so bestimme du doch die Zeit, du weißt ja, mir ist es einerlei.“

„Na Johann“, ruft er diesem, der den Kopf zur Tür hereinsteckt, zu, „de gnädige Fro is dat enerlei.“ – Lächelnd sieht Johann die letztere an, welche dann, in die Enge getrieben, brummend den Bescheid gibt: „Nun, wie gewöhnlich denn, um sechs Uhr“, worauf Johann sich entfernt. Der Braten wird nun von Frau Doktorin tranchiert, wobei sie große Kenntnis und Gewandtheit an den Tag legt und ihrem Mann präsentiert.

„Onkel", fängt der junge Doktor, den schon wieder der Übermut prickelt, an, „was ist das? Das riecht ja knoblauchartig." Der Alte bringt den Teller seiner Nase näher und entgegnet ärgerlich: „Na, da haben sie wieder Deibelsdreck angeschmiert." – „Gott, Eimbcke", erläutert ihm seine Frau, „das gehört sich aber so, das ist ja Boeuf à la mode."

„Mir einerlei, ob's Ochs nach der Mode oder nicht nach der Mode ist, ich mag das Zeig nicht und nehme den Deibelsdreck höchstens in Pillen."

Doktor Chaufepié, seine Schwestern und auch wir kicherten vor Vergnügen, denn eigentlich gönnten wir der Doktorin gern einmal eine kleine Zurechtweisung, zumal da wir wußten, daß der Alte seinen Ärger schnell wieder vergessen würde.

Nach dem Braten kam nun freilich ausnahmsweise heute noch ein sehr beliebter Plumpudding und war wie gewöhnlich delikat ausgefallen. Als zum zweiten Mal derselbe von der Doktorin ausgeboten wurde, rief der Alte: „Frau, dem Kleenen" – das war ich – „gib nur noch'n gehöriges Stück, denn das scheint mir sein Leibgericht zu sein. – Der Jung' kann ganz gefährlich fressen", wandte er sich gegen den Doktor, „wenn die Jungs zu mir kommen, dann sind es so kleene, spiddlige Butten, aber wir wissen sie bald herauszufüttern; das dauert nicht so lang, dann werden sie große Labans; ha, ha, ha!"

„Na", fuhr er dann gegen mich gewendet fort, „wenn du fertig mit Essen bist, so geh mal hinum nach Johann und sag ihm, er solle das Verdeck der Chaise herunternehmen, denn Regen haben wir heute wohl nicht zu befürchten."

Aufträge der Art erhielt ich oftmals, wenn der Alte nach dem Essen in die Apotheke trat; bald sollte Johann das Verdeck auf, bald mal wieder es abschlagen, und weil ich schon wußte, welcher Spaß mit einer solchen Bestellung verknüpft war, so richtete ich dieselbe sehr gern aus.

Wenn ich nun bei Johann – der Stall war etwa fünfzig Schritt vom Hause in der Wassertwiete – mit meinem Auftrag ankam, so hieß es: „Dat weet der Deubel, watt de Oll immer för Grappen het, wenn man eben meent, man het Allens blank un in'n Schick, denn kann man wedder von vorn anfang'n."* – Kam ich nun zurück und der Alte stand in der Apotheke an seinem gewöhnlichen Platze am Fenster, dann trat ich höchst naseweis auf ihn zu und schrie ihm in die Ohren: „Herr Doktor, Johann wollte das tun", schon wissend, was hierauf erfolgte. – „So!", sagte er, „sieh mal, *will* er das wirklich tun? Das dank ihm der Deibel, daß er das *will*, das *muß* er woll!" – Ich zog mich dann ganz beschämt zurück, obgleich ich die ganze Komödie schon vorher gewußt.

Bei der Mahlzeit sah die Frau Doktorin nun immer sehr darauf, daß wir Lehrlinge nicht mehr auf unseren Tellern zurückließen, als unbedingt notwendig war. Hatten wir nach ihrer Meinung zum Beispiel Fett oder Sehnenteile des Fleisches übrig gelassen, die sehr gut genießbar waren, so verstand sie es, uns sehr bezeichnende Blicke zuzuwerfen, oder sie fragte wohl gar, ob wir von Haus aus nicht daran gewöhnt worden, den Teller hübsch rein zu liefern? Und wenn nun dergleichen zu befürchten stand, so wurde eine alte Holz- oder Pappschachtel mit ins Eßzimmer genommen, in welcher dann höchst geschickt alles, was unserem Gaumen nicht behagte, zu verschwinden pflegte.

Den Morgen- und Nachmittagskaffee erhielten wir – das Apothekerpersonal – für uns allein; ebenso das Abendessen, welches viel Abwechslung darbot und danach von uns mit mancherlei Namen bezeichnet wurde.

Da der Alte nach sieben oder acht Uhr selten mehr die Apotheke betrat, sondern oben bei seiner Frau blieb und nach dem Abendbrot frühzeitig zu Bett ging, so hatten wir alsdann unser Reich allein, und wenn das Geschäft uns nicht allzusehr störte, waren die Abende von neun bis halb elf Uhr gewöhnlich recht gemütlich, auch erhielten wir häufigen Besuch.

Ziemlich regelmäßig, jedenfalls drei bis vier Male wöchentlich, stellte sich ein alter Barbier, namens Römig, ein, der eine kleine Geschäftsbude, mit darüber befindlichem Schlafraum, in der Fuhlentwiete bewohnte. Er bezog verschiedene Sachen von uns, die er zur Anfertigung von Seifenkugeln, Leichdornpflaster etc. verwendete, doch kam es ihm vorzüglich auf die Billigkeit solcher Präparate an, und seine Bezahlung war mehr Form als dem Wert entsprechend. Er war ein alter zynischer Patron, der jede Gelegenheit benutzte, seine obszönen Geschichten anzubringen; so lange

* „Das weiß der Teufel, was der Alte immer für einen Unsinn im Kopf hat; wenn man eben meint, man hätte alles sauber und im Schick, dann kann man wieder von vorne anfangen."

jedoch Hillers zugegen war, hütete er sich wohl, mit dergleichen hervorzutreten. Stoff genug zu erzählen hatte er übrigens, da seine Kunden den Tag über eine ordentliche Sammlung von Stadtneuigkeiten und Klatschereien bei ihm deponierten, und dergleichen Mitteilungen waren denn auch das einzige, was ihn bei uns in Gunst erhielt, denn auf ziemlich unzweideutige Art mußte es ihm verständlich werden, daß wir ihn höchstens duldeten oder als Ableiter unserer dummen Streiche benutzten. – Ihm eine mit Kreide verkehrt auf die Handfläche gezeichnete Zahl und dergleichen durch zutrauliches Klopfen auf Rücken oder Schulter zu übertragen oder ihm eine alte Signatur als Zopf unter den Rockkragen zu applizieren, waren die gewöhnlichen Streiche; mehr Nachdenken erforderte schon, ihm seinen Hut derartig zu verstecken, daß er annehmen konnte, ihn selbst dahingestellt zu haben; auch fanden sich häufig allerlei närrische Dinge darin, als Papierschnitzel, alte Korke, was denn natürlich immer ganz von selbst hineingesprungen oder -gefallen war.

Einmal kam ich auf die geistreiche Idee, ihm seinen Hut erst außerhalb des Hauses vom Kopf verschwinden zu lassen. Ich schnitt einen, etwa zehn Ellen langen, Bindfaden ab, während Römig in der Eßstube in Unterhaltung begriffen war, und färbte ihn, um ihn weniger sichtbar zu machen, mit Tinte schwarz, alsdann band ich das eine Ende desselben um seinen Hut, das andere am Haustürdrücker fest, und sowie ich merkte, daß Römig im Begriff stand aufzubrechen, ringelte ich den größeren Teil des Fadens vor der Haustür leicht aufeinander. Da es schon halb elf Uhr geschlagen, die Apotheke daher geschlossen werden mußte, ging er rasch durch dieselbe, nahm seinen am Fenster dicht neben der Tür stehenden Hut, sagte eiligst adieu und trat auf die Straße. Mein Kollege und ich waren natürlich rasch am Fenster und spähten durch eine Spalte der Fensterladen. Der Streich glückte vollkommen, denn kaum war das Opfer desselben am Hause vorbei, als ihm wie durch Zauberkraft der Hut vom Kopfe flog. Ganz verblüfft guckt er sich um, er starrt zur Seite, nach oben, aber keine menschliche Seele ist bemerkbar, die ihm Aufklärung verschaffen könnte. Jetzt sucht er seinen Hut wieder auf und entdeckt den Faden, den er wütend zerreißt.

Nach solchem Schabernack blieb er dann eine Zeitlang fort, aber wenn die Seifenkugeln oder das Leichdornpflaster eine Ergänzung verlangten, kam er wieder an und tat, als ob nichts passiert wäre, oder er drohte auch wohl und schalt: „Lüttje Naber sitzen voller Kneep, haben en alten Mann zum Besten!“ usf.

Der erste Sommer in dem Geschäft meines Prinzipals war für mich der langweiligste und zugleich der ermüdendste. Ich war, wie schon bemerkt, nur in der Apotheke beschäftigt, und meine einzige Erholung bestand darin, daß ich bisweilen, wenn der Laufbursche es nicht allein bewältigen konnte oder zu spät vom Mittag- oder Abendessen wiederkehrte, Medizin austragen mußte, und da gab es mitunter lange Wege bis nach St. Georg oder der Esplanade, denn wir hatten große, weit zerstreut wohnende Kundschaft. Bei solchen Besorgungen fanden auch mancherlei Späße und Abenteuer statt. Scherzhaft war es, wenn bei Ablieferung eines Medikaments das Dienstmädchen dieselbe zum Wohnzimmer hineintrug und ich alsdann die Stimme der Madame vernahm: „Laß den Mann solange warten, ich bringe gleich das Geld hinaus“, – oder: „Ich habe noch etwas mitzugeben.“ – Du lieber Gott, ich hatte nicht das mindeste Männliche aufzuweisen und dachte, als ich so an meinem höchst jugendlich schmächtigen Körperbau hinunterblickte, wie die Dame wohl enttäuscht werden möge, wenn sie herausträte. – Einmal hatte ich mein Medikament (es war in einem Hause des Rödingsmarkts) in der Küche abgeliefert, und die Köchin bat mich zu warten, während sie das Geld hole. Vor mir auf der Anrichte lagen bis zehn bis fünfzehn herrliche Elbbütt, und mich trieb ein Kobold der Necksucht, einem derselben in den Schwanz zu kneifen, plötzlich fängt das Tier zu springen an, bringt die Kollegen mit in Aufruhr, und bald springt und zappelt die ganze Buttgesellschaft durcheinander. So wie ich sie niederhalten will, nimmt die Bewegung zu, einer nach dem anderen zappelt hinunter auf den Fußboden, und als nun die Köchin zurückkommt, ist zu ihrem Erstaunen der ganze Raum mit springenden Butten übersät, und ich springe in meiner Angst mitten dazwischen umher, um sie wieder einzufangen; doch wenn ich einen auf den Tisch habe, arbeitet der andere wieder hinab. So fängt denn die Köchin auch mit zu sammeln an, und während ihr dabei das Geld aus der Hand rollt, habe ich das Unglück, in einen Aschekasten zu treten, so daß der Inhalt als Staubwolke die grausige Szene einhüllt; und um dem Ganzen die Krone aufzusetzen, tritt nun noch die Dame des Hauses hinzu, mir das vergessene Trinkgeld nachzubringen, für all das Unheil, welches ich bereits angerichtet. Das traf mich wie glühende Kohlen, und ich atmete erleichtert auf, als ich meiner kläglichen Rolle ein Ende machen, der Buttexplosion und dem Aschenregen den Rücken wenden durfte.

Dieses Medizin-Austragen gewährte mir ein solches Plaisir, daß ich oft den Laufburschen bat, des Abends, wenn er zum Nachtessen nach Hause ging, recht spät wiederzukommen, damit möglicherweise mir ein Spaziergang dadurch erwüchse. Und wenn dann Hillers, ärgerlich nach der Uhr schauend, endlich ausrief: „Nun bleibt mir der Schlingel, der Jacob wieder so lange aus und die Medizin kann nicht länger stehenbleiben; ja Berend, dann müssen Sie mal damit los", – wer war dann froher als ich, und wie schnell war ich bereit fortzustürzen, in der Angst, Jacob könne zuvor erscheinen, ehe ich aus der Tür wäre.

Wenn ich nun am Abend vom ewigen Hin- und Herlaufen, treppauf, treppab, recht ermüdet war, so mußte ich noch die Apotheke schließen, womit das Vorsetzen von vier schweren Fensterladen verbunden war, die ich von der Hausdiele hereinzutragen hatte; sodann wurde eine Art hoher Kommode hereingerollt, auseinandergeklappt und darin von der Köchin das Bett gemacht für den das Nachtgeschäft Innehabenden. Wir Lehrlinge konnten aber jetzt uns zu Bette verfügen, denn in der Nachtwache wechselten die beiden Gehilfen monatlich ab. – „Meine Jungs", pflegte der Alte zu sagen, „haben genug am Tage zu tun, so daß ihnen die Nachtruhe notwendig ist, wenn sie wachsen und kräftig bleiben sollen" – und darin hatte er nach unserer Meinung sehr recht. Wenn nun das Haus und die nach der Straße führende Apothekentür abgeschlossen worden, so war es der sonderbare Brauch, die Schlüssel eine Treppe hoch in das Schlafzimmer der Frau Doktorin zu tragen. Hier stand dicht neben der Tür hinter einem großen Wandschirm, der das Innere des Schlafzimmers dem Auge verhüllte, ein Stuhl, auf den die Schlüssel gelegt wurden. Es mochte dieser sonderbaren Anordnung die Idee zugrunde liegen, ein etwaiges zu spät Nachhausekommen oder gar ein Ausgehen des Geschäfts- oder Dienstpersonals in der Nacht zu verhindern; jedoch mußte diese Annahme schon dadurch illusorisch werden, daß es dem Wachhabenden ja jederzeit freistand, die Schlüssel herunterzuholen, wenn etwa einem nächtlichen Kunden die Zeit vor der Haustür zu lang werden könnte; und in der Tat war es Geschäftsgebrauch, daß, wenn ein solcher auf die Anfertigung eines Rezeptes warten mußte, ihm die Haustür aufgeschlossen wurde und er dann über die Diele in die hintere Apothekentür eintrat. Dieser lästige Gebrauch nahm aber plötzlich ein Ende durch folgenden komischen Vorfall.

Als einmal der damals schon zum Gehilfen avancierte Philipp Paul die Nachtwache hatte, wurde er aus dem Schlafe geklingelt, und durch die kleine, in der Luke der vorderen Apothekentür angebrachte Klappe empfing er von einem Herrn ein Rezept, dessen Bereitung eine längere Zeit in Anspruch nahm. Er geht also zu dem auf der Diele in seiner unter der Treppe befindlichen Koje schlafenden Laufburschen und befiehlt dem sehr Schlaftrunkenen, rasch die Schlüssel herunterzuholen, um den Herrn einzulassen.

Während Paul nun eifrig mit seiner Arbeit beginnt, hört er die Haustür auf und wieder zumachen und denkt natürlich, der Kunde werde wohl, da er nicht zur Apotheke herantritt, auf der Hausdiele Platz genommen haben; doch als er nun nach etwa einer halben Stunde hinausgeht, um die fertige Medizin abzuliefern, ist keiner zu finden, und der Laufbursche schnarcht bereits wieder wie eine Sägemaschine. Gerade im Begriff, ihn zu wecken und zu fragen, wo er mit dem Herrn Kunden abgeblieben sei, hört er oben die Tür von Frau Doktorins Schlafzimmer öffnen, und heraus tritt ein Mann mit dem silbernen Nachtleuchter der Prinzipalin in der Hand. Pauls erster Gedanke ist, es mit einem Diebe zu tun zu haben, und er fährt den Mann, der zaghaft die Treppe hinuntersteigt, an: „Was machen Sie da oben?“ – „Nun, ich warte auf mein Rezept“, ist die Antwort. – „Und dann verkürzen Sie sich die Zeit damit, das Schlafzimmer einer Dame zu besuchen?“ – „Mein Gott, so hören Sie mich doch nur an“, ruft der Fremde, der allmählich unten angelangt ist und für einen Einschleicher doch ein zu ruhiges, sicheres Benehmen zeigt, „ein junger Mensch, mit nicht viel mehr als einem Hemde bekleidet – der da in der Schlafkoje – läßt mich ein, und auf meine Frage, wohin ich mich zu wenden, zeigt er ohne weitere Antwort die Treppe hinauf, bläst sein Licht aus und kriecht wieder ins Bett. Nun, ich sehe oben aus der angelehnten Tür einen schwachen Lichtschimmer, fühle mich allmählich die Treppe hinauf und denke, so sonderbar mir auch die ganze Geschichte vorkam, vielleicht dort den Prinzipal oder Provisor zu treffen; ich trete in das Zimmer und kann mich bei dem schwachen Schein einer Nachtlampe endlich so weit orientieren, daß ich zu meiner Verwunderung gewahre, in dem Schlafzimmer einer Dame zu sein. Was sollte ich da machen, außen war alles pechdunkel, ich setze mich also hin und warte den Verlauf ruhig ab. Gern hätte ich der Dame, als ich sie schlafend im Bette liegen sah, den Schrecken erspart; aber ein unwiderstehlicher Kitzel zum Husten brachte doch endlich ein Räuspern hervor, worauf die Dame emporfährt, mich anstarrt und in furchtbarer Angst fragt: „Was wollen Sie hier?" „Ja Madam", sagte ich so zart und liebevoll wie möglich, „das weiß ich eben nicht." – „Aber wie kommen Sie denn hierher?" – „Ein leicht bekleideter Mensch ließ mich in die Haustür und überwies als Aufenthaltsort mir Ihr Zimmer." – „Mein Gott, was haben Sie denn aber vor?" – „Ich warte nur auf meine Medizin." – „Auf Ihre Medizin?", fragte ganz verwundert die arme Dame, „ja, so gehen Sie doch hinunter zur Apotheke." – „Ach, das kann ich nicht, ich würde auf der stockfinsteren Treppe Hals und Bein brechen." – „Nun, dann müssen Sie sich mein Licht hier anzünden und mit hinunternehmen", sagte die Dame endlich; und so sehen Sie mich hier, aufs höchste erstaunt über diese sonderbaren Vorgänge." – Unser Paul war wie aus den Wolken gefallen; alles das kam ihm wie ein Traum vor. Er sah, daß er es mit einem ganz anständigen Herrn zu tun habe, entschuldigte, so gut es ging, den merkwürdigen Vorfall, händigte ihm endlich die Medizin ein und ließ ihn aus der Tür.

Als er selbst die Schlüssel nun wieder hinauftrug, mußte er – natürlich hinter dem Wandschirm – der Doktorin Rede und Antwort stehen; aber was konnte er ihr weiter berichten, als daß der schlaftrunkene Junge total unzurechnungsfähig sei und morgen scharf inquiriert werden solle.

Die Geschichte machte natürlich großes Aufsehen im Hause; der Junge wußte am anderen Morgen nicht das Geringste vom ganzen Vorgange zu erinnern; und das Ende davon war, daß künftig die Schlüssel in der Apotheke blieben; das Gute war wenigstens das Resultat dieser Episode.

Meines Vaters Wunsch war, daß ich während meiner Lehrzeit das Studium der lateinischen Sprache fortsetzte, meine Mutter mahnte dagegen, ich möchte das Zeichnen und Klarinettspiel nicht ganz vernachlässigen.

Beide zu befriedigen hielt schwer. Der jüngere Gehilfe, Ludwig Block, erbot sich zwar, mir des Abends beim Latein zu helfen, aber dann war ich so müde, daß mir die Augen zufielen; und mich nach elf Uhr hinzusetzen und Klarinette zu blasen, damit wären die übrigen Hausgenossen schwerlich einverstanden gewesen; so mußten denn zu diesen Übungen die Morgenstunden genommen werden, vor sieben Uhr, wozu ich von Hillers die Erlaubnis erhielt. So pilgerte ich früh morgens zu meinem Vater – um Latein, zu Herrn Dufour – um Klarinettspielen, und zu Herrn Franck – um Zeichnen zu lernen. Herr Dufour wohnte damals in einem Häuschen auf dem Valentinskamp, das mitten im Garten stand, und wunderbar schon klang es, wenn er mich im Freien mit dem Hirtenliede aus der Oper *Die Schweizer-Familie* oder einer ähnlichen Arie empfing. – Herrn Franck traf ich in der Regel noch im Bette, aber um keine Zeit zu verlieren, zog er alsdann, so sehr ich auch dagegen protestieren mochte, nur seinen Schnipel über und gab die Stunde in bloßen Beinen.

Beiden schönen Künsten entsagte ich indes sehr bald, da, ohne jegliche häusliche Übung, Lust und Fortschritte fehlten. Das Lateinische aber wurde ziemlich regelmäßig einige Male in der Woche betrieben, obgleich ich leider sehr oft die richtige Zeit verschlief.

[15]

Die freien Sonntage

Die freien Tage waren uns nur spärlich zugemessen. Die beiden Gehilfen gingen den einen Sonntag aus, die beiden Lehrlinge und der Provisor den anderen. Das wechselte ab, jedoch bei einer geschäftigen Zeit konnten wir hierauf nicht sicher rechnen. Der Provisor und die Gehilfen hatten überdem noch jeder einen halben Tag in der Woche zu ihrer Disposition. Dienstags und freitags, welches auch die Ausgehtage der Gehilfen waren, wurden Vorlesungen von einigen Apothekern oder sonstigen Befähigten gehalten über Chemie, pharmazeutische Warenkunde, Botanik und Physik, die auch die Lehrlinge besuchten. Diese Vorlesungen waren im Stadthause, im Botanischen Garten oder auch einmal bei dem Herrn Dr. Schmeißer, meinem alten Bekannten, und trugen zu unserer theoretischen Ausbildung wesentlich bei. Leider war man nur, nachdem man des Tages Last und Hitze getragen, wenig geneigt, sich mit Lust dem Studio hinzugeben, und Schläfrigfeit stellte sich, namentlich im Sommer, in der Regel ein. Desto erwünschter waren uns dagegen die botanischen Exkursionen, welche während des Sommers jeden Sonntagmorgen für Gehilfen und Lehrlinge, unter der Leitung eines Herrn Sickmann, abgehalten wurden.

Um sechs Uhr früh versammelten wir uns, mitunter zehn bis zwanzig an der Zahl, an einem der Tore, mit Botanisierkapseln versehen, und dann ging der Zug los. Die Tour am Elbstrand hinunter war die angenehmste; diejenige vom Dammtor aus nach dem Eppendorfer Moor (berühmt seiner Flora wegen) die interessanteste. Vom Steintor aus nach dem Wandsbeker Gehölz oder nach Billwerder gingen wir seltener.

Unser Lehrer, Herr Sickmann, ein mit der Hamburger Flora sehr vertrauter Botaniker, spielte eine höchst komische Figur. Er war ein großer, hagerer Mann, mit stark hervortretender Nase, buschigen Augenbrauen und einer tiefen Baßstimme. Seine Stiefel sowohl wie sein grün-rötlich schillernder Zylinderhut waren stets in sehr defektem Zustande. Beim Abnehmen des letzteren, so erzählte er einmal, sei ihm unglücklicherweise der Kopfteil sitzen geblieben, während er den Rand in der Hand hielt. Bei kaltem Wetter trug er einen ziemlich schäbigen Kutschermantel, welcher um die Beine herum eng zusammengefaltet getragen wurde, und nie ging er aus ohne einen blau baumwollenen Regenschirm unterm Arm. Sonst war er ein gebildeter, sehr respektabler Mann, der seiner Aufgabe vollkommen gewachsen war. Sehr angenehm und behaglich war nach einem tüchtigen Morgenmarsche, wenn wir unsere Kapseln gefüllt hatten, das ländliche Frühstück in Teufelsbrück beim Bäcker oder auf der Eppendorfer Mühle und in Wandsbek im alten Posthause bei Ahlers. Nach diesem kehrten wir dann etwa um ein Uhr wieder zurück. – Eigentlich sollten nun die Pflanzen direkt zwischen Papier zum Trocknen gelegt werden, jedoch brachten wir das selten zustande, sondern zogen uns lieber rasch um und gingen unserer Erholung nach. In einem solchen Tage konzentrierten sich ja die 13 Tage lang herbeigesehnten Freuden und Vergnügungen, und an mir lag die Schuld nicht, wenn ein solcher Tag nicht gründlich ausgenutzt wurde. Obenan standen weit ausgedehnte Spazierritte mit Jürgensen oder Spazierfahrten mit dem kleinen Hengst Murjan, und im Winter beim Frost Eisvergnügungen.

Einen großen Teil solcher freien Sonntage widmete ich chemisch-physikalischen Vorstellungen, die im elterlichen Hause aufgeführt wurden. Da meine Eltern diese Spielereien – weiter waren sie doch nichts – als einen unwiderstehlichen Drang nach wissenschaftlichem Streben auffaßten, so wurden mir hierin nicht die geringsten Schwierigkeiten in den Weg gelegt. Die nötigen Apparate, als Kolben, Retorten, Glasröhren etc., kaufte ich in der Glashandlung von Schrader & Roosen, eine pneumatische Wanne, Ofen und was sonst dazugehört und gebraucht wurde, mußte mir Jürgensen besorgen, und nun ging denn das Experimentieren nach Herzenslust vor sich. Da wurde Sauerstoffgas und Wasserstoffgas entwickelt; in ersterem Schwefel, Phosphor und Stahlfedern verbrannt, mit letzterem Ballons gefüllt, Knallgas präpariert und die chemische Harmonika dem erstaunten Zuhörerkreise vorgeführt. Ferner erhielten die Anwesenden einen Begriff von künstlicher Kälteerzeugung und Eisproduktion, von den Veränderungen verschieden gefärbter Flüssigkeiten durch eine und dieselbe hinzugetröpfelte Substanz, von der Wirkung der Leydener Flasche und wie der elektrische Strom imstande ist, die stärksten Magnete hervorzubringen. Der Waschraum neben der Küche im elterlichen Hause bildete den Schauplatz dieser Vorstellungen, eine von da nach oben führende Hintertreppe diente meiner kleinen Cousine und dem Dienstpersonal als Zuschauerplatz, während die Familienmitglieder im Parterre auf Stühlen saßen.

Eine solche Abendunterhaltung begann zum Beispiel damit, daß die Zuschauer, in den total verdunkelten Raum tretend, ein paar in weiße Leinentücher gehüllte Gespenster – das waren Nicolaus Jürgensen und ich – vor einer großen Schüssel niedergekauert erblickten, die unter Murmeln und allerlei grausigen Gebärden mit Ruten in eine brennende Mischung von Spiritus und Kochsalz peitschten, wodurch vorzüglich sie selbst, aber ebenso der ganze Raum mit allen Nahestehenden in einer so geisterhaftblassen Färbung und Beleuchtung erschienen, daß man Gespenster und Leichen zu sehen glaubte. – Hierauf erfolgte Erleuchtung des Lokales, und der Reihe nach kamen jetzt die chemischen Farbenveränderungen bis hinauf zu den Wasserstoffgas-Produktionen, der Füllung eines kleinen Luftballons und endlich der Verbrennung im Sauerstoff, wobei der Phosphor als Glanzpunkt den Schluß bildete und alles im reinsten weißen Sonnenglanz strahlte.

Je mehr meine Kenntnisse in der Chemie zunahmen, desto reichhaltiger und interessanter wurden die Produktionen, jedoch mußte ich auch manches Lehrgeld dabei bezahlen. Meine Eltern beide hatten an meinen Experimenten nicht viel weniger Plaisir als ich selbst, und auch Onkel und Tante te Kloot, die alle vierzehn Tage des Sonntags nebst Herrn Isaac te Kloot draußen bei uns waren, nahmen sowie meine Schwester und Schwager Linnich lebhaften Anteil daran, wenngleich manches Stück Zeug und Mobiliar bei diesen Operationen beschädigt oder gar verdorben ward, und zu wiederholten Malen mußte ich die Vorwürfe einstecken, daß ich des Herrn Isaac te Kloots neue Hose mit Vitriolöl verbrannt und gänzlich verdorben hätte.

Da die beiden Lehrlinge bei Dr. Eimbcke zusammen einen freien Sonntag hatten, so nahm mein Kollege auch mitunter Teil an meinen Vergnügungen. Namentlich der später eintretende Hermann Krüger harmonierte in seinen Passionen mit mir, und wir beide hatten eine rührende Freundschaft mit dem damaligen Kutscher Johann Meier geschlossen, welchem wir schon um acht Uhr unseren Besuch abstatteten, um am frühen Sonntagmorgen uns für den oft strapazanten Tag durch eine kräftige Mahlzeit zu stärken, welche aus sehr delikatem Beefsteak, auf einer Spiritusflamme bereitet, und ungeheuren Quantitäten Gurkensalat bestand. Die Gurken wurden auf gewöhnliche Weise zerschnitten und vor der Zubereitung mit Öl, Essig usw. in einem Handtuch scharf ausgepreßt, um, wie Johann meinte, den Salat verdaulicher und schmackhafter zu machen. Nun, soviel ich zu erinnern weiß, ist er uns jedesmal sehr gut bekommen. Dann besuchten wir beide auch sehr gern die Parade der hanseatischen Garnison, die damals auf dem Domplatz – wo jetzt das Gymnasium steht – um zwölf Uhr abgehalten wurde, und marschierten mit der Wachtmannschaft bei klingendem Spiel zur Hauptwache auf den Großneumarkt, wo wir uns trennten; ich ging zu meinen Eltern nach Altona, er zu seinen Verwandten, der Familie des Doktor Homann. Die Sonntagmorgende waren übrigens auch größtenteils dem Kirchenbesuch gewidmet, wenigstens im Winter. Den Sommer über durften wir abwechselnd, alle vier Wochen einer von uns, bei den botanischen Exkursionen nicht fehlen.

Wenn dann ein so froh verlebter freier Sonntag zu Ende ging, so wanderte ich um halb zehn Uhr wieder heim, und wenn ich die Apotheke betreten hatte, so blieben die nächsten vierzehn Tage der steten Anstrengung und Arbeit überlassen, und hinsichtlich der Vergnügungen mußte ich von der Erinnerung zehren oder im Vorgefühl des nächsten freien Sonntags leben.

[16]

Die Cholera-Epidemie

Nach Verlauf des ersten Sommers meiner Lehrzeit sollte ich nun ins Laboratorium versetzt werden und dann mit meinem Kollegen monatlich im Rezeptur- und Defekturdienst abwechseln. Bevor jedoch diese von mir sehr ersehnte Veränderung erfolgte, trat ein Ereignis ein, welches nicht nur unser Geschäft, sondern die ganze Stadt in die größte Aufregung versetzte.

Die Cholera erschien zum ersten Male in Hamburg. – In ängstlicher Spannung hatte man die Annäherung derselben beobachtet, aber immer noch gehofft, dieser unheimliche Gast werde unser nordisches Klima vermeiden; jedoch die Hoffnung schlug fehl.

In Hamburg existierte eine berüchtigte Bettlerherberge auf dem Venusberge, „Tiefer Keller" genannt. Der Name entstand ohne Zweifel daher, daß man, vom Venusberge eintretend, zwei bis drei Stockwerke Kellergeschoß hintereinander passierte, ehe man den niedrigsten Teil des Schaarmarktes, wo, wenn ich nicht irre, der Ausgang war, erreichte. In diesen Lokalitäten herrschte, wie man sich denken kann, Schmutz und Unordnung vor. Es konnten daselbst von den Vagabonden und Bettlern für verschiedene Preise Nachtlager erhalten werden: für den ersten Preis bekam man ein Bett – in welcher Gestaltung, läßt sich denken; für den zweiten Preis schlief man auf Pritschen oder Strohlager. Der letzte Preis, ich glaube ein Schilling, gab Anrecht auf ein Lokal, in welchem ein langes Tau ausgespannt war, über das die Gäste mit den Armen sich hängten und so die Nacht, ob schlafend, bleibt dahingestellt, zubrachten.

Es war an einem Sonnabend, als plötzlich das Gerücht entstand, in dieser Bettlerherberge hätten sich Cholerafälle gezeigt. Eine dahinbeorderte Deputation des Gesundheitsrates mußte sich leider von der Wahrheit desselben überzeugen, und als der bei dieser unheimlichen Untersuchung zugegen gewesene Doktor de Chaufepié senior zurückkehrte und in die Apotheke trat, sahen wir's schon seinem Gesichte an, welches Resultat er mitgebracht. „Es ist die asiatische Cholera, im ausgeprägtesten Grade", sagte er traurig und ließ sich die Flasche mit aromatischem Essig geben, um sich Hände und Gesicht damit zu waschen, worauf er zu seinem Schwager ging, um auch ihm die betrübende Kunde mitzuteilen.

Anderntags war mein freier Sonntag, und als ich um neun Uhr nach unserer Kirche in Altona gehen wollte, war vor dem Hummeltore eine Patrouille aufgestellt, um keinen Menschen, der Ansteckung wegen, durchzuladen. Aber nicht lange dauerte diese Absperrung, da auch in Altona schon sich Cholerafälle gezeigt hatten und deshalb ein Kordon von dänischen Kürassieren hinter Ottensen gezogen wurde, der aber auch noch selbigen Tages aufgehoben ward, da die Krankheit sich sprungweise verbreitete und aller Absperrung spottete.

Es begann jetzt für uns eine sehr anstrengende Zeit. Eine wahre Verproviantierungsepidemie sowohl mit Präservativmitteln als Heilmitteln gegen die Cholera entstand. Kamillen, Flieder, Pfefferminze, Krauseminze und dergleichen wurden zu viertel und halben Pfunden im voraus abgewogen und zu hohen Bergen aufgestapelt; ebenso Senfmehl, Riechessig, Opium- und Choleratropfen, Chlorkalk, Räucheressenz, Spanisch-Fliegenpflaster im Vorrat abgefaßt und namentlich Cholerapflaster angefertigt. Letztere bestanden aus burgundischem Pech, das auf weißes Leder in Form eines Herzens von der Größe eines Tellers gestrichen ward, und wurden zu Dutzenden vorrätig gehalten. Dieselben sollten, auf den Leib gelegt, als vorzügliches Präservativ dienen; aber wehe dem, der ein solches Pflaster wieder abzulegen wünschte, er hätte schon die Haut mit herunterziehen müssen. Die Apotheke ward in den ersten Tagen förmlich belagert, und oft wurden lange Verzeichnisse der genannten Medikamente gebracht, die in die Wohnungen der verschiedenen Kunden geschickt werden mußten.

An einem Abend erreichte das Gewoge und die dabei entstehende Verwirrung den höchsten Gipfel. Wir hatten für verschiedene öffentliche Anstalten, namentlich für das gegenüberliegende Stadthaus, eine trockene Mischung von Chlorkalk und doppelt schwefelsaurem Kali zu liefern, welche als Pulver in Weinflaschen abgegeben wurde. Sowie dies

Gemisch mit Wasser befeuchtet wird, geht die Chlorgas-Entwicklung vor sich, weshalb natürlich die Flaschen, in denen es verabreicht wird, vor der Füllung vollkommen trocken sein müssen. Dieses Pulver eignet sich vorzüglich, um Lokalitäten, in welchen viele Personen im Laufe des Tages versammelt gewesen, am Abend und während der Nacht auszuräuchern, indem man dasselbe auf Teller schüttet, etwas Wasser daraufgießt und nun das etwa durch ansteckende Ausdünstungen affizierte Gemach verschließt. Alle schädlichen Miasmen werden durch das Chlorgas zerstört, und am anderen Morgen, nach Öffnung der Fenster, ist die Luft vollkommen gereinigt.

Es waren nun vier solcher gefüllten Flaschen vom Defektarius, Herrn Mielck, auf den Rezeptiertisch gestellt, um sie mit Papier zu überbinden und zu signieren, während das Geschäft im vollsten Gange war. Plötzlich entsteht ein Knall, und aus einer der Flaschen springt eine Fontaine des erwähnten Pulvers bis zur Decke empor, gerade in die darüberhängende Öllampe, welche natürlich sogleich erlischt, und kaum ist der erste Schrecken überwunden, so folgen die anderen drei Flaschen nach, die ganze Apotheke mit Staub und dem die Lungen so stark affizierenden Chlorgase erfüllend. Die Flaschen waren offenbar vor dem Gebrauch nicht gehörig ausgetrocknet und somit durch die Chlorentwicklung die Explosionen entstanden. – Man kann sich keinen Begriff von dem jetzt eingetretenen unerträglichen Zustande machen. Der Rezeptiertisch war mit weißem Pulver bedeckt, welches Rezepte, Gläser, Mörser, Waagen und Gewichte etc. für den Augenblick unbrauchbar machte und sämtliche in Arbeit genommenen Medikamente verdarb. Dabei fast vollkommene Finsternis, denn die anderen beiden Hängelampen waren durch das hineingefallene Pulver ebenfalls dem Erlöschen nahe; dann die Einwirkung des Chlors sowohl auf unsere wie auf die Lungen des im vorderen Teil der Apotheke wartenden Publikums. Alles hustete, nieste, röchelte, und unser Provisor, um wenigstens diese letztere Einwirkung unschädlich zu machen, kam nun noch auf den unüberlegten Einfall, das Glas mit Salmiakspiritus zu ergreifen und dessen Inhalt in der Apotheke auszusprengen, wodurch freilich das Chlorgas neutralisiert ward, aber auch zugleich ein undurchdringlicher weißer Nebel entstand, so daß nichts mehr deutlich zu erkennen war; und da nun das im Übermaß angewendete Ammoniak prävalierte, alle mit tränenden Augen durcheinander irrten, mit einem Wort, jeder ratlos selbst nicht wußte, was er tat. – Noch mehr, der gute Hillers, selbst ganz geblendet, setzt eine Mixtur, die noch eben vor der Katastrophe fertig geworden, einem harrenden Dienstmädchen auf den Arm, statt auf die Ablieferungsplatte, so daß das Glas zerschellend auf den Boden gelangt und alle Umstehenden mit brauner Sauce bespritzt; und um der Konfusion die Krone aufzusetzen, tritt nun noch unser Chef voller Erstaunen in das düstere Nebelreich.

„Donnerwetter, was ist denn hier los?“

„Chlorexplosion; Neutralisation mit Ammoniak; Lampen sind davon ausgegangen!“, brüllte Hillers mit einer Art Wut ihm in die Ohren, und wir suchten, so weit wir's bis jetzt selbst begriffen, ihm die Situation begreiflich zu machen. Mittlerweile war durch Fenster- und Türaufsperren, Herbeischaffen von Hilfslampen Klarheit und Licht einigermaßen wiederhergestellt; doch zugleich eröffnete sich nun erst unseren Augen der schauderhafte Zustand, der uns umgab. Auf allen Repositorien und den darauf stehenden Gefäßen lag das ätzende weiße Pulver, der Staub war in alle geöffneten Kasten und Schubladen gedrungen, der Inhalt aller offenstehenden Behälter war verdorben, die metallenen Gegenstände durch das Chlorgas angelaufen und die Politur des Holzes durch den rücksichtslos ausgesprengten Salmiakgeist ruiniert oder fleckicht geworden.

Aber auch der Komik sollte in dieser Tragödie ihr Recht werden, als der Alte, der schon durch sein Eingreifen in die Handlung uns zur Verzweiflung gebracht und nicht wenig zur höheren Verwirrung beigetragen hatte, das Zerbrechen des Mixturglases für eine Tat des danebenstehenden Dienstmädchens haltend, unserem Provisor, dem eigentlich Schuldigen, zuflüsterte: „Du darfst ihr aber den Schaden nicht anrechnen, das arme Mädchen hat ohne Zweifel vor Schrecken das Glas hingeworfen“, und nun der gute Hillers sich vollkommen damit einverstanden erklärte und mit höchst ehrbarem Gesicht zustimmend nickte. Hätten wir die nötige Laune und Zeit dazu gehabt, wir wären in Lachen ausgebrochen.

Endlich kamen wir so weit, daß die unterbrochenen Arbeiten fortgesetzt werden und spät am Abend die allen so notwendige Ruhe eintreten konnte. Anderntags aber mußte eine Hauptreinigung der ganzen Offizin vorgenommen werden.

Ja, es war eine traurige, für uns über die Maßen angreifende Zeit die Zeit dieser Cholera-Epidemie. Jeder, der sonst nichts vom Kranksein, noch weniger vom Arzte oder Medizin wissen wollte, nahm jetzt beim kleinsten Unwohlsein seine Zuflucht zu denselben. Die Verproviantierung mit Präservativen fand freilich nur in den ersten Wochen statt, dagegen nahmen die mit „cito" und „citissime" unterschriebenen Rezepte auf erschreckende Weise zu, und die täglich veröffentlichten Bulletins ließen ein bedenkliches Steigen der Cholera-Anfälle bemerken. Wie das öffentliche Leben in dieser allgemeinen Schreckenszeit sich in Hamburg gestaltete, davon könnte ich höchstens nur vom Hörensagen berichten, da keiner von uns die vier Mauern unseres Hauses in der hilden Zeit verlassen durfte. Neben den erschütternden Trauerfällen kamen auch manche höchst komische Ereignisse vor. Es waren zwei geräumige hölzerne Schuppen, deren Doppelwände der Wärme wegen mit Torfgrus ausgefüllt waren, eins vor dem Altonaer Tor, „das Hornwerk-Hospital", eins beim Bauhof „das Ericus-Hospital", in Eile erbaut, wohin diejenigen Kranken gebracht wurden, die in ihren Wohnungen nicht verpflegt werden konnten oder die auf offener Straße von der Epidemie ergriffen wurden. Zur Transportation solcher Kranken waren eigene Träger engagiert, die mit ihren Tragkörben ihre bestimmten Posten in der Stadt hatten, um schleunigst zur Hilfe aufgefunden und verwendet werden zu können. Mitunter geschah es nun, daß diese Leute im Diensteifer einen Unrechten aus dem Bette holten oder auf der Straße einen Betrunkenen als Cholerakandidaten in ihren Korb packten und damit lostrabten; und wenn nun diese also gepreßten Opfer sich ihrer Lage bewußt wurden, so gerieten sie in helle Verzweiflung, schimpften, tobten oder warfen ihren Entführern Schuhe und Stiefel an die Köpfe, sprangen auch wohl gar aus dem Korbe und suchten sich durch die Flucht zu befreien, wütend verfolgt von den Krankenträgern.

Die besten Geschäfte machten zu dieser Zeit die Apothekenbesitzer, aber ganz besonders die Drogisten. Sämtliche Drogen, die während der Epidemie in Anwendung kamen, stiegen auf fabelhafte Weise im Preise; alte, schon dem Wegwerfen verfallene Lager von Kamillen, Flieder, Melisse usw. wurden für gute Preise zu Gelde gemacht. Allerlei neue Drogen und Mittel kamen zutage, um den gemeinsamen Feind zu bekämpfen; täglich waren in den Blättern Ratschläge zu lesen, um sich zu schützen, oder Rezepte nebst Gebrauchsanweisung, größtenteils aus Rußland stammend; und bald darauf kamen dann die Kunden, sich solche Rezepte machen oder sich unsere Meinung darüber mitteilen zu lassen.

Vorzüglich folgende drei Mittel fanden großen Absatz: „Rose'scher aromatischer Riechessig", „Stabsarzt Schäfers Präservativ gegen Cholera" und russische „Choleratropfen vom Leibarzt Dr. Thielemann".

Das Schlimmste war, daß diese furchtbare Krankheit den Hamburger Ärzten in der Praxis so gut wie unbekannt war, und da, wie das in der Regel bei dieser Seuche zu geschehen pflegt, die im Anfang derselben erfolgten Anfälle fast alle einen schnellen, tödlichen Verlauf hatten, so brachte man, in der Ratlosigkeit, oft wahre Pferdekuren in Anwendung. Unserer Apotheke gegenüber, im Stadthause, wurde der Diener des Polizeiherrn, Senator Dammert, befallen und starb auch am selbigen Tage. Emulsionen von Terpentinöl wurden demselben innerlich verordnet und ein Spanisch-Fliegenpflaster über den ganzen Leib, woran wir, da es Eile hatte, unserer drei zu streichen beschäftigt waren, äußerlich. Alles vergebens. Dieser Mann war häufig in unserer Apotheke, ein kerngesunder, prächtiger Kerl, welcher nebenbei ein Gourmand war und bei seiner Herrschaft in hoher Gunst stand.

Es wurde von ihm erzählt, daß er, als einst der Senator einige Freunde versammelt hatte und bedauerte, bei einem auszubringenden Toast keinen Champagner zur Verfügung zu haben, seinem Herrn zugeflüstert, ob er ihm eine Flasche seines Champagners anbieten dürfe.

Die Cholera verschwand allmählich im Verlauf des Winters, und als endlich beim Beginn des Frühlings seit vierzehn Tagen kein Erkrankungsfall mehr vorgekommen war, wurde ein Dankfesttag gehalten und zur Verherrlichung dieses Tages 101 Kanonenschüsse auf den Wällen von der Hamburger Bürger-Artillerie abgefeuert. Das Geschäft aber während dieser Winterszeit war so bedeutend, daß Doktor Eimbcke noch einen Hilfsmann zu erwerben suchte, und er fand einen solchen in der Person des Chemikers Busch, der im Andreasbrunnen die Präparation der künstlichen Mineralwässer besorgte und früher in der Eimbckeschen Apotheke als Gehilfe konditioniert hatte. Dies war ein kleiner, gedrungener, höchst gemütlicher Mann, dessen Frau bei der Doktorin Eimbcke Köchin gewesen. Er war von Geburt ein Braunschweiger, tüchtiger Arbeiter, der aber auch nebenbei seinem Körper an Pflege nichts abgehen ließ. Abwechselnd schlief er eine Nacht bei uns, die andere in seiner Wohnung in Eppendorf, und wenn er dann des Morgens wieder zur Stadt kam, so pflegte er wohlbeladen mit verschiedenen Frühstücksingredienzen, als da sind Gänsebrust, Mettwurst, Schweizer Käse, mitunter auch wohl mal mit einer Flasche Champagner, zu erscheinen, denn das einfache Butterbrot, wie's bei uns als Frühstück erschien, behagte ihm nicht.

[17]

Im Laboratorium

Unter Herrn Busch und unserem Defektarius Mielck trat ich nun meine Stellung im Laboratorio an. Dafür war bei uns eine eigene Kleidung bestimmt. Sie bestand in einer schwarz-leinenen Hose und dito Bluse, oder kurzem Kittel, der durch einen Lederriemen in der Taille zusammengehalten wurde. Es war dies eine Lieblingstracht unseres Alten, der bei schmutzigen, mechanischen Arbeiten einen ähnlichen Kittel überzog. – Meine erste Beschäftigung frühmorgens war, mit dem Gehilfen die in der Apotheke geleerten Gefäße wieder zu füllen, welches unter dem dafür gebräuchlichen Namen „einfassen" geschah. In einem länglichen hölzernen Kasten, *Defektkasten* genannt, trugen wir die leeren Gefäße zuerst nach dem Keller, darauf nach dem hinteren Gebäude in die Spiritus- und Materialkammer zum Einfassen, nachdem die verschiedenen Manipulationen, als Reinigen der Gläser, Filtrieren der Flüssigkeiten etc., vorgenommen waren. Die gefüllten Gefäße wurden in der Apotheke auf einen bestimmten Platz gestellt, von dem Apothekerlehrling äußerlich abgeputzt und nun der Prinzipal gebeten, dieselben zu besichtigen und den Inhalt auf Güte und Richtigkeit zu prüfen. – Als ich, noch in der Apotheke hausend, das erste Mal ins Zimmer des Alten trat, um ihn zu benachrichtigen, schrie ich ihm ins Ohr:

„Herr Doktor, der Defekt ist da."

„So", sagte er, „nun, dann sorg' dafür, daß er ergänzt wird."

„Ja, das ist schon geschehen", erwiderte ich ganz kleinlaut, „ich sollte Herrn Doktor bitten, die Gefäße nachzusehen."

„Na, das ist was anderes", antwortete er, „dann mußt du sagen: der Defekt ist *ergänzt*."

Später machte ich mir bisweilen das Vergnügen, wieder den Defekt da sein zu lassen, wenn ich den Alten herrief, worauf dann gewöhnlich dieselbe Zurechtweisung erfolgte.

Meine täglichen Arbeiten im Laboratorio waren nun viel angenehmerer Art als diejenigen in der Apotheke, schon deshalb, weil ich nicht fortwährend dabei gestört wurde, wie vorn durch die Besorgung des Handverkaufs. – Hier lernte ich denn nun Zitronen ausquetschen – welches, nebenbei bemerkt, bei spröden Händen ein Gefühl hervorbringt, als ob man mit Nesseln gepeitscht würde –, Lakritzen ausrollen, Pflaster streichen und vorzüglich die Decocte und Infusionen für die Apotheke besorgen; später: Säfte kochen, Tinkturen anstellen etc. und überhaupt dem Defektarius bei den Präparaten hilfreiche Hand leisten.

Zum Reinigen der gebrauchten Apparate und Gefäße war freilich eigens ein Bursche angestellt, jedoch wurde ich auch in alle diese untergeordneten Arbeiten eingeweiht. Ich scheuerte Kessel, spülte Gläser und Flaschen, wusch die Seihetücher – *Colatoria* – aus, polierte Messinggeschirre und lernte alle jene kleinen Hand- und Kunstgriffe, die bei solchen Arbeiten erforderlich sind. Derartige Beschäftigungen nützen aber nicht allein für die Gegenwart, sie haben ihren Wert fürs ganze Leben, und wie oft habe ich schon einer Hausfrau oder einem Dienstmädchen mit meinen damals gemachten Erfahrungen aus der Not geholfen. Man sollte daher nie solche untergeordneten Verrichtungen vernachlässigen oder gar verachten. Doktor Eimbcke pflegte zu sagen: „Das ganze Apothekergeschäft besteht im Schmutzigmachen und wieder Reinigen." Man könnte diesen Satz eben so gut aufs ganze praktische Leben anwenden und würde dabei die Überzeugung erlangen, daß die letztere der ebengenannten beiden Beschäftigungen nicht selten die schwierigere ist.

So lief denn nun der Winter dahin, in welchem ich monatlich mit meinem Kollegen Paul wechselte. Zu Anfang desselben verließ uns leider Herr Mielck, der ein Provisorat bei der Witwe des Apothekers Roth am Gänsemarkt übernahm, und zum nächsten Frühling, wo das Geschäft wieder seinen normalen Gang angenommen hatte, ging denn auch Herr Busch davon, zur Betreibung seiner Geschäfte im Andreasbrunnen. Busch war bei uns allen sehr beliebt, und besonders angenehm waren die Abende, an welchen er in der Apotheke blieb und uns mit seinen Erzählungen unterhielt. Er war auch sehr splendid, wenn wir um zwölf Uhr im Laboratorio frühstückten, mit Austeilung seiner mitgebrachten Leckerbissen. Wo früher einfach ein aufgeschmiertes Rundstück während der Arbeit verzehrt worden war, wurde jetzt ein Frühstückstisch in der Geschirrkammer arrangiert und mit Käse, Gänsebrust und einer Wein- oder Liqueurflasche besetzt. Einmal besuchte ich ihn auch an meinem freien Sonntag, indem ich auf meinem kleinen Hengst nach Eppendorf hinausritt.

Nach Mielcks Abgang nahm Ludwig Block, dem ein neuer Rezeptarius namens Breis folgte, die Defekturstelle ein, aber nur auf kurze Zeit, da er sich mit dem Alten dermaßen erzürnte, daß er selbigen Tages noch das Haus verließ und später eine Stelle in Wilster erhielt.

Mein bisheriger Kollege, Paul, hatte zu Ostern ausgelernt und war gerade dabei, sein Examen bei dem Apotheker Oberdörffer – dem Nachfolger unseres Doktors im Gesundheitsrate – abzulegen, als wir uns eines Abends auf eine Weise erzürnten, daß es zu einer Katastrophe ausartete, die man, in unverblümter Sprache, gemeinhin Prügelei zu nennen pflegt. – Um jedoch diesen Aktus zu beschreiben, muß ich etwas weiter ausholen.

Des Abends um sieben Uhr ward in der Regel im Laboratorio Feierabend gemacht. Der Defektarius ging auf sein Zimmer im Wohnhause oder besorgte anderweitige Geschäfte, Ablösung des Rezeptarius oder des Provisors usw. – Der Laboratoriumsbursche, der Stößer und das Faktotum Dietrich Mäsecke gingen nach Hause, und der Lehrling hatte alsdann das Reich allein, höchstens die Gesellschaft des Laufburschen, wenn selbiger nicht zum Ausbringen von Medizin verwandt wurde. Diese Abendzeit sollte nun, soweit es das Geschäft erlaubte, der Lehrling dem Studieren widmen, und solange die Schläfrigkeit sich bemeistern ließ, geschah das denn auch mit regem Eifer. – Ich hatte am letzten Weihnachtsfest von Doktor Eimbcke ein pharmazeutisches Lehrbuch von „Geiger" zum Geschenk erhalten und studierte darin in solchen Abendstunden. Dabei saßen wir – Jacob Krauskopf und ich – in der Geschirrkammer, hatten die Tür zum Laboratorio zu-, die zur Trockenkammer aufgesperrt, so daß eine recht angenehme Wärme uns umgab. War es recht kalt, so legten wir uns auch wohl in der Trockenkammer selbst, wo wenigstens 30° R. Wärme waren, auf einen Strohsack auf den Fußboden, unter welchem der Rauchfang durchging, so daß wir von oben und unten zugleich rösten konnten, wobei unsere täglichen Erlebnisse durchgenommen zu werden pflegten. Wir wurden in unserer Gemütlichkeit nur gestört, wenn im Laboratorio die Klingel ertönte und mich zur Besorgung eines Decocts oder dergleichen, meinen

Gesellschafter zum Ausgehen invitierte. – Von der Apotheke nämlich ging ein Sprachrohr nach dem Laboratorio, an beiden Endpunkten in einen Trichter endigend. Sobald die Glocke erklang, legte der zunächst Befindliche das Ohr an den Trichter und empfing so die Befehle oder Wünsche, wie sie vorn hineingerufen wurden. – Da kamen denn, wenn einer der Laufburschen oder der Stößer vor das Rohr getreten war, oft gar wunderliche Sätze, besonders wenn Latein darunter, zum Vorschein. Statt „Medulla bovis" (Ochsenmark) hatte einer „Min bulle Bockfink" verstanden; statt „Oximel" (Sauerhonig) „Ochsenmelk", und als einmal mein Freund Jacob Krauskopf sein Ohr an den Trichter gelegt hatte, kehrte er sich in vollem Gelächter um und rief: – „O Gott, eben hep't se dör schreet, – Decoctum Stina, Lina, Trina, wie lang daß du bist." – Als ich mich erkundigte, was verlangt worden sei, hieß es: „Das Decoctum chinae cum lichenis islandicis."* (Das Chinadecoct mit Zusatz von isländischem Moos).

Ich war an einem dieser Abende, es mochte gegen neun Uhr sein, in meinem Studium schon wieder bei „Nun ruhen alle Wälder" angelangt, Jacob lag schnarchend auf dem alten Strohsack in der Trockenkammer, Ruhe und Frieden umgaben uns, – als mit vielem Geräusch Philipp Paul angestürmt kam und uns recht unsanft aufstörte. Er hatte den Tag über im Hause Oberdörffers bei seinen schriftlichen Examensaufgaben geschwitzt und hielt sich jetzt wahrscheinlich dazu berechtigt, auch andere die Plagen des Lebens schmecken zu lassen. So begann er denn, mich auf nicht sehr liebenswürdige Weise zu necken, und das verstand er meisterhaft. – Plötzlich ertönte die Klingel, und als ich, noch halb im Schlafe, am Sprachrohr mich meldete, erhielt ich seine Antwort und schloß nun natürlich, Paul habe, um mich anzuführen, mit einem Stock gegen die Glocke geschlagen. Ich ging also ruhig wieder zu meinem Sitz, als ob nichts vorgefallen sei. – Das ärgerte ihn, und als nun gleich darauf die Klingel wieder ertönte, stieß er mich unsanft an: „Du, es ist geklingelt." – „Ja, geh nur hin und frage", sagte ich und blieb ruhig sitzen. – „Das ist deine Sache", entgegnete er und suchte mich emporzuziehen; weil aber gleich darauf stärker angezogen wurde, ging er doch ans Sprachrohr, horchte und rief nun: „Du sollst rasch

* Apothekerlatein.

fünf Blutegel nach vorne bringen." Ich wußte nicht, ob es Wahrheit oder noch immer Neckerei sei, was er vorbrachte, nahm aber doch den Glashafen, worin die Blutegel aufbewahrt wurden vom Bort und fing an, dieselben auszuzählen, ohne mich zu übereilen. „Rasch, rasch", schrie Paul und stieß mich dabei immer heftiger an, wohl einsehend, daß er selbst die Veranlassung zum Verzug gegeben. – Bis hieher hatte ich meine aufsteigende Wut niedergekämpft, aber jetzt, bei seinem anmaßenden, herausfordernden Gebaren, brach die Leidenschaft durch; ich nahm den großen Blutegelhafen mit beiden Händen und schleuderte ihm den ganzen Inhalt – Wasser und seine Bewohner – gerade ins Gesicht. – Nun ging's los. Er, triefend, mit Blutegeln bespickt, fuhr auf mich ein, wobei der Glashafen laut klirrend auf den Boden fiel, in tausend Scherben; und so balgten wir uns miteinander wütend herum, als Hillers von vorn angestürzt kam, mit dem Rufe: „Zum Donner, wo bleiben die Blutegel?" – Diese Frage war vollkommen zeitgemäß, wie's in der Politik heißt, denn, abgesehen vom Ausbleiben der verlangten fünfe, waren, seit Beginn unserer Balgerei, sämtliche Blutsauger auf Reisen und aufs eifrigste bemüht, sich eine neue Heimat zu suchen. – „Mein Gott, was ist das? Sind Sie toll geworden?", fuhr er zurückschrekkend fort, als er die schauerliche Szene überblickte.

Wir einander in den Haaren, Jacob Krauskopf voller Angst, bemüht, uns auseinanderzubringen, Paul und der Fußboden voller Blutegel. Das erste, was geschah, war, daß Hillers mit Hilfe Jacobs fünf der umherirrenden Egel aufsuchte und sie durch letzteren nach der Apotheke schickte; sodann nahm er mich mit nach vorne, während der zurückgekehrte Jacob und der zurückbleibende Paul die Flüchtlinge verfolgten und sie in einen sicheren Behälter brachten.

Vorn in der Eßstube ward nun Gericht über mich, dem man, als dem angreifenden Teil, die größte Schuld beimaß, gehalten; ich war aber noch in einer solchen leidenschaftlichen Erregung, daß ich nur durch Weinen und Schluchzen zu antworten vermochte und man schon hieraus ersehen konnte, daß ich doch vielleicht der weniger schuldige Teil sei. – Als denn nun endlich, wahrscheinlich durch Jacob Krauskopf als Unparteiischen, die ganze Angelegenheit zur Kenntnis gelangte und auch der Gehilfe Breis seine Meinung dahin abgab, daß die infamen Neckereien von Herrn Philipp Paul denn doch eigentlich die ganze Schuld trügen, geriet

Herr Hillers über die mir widerfahrene Unbill in solche Rührung, daß er für mich die Mütze und sich seinen Hut holen ließ und mit mir auf die Straße hinaustrat; die frische Luft und eine Promenade im Freien, meinte er, würden mir guttun.

So durchwanderten wir in stiller Nacht beim Sternenhimmel, Arm in Arm, mehrere Straßen; ich in meiner Laboratoriumskleidung passiv seiner Führung folgend und er, mir Trost zusprechend. Dann und wann fuhr er mir mit der Hand liebkosend über's Gesicht: „Das werde schon alles wieder ins gewohnte Geleise kommen, aber so arg habe ich mich wohl noch nie vorher mit meinem Kollegen erzürnt." Ich ließ alles über mich ergehen und mich ruhig weiterführen, und als die kühle Nachtluft meine Erregung gemildert, kehrten wir zurück. Nun, ich schlief die Nacht nicht weniger gut als gewöhnlich. Paul hatte nachträglich seinen Rüffel erhalten, und nach einigen Tagen waren wir wieder gute Freunde. – „Pack schlägt sich, Pack verträgt sich" – heißt's ja im Sprichwort.

Paul überragte, was Tüchtigkeit und Zuverlässigkeit im Geschäft anbetrifft, mich bei weitem; er konnte auch mitunter sehr liebenswürdig sein, bis denn seine Necksucht wieder hervorbrach und alles verdarb, heute nannte er mich „seine alte gute Seele" und morgen sann er darauf, mir den möglichsten Schabernack zu spielen, so daß es zu einer bleibenden Intimität nicht zwischen uns gelangen konnte. Sein Examen bestand er sehr gut und mußte nun eine Zeitlang die Defektur mit mir zusammen im Laboratorio besorgen, ohne daß dabei unser Zusammenwirken durch Uneinigkeit getrübt wurde. Erst später erhielten wir einen neuen Defektarius, einen Herrn Gnevekow, Mecklenburger von Geburt.

Auch in der edlen Kochkunst versuchten wir im Laboratorio unser Heil. Zur Frühstückszeit wurde Arrowroot* gekocht und mit Wein und Zuckerzusatz zu einem wohlschmeckenden Getränk zugerichtet; doch als wir einmal damit beschäftigt waren, Pfannkuchen zu backen, wäre uns der Versuch bald sehr übel bekommen. Wir hatten uns Mehl, Eier und Butter von der Köchin geben lassen und auch eine eiserne Pfanne requiriert; statt der Milch nahmen wir Bier, und unser Pfannkuchen, außerordentlich

* Arrowroot = Pfeilwurz; aus Wurzeln und Knollen dieser tropischen Pflanze wurde Stärkemehl gewonnen.

schön geraten, war gerade gewendet worden, als plötzlich die langsam herannahenden Fußtritte des Alten lautbar wurden, der oben sein Zimmer verließ, um die Treppe nach dem Laboratorio hinabzusteigen. Was nun anfangen, namentlich daß der Duft des Prachtexemplars von Pfannkuchen nicht zum Verräter wurde? – Mit blutendem Herzen, aber raschem Entschluß ward Pfanne nebst Inhalt rasch aus der Tür befördert und dem Fleet überliefert, und niemals ward wohl den Ratten ein leckererer Bissen aufgetischt. – Das Manöver aber glückte vollständig, der Alte merkte nichts, und später fischten wir die Pfanne wieder auf.

Der Alte besuchte sonst nur sehr selten das Laboratorium. – Eines Sommerabends, als ich allein zugegen war und glücklicherweise alles recht sauber und ordentlich aussah, kam er heruntergestapft, als ich gerade eine Pfanne mit Syrupus Simplex auf dem Feuer hatte. Er war recht leutselig gestimmt, sah meiner Manipulation mit beifälligem Kopfnicken zu, und so wie er immer mit Belehrungen und Verbesserungen bei der Hand war, hob er an: „Weeßt du denn auch, wie du deinen Zuckersaft recht schön hell und klar bekömmst?"

Ich war natürlich ganz Ohr.

„Da mußt du, wenn der Zucker geschmolzen, ein Eiweiß zu Schaum schlagen, mit dem aufgelösten Zucker innig vermischen und dann tüchtig aufkochen lassen."

Ich dankte für die Unterweisung, dachte aber bei mir selbst: „Na, das fehlte auch noch."

Allemal fiel aber ein solcher Besuch nicht so günstig aus. Des Sonnabends machte der Laborant um ein oder zwei Uhr Feierabend, und alsdann ward das Laboratorium nebst Inhalt, unter Dietrichs Aufsicht, einer bedeutenden Reinigung unterworfen. – Bald nach ein Uhr, als alles so recht unordentlich und unsauber aussah, kam der Alte einmal herunter. Er hätte keine unpassendere Zeit wählen können, und nun mußte auch noch zum Unglück das Reservoir über dem Beindorfschen Dampfapparat ganz leer sein, so daß der Dampf aus dem Schlußventil ausströmte – und gerade die stete Füllung dieses Reservoirs war vom Alten strenge anbefohlen und zur wirklichen Marotte bei ihm geworden.

„Oho!", brüllte er los, „wie sieht es hier aus; komm' ich in 'n Schweinestall oder in's Laboratorium? Und was ist denn das, kein Wasser im Reservoir? Der Dampf strömt ja zum Ventil hinaus, was ist das für 'ne Wirtschaft! Wollt Ihr mir den Kessel einschmelzen lassen? Wo ist der Gehilfe, wo ist Dietrich? Das ist ja der wahre Jungenskram. Ihr wäret es wert, daß man einen von euch aufnähme und den anderen damit niederschlüge."

Während dieser Kernrede waren wir, wie die Schafe beim Blitzstrahl, auseinandergestoben und gossen eine Kelle Wasser nach der anderen ins Reservoir.

„Schickt mir mal gleich den Dietrich herauf", schloß der Alte und zog brummend von dannen. – Ich machte mich schnell auf die Beine, um den Verlangten hinaufzubeordern, brauchte auch nicht lange zu suchen, denn schon von weitem hörte ich die bekannte Stimme im Vorkeller:

„Bei Leipzig war die große Schlacht
Von Frankreich, Rußland, Oestreich und Preußen."

„Diederich", rief ich, „Se süllen mal snell to Herr Doktor kamen", und dachte dabei in meinem Sinn, die große Schlacht könne da oben vielleicht sich einer Fortsetzung erfreuen.

„Na, wat het de Oll' denn nu wedder op sin'n Zettel", brummte er, „dat weet en heiliges Donnerwetter, kuum is man bi de Arbeit, so mut em der Deubel da twischen föhr'n."*

Ich beneidete ihn gerade nicht um diese Visite und konnte mir gleich denken, daß das ganze Ungewitter sich über ihn entladen würde. – Nach einiger Zeit kam „Meister Indem" wieder bei uns an; der Laborant war nun auch da und, nachdem wir ihm den Überfall des Alten mitgeteilt, nicht minder gespannt, wie die Affäre ablaufen werde.

„Na", fing Dietrich an, „dar har'n Se mi ok woll en Andüdung von geben künnt, wat hier passiert is; dat het ja woll bös wat fett hier un'n. De Oll' wör ja rein öber Stüür; so'n Wirtschaft, sär he, as he hier andrapen har, wör em noch nich vörkam'n, sär he. – In Oebrigen hev ick em mine Meenung ok nich vörentholl'n. Wegen dat 'r keen Water in't Reservoir wesen wör, darin muß ick em recht geben, un da har'n Se ok woll för oppassen künt; aber wegen de Unordnung, seg ick, da kann Herr Docter nicks nich

* „Na, was hat der Alte denn nun wieder auf seinem Zettel, das wird ein heiliges Donnerwetter, kaum ist man bei der Arbeit, so muß einem der Teufel dazwischenfahren."

seggen, seg ich; denn wenn Herr Docter Sünnabends grad bi't Reinmaken herunner kam'n, seg ick, denn so kann dat gar nich anners utsehn; dat blivt ja natürlich Allens stahn und liggen, wil't schürt ward'n sall, seg ick, un öberdem, seg ick, künn mi en Geschäft, wo't in de hilld'ste Tied Allens blank un sauber is un jedes Ding op sinen Platz stah'n deiht, ock nich tum besten gefall'n, seg ick, indem dat dar man verdammt wenig to dohn sin künn; un dafür, seg ick, bruken wi bi Herr Docter keen Bang' nich to hebben. Wenn Herr Docter sick morgen mal herunner bemöh'n wull'n, seg ick, ward'n Se dat ganz anners utseh'n fin'n, seg ick. Je, hev ick Recht oder Unrecht?", schloß er seinen Sermon.*

Wir waren natürlich vollkommen einverstanden mit dieser Auseinandersetzung und fragten nun weiter: „Na, wat säd denn de Oll'?"

„Je, wat sär he; he blix' dar noch en paar mal mang mit Jungskram un dulle Wirtschaft, ober Recht muß he mi ja doch geben, un denn", schmunzelte Dietrich, „wat ick em öber uns' Geschäft unnern Foot steken där, mug em ok woll gefall'n; passen Se nu man op, dat dat Waterreserwar ümmer stickendig vull is, denn ward dat Anner woll in de Hasen drögen."**

Dietrich hatte vollkommen recht, wenn er annahm, daß die Andeutung über die Lebhaftigkeit des Geschäfts den Doktor am ersten beruhigt, denn einer nicht zu plumpen Schmeichelei war derselbe zugänglicher, als man hätte glauben sollen, und wer ihn auf diese Weise zu nehmen wußte,

* „Na, da hätten Sie mir auch wohl eine Andeutung machen können, was hier passiert ist; da war ja wohl viel los hier unten – der Alte war ja ganz aufgebracht; so 'ne Wirtschaft, sagt er, wie er sie hier vorgefunden hat, wär ihm noch nicht vorgekommen, sagt er. – Im übrigen hab ich ihm meine Meinung auch nicht vorenthalten. Daß kein Wasser im Reservoir gewesen war, darin mußte ich ihm recht geben, und da hätten Sie auch wohl darauf aufpassen können; aber wegen der Unordnung, sage ich, da kann Herr Doktor nichts sagen; denn als Herr Doktor sonnabends gerade beim Reinemachen herunterkam, sag ich, dann kann das gar nicht anders aussehen; da bleibt ja natürlich alles andere stehen und liegen, und außerdem, sag ich, könnte mir ein Geschäft, wo's in der schnellsten Zeit alles blank und sauber ist und jedes Ding auf seinem Platz steht, auch nicht besonders gefallen, sag ich, indem da man verdammt wenig zu tun sein könnte; und dafür, sag ich, brauchten wir bei Herrn Doktor keine Bange zu haben. Wenn Herr Doktor sich morgen noch herunter bemühen wolle, sag ich, würden Sie ein ganz anderes Aussehen finden, sag ich. Ja, hab ich recht oder unrecht?"

** Na, was sagt denn der Alte? Je, was sagt er; er fuhr erst ein paar Mal dazwischen mit ‚Jungskram' und ‚tolle Wirtschaft', aber recht muß er mir ja doch geben, und dann, was ich ihm über unser Geschäft gesteckt habe, mochte ihm auch wohl gefallen; passen Sie nun man auf, daß das Wasserreservoir immer gestrichen voll ist, dann wird das andere wohl in Ordnung gehen."

stand gut bei ihm angeschrieben. – Dietrich mochte auch etwas von diesem Pfiff verstehen, er war aber auch wegen seiner sonstigen vielseitigen Brauchbarkeit allmählich des Alten Faktotum geworden.

War Dietrich mal nicht habhaft zu werden, so mußte Christian Bremer seine Stelle beim Doktor vertreten. Es ist dies letztere in doppelter Hinsicht das richtige Wort, denn wenn einer von ihnen hinaufzitiert wurde, so geschah das in der Regel, um die Drehbank stärker als gewöhnlich in Bewegung zu setzen, was bekanntlich durch Treten erreicht wird – wenn sie nicht gar das große Schwungrad drehen mußten, von dem schon früher die Rede gewesen. Der Doktor pflegte, wenn er von dem Stößer bedient wurde, zu äußern: „Der Christian, der hat en Paar Feiste*** am Leib, da möcht' ich auch keine Ohrfeige von bekommen." Die beiden Fräulein Chaufepié, welche dann und wann ihren Onkel in seiner Werkstatt besuchten, hatten in früheren Zeiten auch wohl mal – aber vergeblich – versucht, das Rad der Drehbank mit ihren Füßchen in Bewegung zu setzen. Dann hatte der Alte gelacht und gesagt: „Ja, wenn Ihr dummen Gänse ordentlich das Spinnen gelernt hättet, so würdet Ihr dies auch können."

Dietrich lag es auch ob, bei den Destillationen der aromatischen Wässer, Spiritus etc. die Destillierblasen zu füllen. Er schlug dann sehr selbstbewußt in der Pharmacopöe nach, legte die abgewogenen Kräuter nebst Wasser oder Spiritus ein, und nachdem er den Helm festgekittet, trat er mit unnachahmlicher Würde vor den Gehilfen: „Süh so, de Blaas is besorgt, un de Destillation kann vor sick gähn."

Auch das Auspressen der frischen Kräuter, deren Saft damals noch von den Ärzten in vielfacher Zusammensetzung unter dem Namen *Kräuterkur* verordnet ward, war Dietrichs Geschäft. Die frischen Kräuter wurden ihm von den Kräuterfrauen täglich gebracht, und wenn dann mal ein Kraut verschrieben worden, welches nicht vorrätig war, so mußte es einstweilen von uns gesammelt oder aus dem Botanischen Garten requiriert werden. So war Dietrich denn auch einmal dahingeschickt, um frische Stiefmütterchen, „Herba jaceae", zu holen, und als er damit zurückkam, sagte er mit verächtlichem Blicke: „Dar kennten se gar keen Herba jaceae.

*** Fäuste.

Ick müß jüm dat erst öbersetten. – Als ick frög, ob se denn Stiefmütterchen kenn'n deden, sär'n se: dat heet bi jüm ‚Vilor triclor', un dat wüllt botanische Garners sin?"*

Ferner führte er über diejenigen gemischten Pulver, Spezies etc., die nicht in der Pharmacopöe aufgenommen waren oder ein von derselben abweichendes Mischungsverhältnis hatten, ein eigenes, in lateinischer Sprache von ihm geschriebenes Manual, welches er sorglich in seinem Schrank verbarg, da er ohne Zweifel der Meinung war, der alleinige Besitzer dieser Sammlung zu sein. Man brauchte also nur an seine Defekttafel „Pulvis dentifricius ruber" oder *niger*, oder „Pulvis equorum", „Species fumales" etc. zu schreiben, so besorgte er das alles mit der größten Akkuratesse und Ordnung ohne weitere Anweisung. – Ebenso ging es mit den künstlichen Mineralwässern.

Bei der Bereitung dieser letzteren stellte er eine Wichtigkeit zur Schau, daß man ihn schier für einen studierten Chemiker hätte halten sollen. Seine weisen, die Arbeit begleitenden Reden, die mit Kunstwörtern, als „Gasometer", „Atmosphärendruck", „Neutralität" etc., wacker gespickt waren, brachten den ihm assistierenden Selterswasser-Jungen zum Augen-, Maul- und Ohren-Aufsperren, und dieser mußte in seinem Vorgesetzten ohne Zweifel die Hauptperson des ganzen Geschäftes erblicken. Ich besuchte ihn manchmal bei dieser Arbeit im Vorkeller, zumal des Abends, wenn die Laboratoriumsgeschäfte ruhten, und ließ mir ein Glas frisches Selterser Wasser aus der Maschine zapfen, welches er gern tat und dann das Glas mit einer so überlegenen, zufrieden-lächelnden Miene überreichte, als wollte er sagen: wer das nicht als über jeden Tadel erhaben anerkenne, der verstehe nichts von der Fabrikation.

„Hal mi mal", wandte er sich dann schließlich an den Selterswasser-Jungen, „en Töller un en reines Beerglas ut de Kök"**; und wenn er das Verlangte erhalten, füllte er das Glas und ging damit zur Prüfung nach dem Alten hinauf. In der Regel wurde es gut befunden, war dem Doktor

* In der Pharmazie ist der offizinelle Name des Stiefmütterchenkrautes „Herba jaceae"; der botanische Name der Pflanze aber ist „Viola tricolor" – dreifarbiges Veilchen.

** „Hol mir mal einen Teller und ein reines Bierglas aus der Küche."

der Kohlensäuregehalt aber noch nicht stark genug, so hieß es: „Bi'n Ollen is ja woll mal wedder Ostwind, he is so wrantig hüt als 'n Kedenhund. – Nu kann he dat wedder nich stark 'nog krigen. Je, denn helpt dat nich, denn so mödt wi den Atmosphärendruck noch concentriern un en paar Gasometer Kahlensür mehr heninjagen; platzt hernacher de Kruken, so is't sin' Saak. Aber wo wör't denn, wenn Se'n Lütten utgeben deden bi dat Stück Arbeit?"***

Wenn auch nicht immer, so mußte ich doch, wenn ich's mit ihm nicht verderben wollte, bei solchen Anfragen herausrücken oder ihm, was aber sehr ungern geschah, einen Haustum**** in der Spirituskammer mischen, und ich konnte sicher sein, daß dann auch alsbald die Singperiode sich einstellte.

*** „Beim Alten ist ja wohl mal wieder Ostwind, er ist so mürrisch heute wie ein Kettenhund. – Nun kann er das wieder nicht stark genug kriegen. Je, dann hilft das nicht, denn so müssen wir den Atmosphärendruck noch konzentrieren und ein paar Gasometer Kohlensäure mehr hineinjagen; platzt hernach das Gefäß, so ist das seine Sache. Aber wie wär`s denn, wenn Sie 'nen Kleinen ausgäben bei diesem Stück Arbeit?"

**** Haustum: vom lateinischen „haustus" = Getränk

[18]

Das Gehilfen-Examen

Es rückte nun der zweite für mich verhängnisvolle Abschnitt in meinem Leben näher, die Zeit nämlich, wo ich mein Gehilfen-Examen nach den zurückgelegten vier Lehrjahren abzulegen hatte. – Ich muß zum Ruhme unseres Provisors erwähnen, daß derselbe es sich sehr angelegen sein ließ, mich auf die Wichtigkeit dieses Examens aufmerksam zu machen und mich darauf vorzubereiten. Er knappte sich von seiner freien Zeit ganze Stunden ab, um vermittelst der der pharmazeutischen Lehranstalt angehörigen Drogensammlung, deren Beaufsichtigung und Ergänzung ihm anvertraut war, meine pharmacognostischen Kenntnisse zu vervollkommnen und kleine Examinatoria mit mir anzustellen. Auf ähnliche Weise hatte der Gehilfe Gnevekow schon früher manches zu meiner wissenschaftlichen Ausbildung beigetragen, so daß ich es nur mir allein als Schuld anrechnen durfte, wenn das Examen nicht nach Wunsch ausfallen sollte.

Etwa vier Wochen vor Ostern berief mich mein Lehrprinzipal auf sein Zimmer und kündigte mir an, daß ich vor Beendigung meiner Lehrzeit bei ihm ein Tentamen – Versuchs- oder Probe-Examen – machen solle, denn bevor er mich beim Gesundheitsrate zur Ablegung des Gehilfen-Examens anmelde, wolle er sich überzeugen, daß es mit meinen theoretischen Kenntnissen zur Genüge beschaffen sei. „Du kannst deinen Eltern anzeigen“, schloß er seine Mitteilung, „daß du am nächsten deiner freien Sonntage zu Hause bleiben und bei mir schriftliche Arbeiten ausführen müssest.“

Als an dem dazu bestimmten Tage meine Morgenbeschäftigungen in der Apotheke beseitigt waren, verfügte ich mich klopfenden Herzens zum Doktor und ward nun an seinen Schreibtisch plaziert. Es war, obgleich nicht dasselbe Zimmer, so doch derselbe Tisch, an welchem ich beim Eintritt in die Lehre die Affäre mit den „latrones“ zu bestehen hatte, und ich wünschte nur von Herzen, daß es mir heute nicht schlimmer als damals ergehen möge. Die mir vorgelegten Fragen, welche ich schriftlich beantworten sollte, handelten über Chemie, Pharmazie im allgemeinen und Botanik, drei bis vier in jedem Fach, und zwar so berechnet, daß die erste Abteilung bis zum Frühstück, die zweite vor dem Mittagessen und die dritte nach demselben beendigt werden konnte. Zur Zeit erhielt ich immer nur eine Abteilung, damit ich nicht etwa Gelegenheit bekäme, mir während der bezeichneten Zwischenperiode bei jemanden Rats zu erholen. Die verschiedenen Fragen sind mir, bis auf eine in der Chemie und eine in der Botanik, aus dem Gedächtnis entschwunden. Die erstere hieß: „Welches sind die verschiedenen Verbindungen des Stickstoffs mit dem Sauerstoff? Wie werden sie dargestellt, und welches sind ihre Eigenschaften?“ – In der Botanik hatte ich unter anderen zu beantworten: „Was versteht man unter Blütenstand? Wie vielerlei Arten desselben gibt es, und wie unterscheiden sie sich voneinander?“

Ich machte mich nun hurtig ans Werk und hatte die Freude, meine chemischen Ausarbeitungen in der gegebenen Zeit zu bewältigen. Ebenso ging es mit den nun folgenden pharmazeutischen Fragen und endlich auch, nach dem Mittagessen, mit den botanischen.

Als ich mein letztes Pensum ablieferte, erhielt ich vom Alten die Erlaubnis, noch zu meinen Eltern hinauszugehen und ihnen Bericht zu erstatten. Wie schnell war ich bereit, derselben nachzukommen; wie leicht und befriedigt fühlte ich mich, als ich aus dem Hause trat! Denn wenn ich auch noch nicht direkt die Versicherung erhalten, daß meine Arbeiten als genügend anerkannt worden, so gab mir doch der bewilligte freie Abend die feste Zuversicht, daß der Alte schon einen Einblick in dieselben getan und sich befriedigt gefühlt haben werde.

Mein Vater, dem ich natürlich voller Freuden das Resultat des Tages mitteilte, war derselben Meinung; doch es war ja im günstigen Falle immer nur ein bestandenes Versuchs-Examen und daher ohne zu gewisse Erwartungen erst das weitere abzuwarten.

Anderen Morgens empfing mich der Alte aber durchaus nicht mit dem Glück verheißenden Gesicht, welches er am gestrigen Abend gezeigt hatte. – „Mit deinen Ausarbeitungen bin ich zwar zufrieden“, hub er an, „aber nicht mit deinem unverantwortlichen Geschmier; das ist ja kaum zu lesen und kriminell und wimmelt von Schreibfehlern. Wenn man solche Arbeiten macht, so muß auch die äußere Ausstattung derselben derart sein, daß man sie jedermann vorlegen kann." – Damit war ich entlassen, konnte aber nicht recht den Zorn des Alten begreifen, da er ja wußte, wie sehr ich mich hatte beeilen müssen, um mit der gegebenen Zeit auszukommen; und eine schöne Schrift, dachte ich, hätte denn doch wohl unter bewandten Umständen den geringsten Wert, da sie ja doch nur bestimmt war, nach der Durchlesung in den Ofen oder Papierkorb zu wandern.

Später klärte sich die Sache auf, als Hillers mir zu meiner freudigen Verwunderung mitteilte, der Doktor habe die Absicht, meine Arbeiten, mit denen er dem Inhalte nach sehr zufrieden sei, seinem Nachfolger im Gesundheitsrate, Herrn Apotheker Oberdörffer, meinem gesetzlichen Examinator, vorzulegen, zugleich mit der Frage, ob ihm dieselben, welche ich ohne Beihilfe in seinem Zimmer ausgeführt, genügten und er sie als mein schriftliches Examen gelten lassen wolle; bei meiner liederlichen Schreibweise indes sei es noch sehr die Frage, ob er seinen Vorsatz ausführe.

Nun, so ganz schlimm muß es mit der Schrift doch wohl nicht gewesen sein, denn er hat trotz derselben meine Arbeiten Herrn Oberdörffer zugesandt, und, was noch besser, dieser die Anfrage akzeptiert. Das war nun in der Tat sehr liebenswürdig und gütig von unserem Alten und ich ihm zu großem Dank verpflichtet.

Es blieb nunmehr nur noch das mündliche Examen zu machen übrig, da die praktischen Arbeiten, auf gewissenhafte Garantie der Lehrprinzipale, den Lehrlingen in der Regel erlassen wurden; und zu dem Ende stellte ich mich dem Herrn Oberdörffer persönlich vor, wobei ich Gelegenheit erhielt, mich für die Vergünstigung, die er mir gewährt, zu bedanken; auch bat ich zu gleicher Zeit Herrn Oberdörffer, mir meine liederliche Schrift zu entschuldigen, da ich bei der Abfassung keine Ahnung davon gehabt habe, ihr könne die Ehre zuteil werden, dem Herrn Examinator selbst vorgelegt zu werden – was denn wiederum recht gnädig aufgenommen und mir als Erwiderung die Antwort ward: Es sei hier nicht die Aufgabe gewesen, meine Schrift, sondern nur meine Kenntnisse in den Wissenschaften zu beurteilen.

Auch dieser letzte Aktus der Examination fiel befriedigend aus, und somit hatte ich denn die Ehre, als ehrbarer Apothekergehilfe dokumentiert, verpflichtet und als solcher in dem Geschäft meines bisherigen Lehrprinzipals angestellt zu werden; am 2. Mai 1835.

Ich blieb nun noch als Gehilfe anderthalb Jahre im Geschäft des Doktor Eimbcke, und zwar zuerst als Rezeptarius, später, da Paul uns verließ und, auf Zureden seines früheren Kollegen Schulz, ebenfalls nach Rostock ging, als Defektarius.

Mein neuer Kollege hieß Pust, ein geborener Hamburger, der bei Doktor Eimbcke gelernt hatte, dann in Dresden in eine der ersten dortigen Apotheken eingetreten und daselbst mehrere Jahre verblieben war.

Von diesem letzten Jahre meines Aufenthalts bei Doktor Eimbcke weiß ich nichts Besonderes mehr anzuführen. Ich übernahm in der letzten Zeit die Defektur, hatte nun auch, außer meinem vierzehntägigen freien Sonntag, in jeder Woche einen halben Tag frei und hielt mich dann größtenteils bei meinen Eltern auf.

Im Frühling des Jahres 1836 machte Doktor Eimbcke meinem Vater den Vorschlag – ich meine, er wäre selbst zu meinen Eltern hinausgefahren –, mich zum nächsten Herbst als Studiosus in das pharmazeutische Lehrinstitut des Herrn Dr. Professor Wackenroder in Jena eintreten zu lassen, welches damals mit Recht einen bedeutenden Ruf hatte.

Obgleich es vernünftiger gewesen wäre, ich hätte zuvor noch ein bis zwei Jahre lang als Gehilfe, vielleicht in einer anderen Stadt als Hamburg, konditioniert, so wurde doch der Ausspruch des Doktor Eimbcke als Orakel betrachtet, und ich wußte natürlich demselben durchaus kein Bedenken entgegenzusetzen. Ich wandte mich zunächst an einen älteren Apothekergehilfen namens Krüger, von dem ich gehört, daß er früher das Wackenrodersche Institut besucht hatte, und durch seine Vermittlung wurde ich denn auch mit dem Herrn Professor bekannt und erhielt auf meine schriftliche Anfrage das für mich Wissenswerte über die zu machenden Studien.

[19]

Ankauf der Dr. Maass'schen Apotheke

Etwa um Ostern 1841 erging an mich das Anerbieten des Apothekers Herrn Dr. Maass in Hamburg betreffs Ankauf seiner Apotheke, welche in der Kleinen Johannisstraße lag und schon vor ihm seinem Vater gehört hatte. Es war eins der kleineren Apothekengeschäfte Hamburgs, florierte nicht allzusehr, auch ließ sein Renommee zu wünschen übrig. Letzteres indes konnte durch tüchtige und gewissenhafte Geschäftsführung gehoben werden, und daher ließ ich mich mit dem Besitzer in Unterhandlung ein. Die Lage des Hauses wie die Apotheke und übrigen Lokalitäten hielten freilich keinen Vergleich mit der Siemsenschen Offizin aus, aber eine Verlegung derselben war doch immerhin möglich, und die Aussicht, mein Domizil in Hamburg aufzuschlagen, hatte viel Verlockendes, stimmte auch mit dem Wunsche meiner Verwandten und Ratgeber überein. Das Grundstück nämlich hielt bei etwa sechzig Fuß Tiefe nur 18 Fuß Frontbreite; dementsprechend waren Apotheke und Laboratorium, letzteres im Keller gelegen, klein und mangelhaft, und die Johannisstraße stellte damals nur eine finstere, schmale, unregelmäßige Gasse dar, nicht zu vergleichen mit derjenigen Straße, die nach dem Brande unter demselben Namen neu erbaut worden ist.

Der Kaufkontrakt mit Doktor Maass war abgemacht und lautete auf Übergabe der Apotheke zum 1. April 1842. Die ganze Kaufsumme betrug Bc. Tlr. 75 000; und da der Hamburger Apotheker-Verein zum Ankauf überflüssiger Apotheken von seinem Vorkaufsrecht keine Anwendung zu machen beschloß, so war, bis auf das von mir zu bestehende Examen, alles geordnet.

Ich hatte meine Zeit zur Vorbereitung auf das letztere gut ausgenützt und konnte ohne große Besorgnis demselben entgegengehen.

Ernstlicher als das früher in Kiel abgelegte war dies Hamburger Examen jedenfalls, aber auch viel vernünftiger, praktischer, ohne unbillige Anforderungen. Zuerst hatte ich auch hier ein Curriculum vitae einzureichen, und nach Annahme desselben mußte ich zwei oder drei Tage lang in Apotheker Oberdörffers Gegenwart die schriftlichen Aufgaben ohne jegliche Mithilfe ausführen. Aus jedem Fache der pharmazeutischen Hilfswissenschaften erhielt ich sechs Fragen zur Beantwortung. Diese Ausarbeitungen zirkulierten bei den Mitgliedern des examinierenden Kollegiums, welches, außer dem pharmazeutischen Mitgliede des Gesundheitsrates, noch aus zwei Apothekern, zwei Ärzten und dem Hamburgischen Physikus bestand. Dann mußte ich an einem Sonntage im Laboratorio Oberdörffers unter seiner Aufsicht rein pharmazeutische Präparate herstellen und später in seiner Apotheke einige schwer zu bereitende Rezeptverordnungen anfertigen. – Nachdem alle diese Aufgaben zur Zufriedenheit gelöst waren, hatte ich nun noch das mündliche Examen zu bestehen, welches im Stadthause in dem Versammlungszimmer des Gesundheitsrates abgehalten wurde und etwa eine bis anderthalb Stunden dauerte.

Jetzt nach Erfüllung sämtlicher gesetzlicher Pflichten und nachdem ich auch Hamburger Bürger geworden war, stellte ich mich zu wiederholten Zitaten bei Herrn Doktor Maass ein, um von ihm mit den Eigentümlichkeiten seines Geschäfts bekannt gemacht zu werden.

Doktor Maass war ein stattlicher Mann, noch in den besten Jahren, der vorzüglich seiner kränklichen Frau zuliebe sein Geschäft aufgab. Dieselbe, eine geborene Harburgerin, kränkelte fast immer und konnte sich durchaus nicht mit den Hamburger Verhältnissen befreunden. Seit Abschluß des Verkaufs lebte sie bereits mit ihrem Kinde in Harburg bei den Verwandten; später beabsichtigte die Familie, nach Dresden zu ziehen.

Bei den Instruktionen des Herrn Doktors lernte ich nun wieder mehrere Varietäten von Geschäftsusancen kennen, die mir bisher noch nicht vorgekommen waren.

Zum Beispiel lenkte er meine Aufmerksamkeit auf einen sehr kulanten Kunden, einen Haarkünstler, der in der Nähe einen Laden besaß und viele seiner Haarmedikamente aus der Apotheke zu ermäßigten Preisen bezog. Als Äquivalent solcher Ermäßigungen hatte sich der Herr Doktor nun erlaubt, mehrere dieser Medikamente einer kleinen Korrektur zu unterwerfen, es aber ihrer Harmlosigkeit wegen für unnötig gehalten – vielleicht bis jetzt auch nur vergessen –, hiervon den Haarkünstler zu benachrichtigen. Das Chinaextrakt, welches Selbiger erhielt, wurde demzufolge aus der in Deutschland gewachsenen Rinde der Quercus robur bereitet; „denn", sagte Doktor Maass, „hier kömmt es ja nur auf den Gerbestoff an, und der ist in der Eichenrinde in größerer Quantität vorhanden als in der Chinarinde, so daß jetzt seine Chinapomade um 25 Prozent wirksamer wird. Haare werden sowieso nicht danach wachsen – ergo. Ferner erhält ein Kunde – nach einem älteren Rezept – jahraus, jahrein, ein Decoct von isländischem Moos mit diversen verteuernden Zusätzen. Wir lassen es dem Manne als regelmäßigem Kunden statt der taxmäßigen 21 Schillinge für eine Mark; aber anstatt der verordneten zwei Unzen Mellago graminis bekömmt er nur eine Unze, dann gleicht sich die Differenz wieder aus. – Selbstverständlich, nicht wahr?", fügte Herr Doktor Maass hinzu. – Noch mehrere solcher Geschäftsusancen lernte ich von ihm kennen, von denen ich bis jetzt keine Ahnung gehabt, mußte aber fürs erste dieselben fortbestehenlassen, um nicht meinen Vorgänger und mit ihm das ganze hochachtbare Apothekerfach zu kompromittieren, aber ich nahm mir fest vor, diese Usancen zu ändern und die verehrten Kunden ganz allmählich vom Schein zur Wirklichkeit zurückzuführen, ähnlich wie man einen Säugling allmählich an substantere Nahrungsmittel gewöhnt. – Der Ausführung dieser, wie aller anderen, Reformen, die ich mir zur Aufgabe gemacht, wurde ich indes durch eine höhere Macht überhoben, denn – der fünfte Mai stand vor der Tür!

Auch machte Doktor Maass mich mit einigen meiner künftigen Nachbarn bekannt, besonders mit dem gerade gegenüber wohnenden Goldschmied Schmeckpeper, der, nebenbei erwähnt, eine sehr hübsche Tochter hatte; und wenn ich in dem Vater einen ebenso freundlichen wie intelligenten Mann kennenlernte, so bot die Tochter mir ein allerliebstes Vis-à-vis vom Fenster meiner Wohnstube aus, da ich sie mir gegenüber, regelmäßig am Stickrahmen beschäftigt, sehen konnte – ein gar liebliches Bild –, Goldschmieds Töchterlein am Stickrahmen.

[20]

Der kurze Beginn selbständiger Tätigkeit

Am Morgen des ersten April 1842 – ein ominöser Tag – stellte ich mich ein, um Haus und Geschäft de facto zu übernehmen, und fand meinen ersten wie letzten Gehilfen, in Gestalt des Herrn Hillers, bereits vor. – Formalitäten gab es dabei weiter keine. Alles Dahingehörige war bereits abgemacht. Von Doktor Maass hatte ich seinen Lehrling, der schon mehrere Jahre im Geschäft war und mit dem allein er dasselbe in letzterer Zeit verwaltete, übernommen.

Derselbe hieß Haase, war Hamburger von Geburt, sehr anstellig und fügsam und uns daher im Anfang von großem Nutzen. Außerdem blieb auch der Stößer und Laufbursche in einer Person, Peter mit Namen, sowie die Köchin, die beide Herr Doktor Maass mir als sehr brauchbare Dienstboten empfahl.

Ich mußte Hillers zuvörderst die Rezeptur überlassen, da ich im Hause sowohl wie auswärts zu mancherlei zu bewerkstelligen hatte, um mich jetzt schon bleibend in der Apotheke aufhalten zu können. Zu diesen auswärtigen Angelegenheiten gehörten namentlich die Besuche bei den etwa 120 Hamburger Ärzten, eine höchst lästige Aufgabe, die aber einmal als herkömmliche Sitte nicht zu umgehen war, und noch dazu eine undankbare, weil solche Besuche, von einzelnen Querulanten oder Pedanten verkehrt aufgefaßt, auf eine für den Besuche Machenden erniedrigende Weise ausgelegt wurden. Drei bis vier dieser Besuche beseitigte ich täglich zur Morgenzeit, denn später waren die Herren selten zu treffen, und eine Kartenabgabe konnte hier nichts nützen, da es ja der eigentliche Zweck war, die Ärzte persönlich kennenzulernen, wegen etwaiger späteren geschäftlichen Begegnungen.

Das Lästigste und zugleich Lächerliche hierbei war mir die fortwährende Wiederholung der nämlichen Worte; denn der gewandteste Redner würde es nicht vermögen, bei 120 einem und demselben Zweck dienenden Visiten jedesmal eine andere Form der Anrede zu erfinden, und zuletzt leierte ich auch, wie ein Schulknabe seine Aufgabe, meinen Spruch her. Einige der Herren empfingen mich sehr freundlich, ließen sich sogar zu einem längeren Gespräch herab oder dankten für die Aufmerksamkeit, die ich ihnen erwiese. – Das waren gemütliche Lebemänner, die in ihrem Amte reich und bequem geworden.

Die der Mehrzahl Angehörenden betrachteten meine Visite als bloße Formsache, freuten sich ausnehmend, meine Bekanntschaft zu machen, bedauerten indes, durch Geschäftsrücksichten verhindert zu sein, mich zu längerem Bleiben einzuladen. – Das waren die Vielbeschäftigten.

Andere verbeugten sich nach Anhörung meines Sprüchleins zwar sehr höflich, ließen mich aber vermuten, daß mein Besuch als hilfesuchender Patient ihnen angenehmer gewesen wäre, und bedauerten, daß derselbe insofern verfehlt sei, als sie in meiner Stadtgegend durchaus keine Kundschaft besäßen, daher wir in geschäftlicher Beziehung wohl kaum eine Wiederbegegnung zu gewärtigen hätten. – Das waren arme Schlucker, die ihre Bestellungstafel selten oder niemals abzuwischen brauchten.

Wieder andere hörten mit wichtiger Miene zu und gingen dann mit besonderer Vorliebe zu einer detaillierten Auseinandersetzung über, wie sie ihre Verordnungen ausgeführt zu haben wünschten. – Das waren pedantische Prahlhänse.

In zwei oder drei Fällen ward mir die Entgegnung: Man bedaure, daß ich einen unnötigen Weg gemacht, und fühle sich durch diese meine Vorstellung durchaus nicht verpflichtet, mir die Rezepte zuzuschicken, da es ihnen durchaus partout egal sei, wo solche angefertigt würden. – Das waren mit Respekt zu vermelden die groben Flegel.

Im Hause hatte ich genug mit den Handwerkern zu schaffen. Da mußte ausgebessert, tapeziert und gemalt werden, ja, in dem einen Zimmer war es nötig, den Fußboden aufzunehmen, weil mehrere Balkenköpfe, schadhaft befunden, einer Erneuerung bedurften. Ich lernte auch sehr bald die kleinen Leiden des menschlichen Lebens als Apotheker sowohl wie als Hausvater kennen. Im ersteren Falle traten mir nun erst allmählich die vielfachen Mängel der Geschäftslokale und der Einrichtungen entgegen, die beim bloßen Besehen nicht fühlbar geworden. Im zweiten aber mußte ich täglich über die zweckmäßigste Ernährungsmethode des physischen Menschen nachdenken, und gerade dieses machte mir die größte Sorge.

Hierin glaube ich mich keiner Übertreibung schuldig zu machen, denn wenn ich später meine liebe Frau recht oftmals bei dem Seufzer ertappte, welch große Sorge und Plage es doch für eine Hausfrau sei, alltäglich den Speisezettel entwerfen zu müssen, wie sollte ich, der Neuling in solchen Sachen, nicht erst seufzen?

Jeden Vormittag erschien zu einer gewissen Stunde der weibliche Teil meiner Hausgenossen, die Köchin nämlich, und legte mir die wichtige Frage vor, womit wir für diesen Tag unsere irdische Existenz zu fristen haben würden. Anfangs erheuchelte ich eine unerschütterliche Sicherheit in Kenntnis der Behandlung kulinarischer Wissenschaften und entwarf kühn meine Pläne zur Ausführung derselben ohne weiteres Bedenken – bald aber ward ich, durch verschiedene Monita meines weiblichen Tyrannen, zu meiner Demütigung belehrt, daß ich viel zu sorglos vorgegangen sei, und wenn ich dreimal in der Woche Beefsteak mit Kartoffeln proponiert, so nahm sie in vorlauter Weise sich heraus, mir die Frage vorzulegen, was denn mit dem Rest unseres vom Sonntage übrig gebliebenen Schweinebratens oder Suppenfleisches geschehen solle, wodurch ich, in die Enge getrieben, mit tiefer Beschämung erkannte, daß ich bei meinen bisherigen Studien die populärste aller Wissenschaften versäumt habe. Jetzt faßte ich mit vieler Schlauheit einen anderen Plan. Ich versparte meine Besorgungen außerhalb des Hauses bis zu der Zeit, wo die Köchin mit der beängstigenden Frage über das tägliche Brot sich einzustellen pflegte, und wenn ich sie dann in der Küche oder auf dem Hofe wirtschaften hörte, ergriff ich schnell meinen Hut und schlüpfte eilends hinaus, ließ mich auch nicht eher wieder sehen, als bis ich mich überzeugt halten durfte, der Küchenzettel müsse für heute sicher festgestellt worden sein. Wenn dann nach meiner Rückkehr die Befürchtete mit demselben erschien und bedauerte, nicht auf erstere warten gekonnt zu haben, so belobte ich sie wegen ihrer Vorsorglichkeit und erklärte mich für dieses Mal einverstanden oder erlaubte mir irgendeine unbedeutende Änderung, um meiner Autorität nichts zu vergeben. Aber leider kam sie bald hinter meine Schliche und erschien mit ihrer täglichen Frage schon so früh am Morgen, daß mir auch dieser Ausweg verlegt ward. In solcher Bedrängnis wandte ich mich endlich an meine

Mutter, welche ob der unerhörten Geständnisse, die dabei zutage traten, in großes Erstaunen geriet. Zum Kochen hatten wir Wein genommen, der die Flasche zwanzig Schillinge – also M 1,50 – kostete; auf dem Speisezettel wechselten – wenigstens solange ich allein ihn entworfen – nur Beefsteak und Schweinebraten miteinander ab, und in der Zusammenstellung der verschiedenen Zugerichte zeigte sich eine so gründliche Ignoranz und Gedankenlosigkeit, daß meine gute Mutter die Hände über dem Kopf zusammenschlug und meiner dem Examen beiwohnenden Schwester erklärte, das könne nimmer so fortgehen.

Es wurde jetzt ein auf zwei Wochen berechneter Küchenzettel von den beiden Damen entworfen, in dem alles Wissensnötige genau angegeben war, und mein erstes Tagewerk bestand von nun an darin, meine geheime Instruktion nachzusehen und mir einzuprägen, so daß ich mit dieser Tagesordnung im Kopf ruhig der herannahenden Köchin standzuhalten vermochte.

Diese kleinen Mißhelligkeiten ließen sich somit wohl überwinden; nicht aber eine viel größere, die mich schon in den ersten Tagen meiner Prinzipalität mit Sorge erfüllte. Nur zu rasch ward ich gewahr, daß ich beim Engagement meines ehrenwerten Provisors und jetzigen Duzbruders Hillers einen sehr dummen Streich ausgeübt. Daß das Geschäft bis jetzt nur flau war, konnte ich ihm natürlich nicht zur Last legen, wohl aber, daß er auch die wenige Arbeit gern dem Lehrling allein überließ und entweder wie ein Blödsinniger, den Kopf vorausstreckend, mit unter die Rockschöße geschobenen Händen in der Apotheke auf und abwandelte und laut gähnend den eintretenden Kunden entgegentrat, oder – anstatt sich mit ihnen zu schaffen zu machen – am Fenster hingerekelt die Zeitung las, auch wohl bei dieser sauren Arbeit in einen sanften Schlummer verfiel. War da etwas von der Ausnutzung seiner Erfahrungen zu meinem Wohle – wie er versprochen – zu finden?

Vor Scham und Ärger aber hätte ich vergehen mögen, wenn mehr als einmal ein Verwandter oder Freund mich besuchte und mir in heiterer Laune mitteilte: „Du, dein Hillers hat mich gar nicht bemerkt, als ich durch die Apotheke ging, er schlief ganz sanft am Fenster, gewiß hat der Arme heut' Nacht oft herausmüssen." – Wie bereute ich jetzt, mir diese Last aufgeladen zu haben! – Nun, mir war schon recht geschehen, wenn ich dann

Peter Suhr, Die St. Johanniskirche und das Johanniskloster vom Breitengiebel gesehen, Lithographie 1828

Die St. Johanniskirche (mit Dachreiter) wurde 1829 abgerissen; das an sie angrenzende Klosterareal folgte von 1837 bis 1841, um Platz zu schaffen für das neue Rathaus. Die übrigen hier dargestellten Gebäude fielen 1842 dem Feuer zum Opfer. Ganz in der Nähe befand sich die erste Apotheke von Berend Goos, und hier entstand auch die zweite. Heute befindet sich auf diesem Gelände der Rathausmarkt.

die doppelte Ironie, die in solcher Anrede lag, einstecken und noch obenein gute Miene zu diesem Skandal machen mußte.

Bei den oben erwähnten Besuchen meiner Bekannten legte ich besonderen Wert auf den des alten Herrn Doktor de Chaufepié; und noch größere Freude gewährte mir derjenige meines Lehrprinzipals, des Herrn Doktor Eimbcke. Ich war gerade in der Apotheke, als er aus seinem Wagen stieg und einen etwas verächtlichen Blick an meinem Haustürpfeiler vorbeistreifen ließ. Daselbst war nämlich zu lesen: Apotheke von B. Goos; Dr. Maass' Nachfolger. – Aufs angenehmste überrascht empfing ich den Alten und führte ihn in die Apotheke. Seine ersten Worte nach der Begrüßung waren: „Wenn Sie den Zusatz unter Ihrem Namen da neben der Haustür wörtlich befolgen, so, mutmaße ich, wird Ihnen das zu keiner großen Ehre gereichen; der Name des Herrn Doktor Maass will überdies verdammt wenig sagen. Daß Sonder sich als meinen Nachfolger annonciert hat, ist 'ne andere Sache, denn meine Apotheke braucht sich, hol' mich der Deubel, ihres Gründers nicht zu schämen, aber den Namen Ihres Vorgängers können Sie getrost wieder übermalen lassen." Dann, als er sich allenthalben umgesehn, fuhr er fort, indem er auf eine Statue des Kaisers Bonaparte, die den Ofen schmückte, zeigte: „Aber was haben Sie denn da! — den größten aller Spitzbuben dulden Sie in Ihrer Offizin? – Schmeißen Sie den Kerl doch hinaus; stattdessen mögen Sie lieber den leibhaftigen Satan dahinstellen." Ich kannte den Alten in seiner derb-polternden Weise zu gut, um mich dadurch einschüchtern zu lassen, amüsierte mich vielmehr über seine trefflichen Ratschläge; auch konnte ich ihm hinsichtlich des schwarzlackierten Napoleons ja nur recht geben, ließ aber dennoch die unschuldige Figur auf ihrem Platze, vielleicht in Vorahnung, daß sie bald den verdienten Flammentod erleiden würde. Meine häuslichen Einrichtungen durfte ich ihm leider nicht zeigen, da diese, bis auf das Eß- und Schlafzimmer, sich noch im Zustande des Werdens befanden, und dem an Bequemlichkeit gewöhnten Doktor wäre damit auch wohl schwerlich gedient gewesen.

Unter mancherlei guten Ratschlägen und Ermahnungen, unter anderem, daß ich nie vergessen solle, zu einer gedeihlichen Ernte gehöre vor allem eine rechtschaffene Aussaat, verließ er mich, und, wie ich glaube, war dies unser letztes Zusammensein, denn schon im nächsten Jahre starb dieser vortreffliche Mann, der zwar eine rauhe, derbe Schale zeigte, aber einen um so gesunderen Kern in sich faßte, und dem ich mit großer Verehrung und Liebe zugetan war.

Zu den Kunden, mit denen ich von meinem Vorgänger bekannt gemacht worden, zählte auch eine Französin, eine kleine, zierliche Dame, welche das mittlere Alter sicher überschritten haben mochte, aber in ihren flinken, graziösen Bewegungen mehr einem jungen Mädchen glich. Ihre Physiognomie wie ihr hastiges, unruhiges Umherfahren und das unflätige, listige Aufblitzen der kleinen Augen erinnerten aufs lebhafteste an ein Eichhörnchen. Sie ließ sich bei ihren öfteren Besuchen allerlei Arten, jedoch immer ziemlich unschädlicher Arzneien geben, wozu sie wohl ein Dutzend kleiner Medizinfläschchen aus ihrer umfangreichen Arbeitstasche hervorzog, so daß man vermuten konnte, sie betreibe eine wahrscheinlich heimliche Arzneipraxis, weshalb wir sie auch pflichtschuldigst Frau Doktorin nannten.

Hochaufgeschürzt kam sie dann mit ihren zierlichen Füßchen über die Straße getrippelt und schoß hastig in die Apotheke. „Ah, bon jour, Monsieur Pharmaceut, ick bitte su geben mir hier in diese kleine fünf Flacons Camphorspiritus mit Susatz von Amoniac nach meiner Method; und hierin, wenn ick bitten darb, Rhabarberessenz, und dann diese zwei kleinen Violen mit Liniment bitte su füllen"; – sowie ich aber Miene machte, sie selbst zu bedienen, so fuhr sie dazwischen: „Nein, nein, Monsieur, ick kann nicht erlauben, su bemühen Ihre werte Person; ick bitte nur su instruieren Ihre Herr Provisor; ick 'abe viel Seit su warten. Ick nehme mir die Permission, su deponieren diese Thaleer und ergebenst su bitten, mir su retournieren die kleine Münz." Jede Hilfeleistung schlug sie mit der ausgesuchtesten Höflichkeit ab; – „ah, ick bitte, nicht su bemühen sich, Sie sehen, ick stecke alle diese Flacons in mein Pompadour, ick bin eingerichtet vor das" – und mit der graziösesten Verbeugung schoß sie dann wieder eben so hastig fort, als sie gekommen.

Ich habe mir oftmals den Kopf zerbrochen, wer diese kleine Dame sei, wo sie wohne und von welcher Art ihre Praxis, bis ich sie später einmal in Altona in der großen Johannisstraße an einem Fenster entdeckte, welches sie aber schnell wie ein Eichhörnchen verließ, als sie mich erblickte.

[21]

Der große Hamburger Brand

Fünf volle Wochen fast waren seit meinem Antritt der Apotheke verstrichen, als ich am Morgen des fünften Mai in die Apotheke trat, um Hillers abzulösen, dessen freier Tag auf das Himmelfahrtsfest fiel.

„Kind", kam er mir entgegen, „da ist in der Deichstraße ein so schauderhaftes Feuer ausgebrochen, daß bis jetzt an kein Löschen zu denken ist."

„Ja, gehört hab' ich's wohl", antwortete ich, „das Anziehen der Glokken nimmt ja gar kein Ende."

„Wenn du jetzt hier im Geschäft bleibst, so will ich rasch mal hin, um mich zu überzeugen", rief er und rannte dann fort, um seine alte Gewohnheit, jeder Feuersbrunst nachzulaufen, nicht zu verleugnen.

Bald darauf kam er wieder angestürzt. „Das wird, ich möchte wohl sagen, 'n Brand von Kopenhagen – wirklich schauderhaft –, willst du's nicht auch mal ansehn, ich bleibe solange hier."

In höchster Spannung machte ich mich auf den Weg.

Wenn auch bis jetzt noch keiner wissen konnte, zu welcher Größe und Ausdehnung sich zu steigern das Unglück berufen war, so lag doch ein so dumpfer Schrecken, ein so ahnungsvolles, stilles Fürchten in den Gesichtern der mir Begegnenden, daß mir selbst schwül und angst wurde, obgleich ich noch nichts vom Feuer gesehen. Im Rödingsmarkt angelangt, begab ich mich zur Glashandlung der Herren Schrader & Roosen, den Versorgern fast sämtlicher Apotheken Hamburgs mit Glas- und Porzellanwaren, und konnte nun von einem ihrer vorderen Böden direkt in den Herd des Feuers blicken. Das war allerdings keines jener gewöhnlichen großen Feuer, wie sie Hamburg zu öfteren Malen aufzuweisen gehabt, die durch unsere vortreffliche Feuerlöschanstalt in der Regel nach drei bis vier Stunden bewältigt wurden; – hier gähnte in Weißglühhitze ein weiter Krater, im Umfange von etwa zwanzig Gebäuden, und strahlte eine Glut von sich, daß, trotz der weiten Entfernung und bei abgekehrtem Süd-Südwestwinde, die Fensterscheiben, hinter denen ich stand, sich kaum noch antasten ließen. Die ganze Luft zitterte, und nirgends sah man dunklen Rauch oder angeschwärzte Wände – nein, alles leuchtete hellglühend.

Mein Gott, was soll daraus werden? – die Frage las man auf allen Gesichtern, wenngleich kein Sprachlaut hörbar wurde. Düsterer Ahnung voll kehrte ich heim.

Hillers trippelte schon vor Verlangen, wieder fortzukommen, und war auch alsbald verschwunden.

Der Vormittag ging dahin im ängstlichen Harren; von einem hörte man dies, vom anderen das, aber immer schreckensvoller wurden die Nachrichten, und Gerüchte der schlimmsten Art schwirrten gleichsam in der Luft.

Zum Mittagessen kam Hillers nach Hause; er sei bei seinem Freunde, dem Riemer Hoffmann auf dem Kleinen Burstah, beim Einpacken behilflich gewesen, wolle auch nachher wieder dahin; – alles in dortiger Gegend sei schon beim Flüchten, und bis zur Nacht, glaube er, werde das Feuer wohl dahingelangt sein. – Beim Essen ward wenig gesprochen, desto mehr gedacht und befürchtet.

Ein trauriges, schreckliches Ereignis, solange es uns nicht selbst betrifft, wird mit Lebhaftigkeit besprochen, und jeden drängt das Verlangen, seine Meinung kundzutun. Rückt es uns aber näher, ist auch für uns kaum noch Aussicht vorhanden, demselben zu entrinnen, da schweigt man lieber, denn keiner wagt durch Mitteilung seiner Befürchtungen auch die letzte Hoffnung dem anderen zu rauben oder ihn zur Aussprache vielleicht noch trüberer Gedanken zu veranlassen. So ging es auch uns bei diesem Mahle, und nach Beendigung desselben stürzte Hillers wieder fort.

Hier muß ich nun bemerken, daß man meinem Provisor Unrecht tun würde, wollte man ihn der Gleichgültigkeit und Rücksichtslosigkeit gegen seinen Prinzipal und Duzbruder beschuldigen; – bis jetzt hatten wir noch nichts vom Brande zu befürchten, und wenn der Fall einträte, wußte er, daß ich von Altona aus ausreichende Hilfe erlangen könne und werde. Jedenfalls machte er sich bei seinem Freunde Hoffmann augenblicklich ungleich nützlicher als bei mir, und endlich will ich gern gestehen, ich war froh, wenn er aus dem Hause war, denn fast widerlich war er mir in der letzten Zeit geworden.

Am Nachmittag, es mochte zwischen drei und vier Uhr sein, kam plötzlich ein Nachbar mit den Worten hereingestürzt: „Der Nikolaiturm brennt!“ – Ich lief hinauf nach dem Boden, von wo aus man benannten Turm in seiner ganzen Höhe vor sich hatte – und richtig, an verschiedenen Stellen der Spitze kräuselten die Rauchwölkchen aus der Kupferbekleidung hervor. Nicht lange brauchte ich zu warten, da folgten auch die Flammen nach, deren Anblick ohne Zweifel tausend emporschauende Augen mit Tränen füllten, denn jetzt war an kein Aufhalten des gierigen Elements mehr zu denken; der herabstürzende brennende Turm mußte ja alles Umliegende entzünden.

Keine Flamme hatte die stolz emporragende Turmspitze berührt; durch die strahlende Glut der westlich gelegenen brennenden Häuserreihe des Hopfenmarktes allein war augenscheinlich das Holzwerk unter der Kupferbedeckung entzündet worden, so intensiv war bereits die Hitze. Ich muß indessen hier die Bemerkung einschieben, daß die frühere Nikolaikirche um etwa 150 Fuß weiter nach Westen stand als die wiedererbaute gegenwärtige, daher auch den Flammen um so viel näher war.

Als ich recht bekümmert von oben wieder herunterkam, trat Jürgensen bei mir ein. Er wäre von meinen Eltern hergeschickt, sich zu erkundigen, ob ich schon Not litte oder es für ratsam hielte, meine Sachen in Sicherheit zu bringen? In Folge der ernsten, schrecklichen Warnung, die mir soeben zugekommen, hielt ich es für geraten, die angebotene Hilfe sogleich in Anspruch zu nehmen, und bat Jürgensen, nur rasch mit Wagen und Pferden zu erscheinen, ehe es zu spät sei. Während er hinauseilte, Fuhrwerk und Leute zu holen, machte ich mich mit Hilfe des Hausknechts und der Köchin daran, alles, was wertvoll und rettbar, zum Transport herzurichten und hinunterzutransportieren und überließ dem Lehrling die Sorge für die Apotheke, eigentlich nur für Bewachung der Haustür, denn das Geschäft ruhte fast gänzlich. Das einzige, was starken Begehr fand – war Brausepulver. Hiervon hatten wir an diesem Tage mehr Absatz als sonst in einer Woche.

Peter Suhr, Der Brand der Nikolaikirche am Abend des 5. Mai 1842, Lithographie

Der Turm von St. Nikolai habe „wie eine große Feueresse" gebrannt, schrieb die Jugendbuchautorin Elise Averdieck am 5. Mai in ihrem Tagebuch. In Flammen stehen Hopfenmarkt und Neue Burg (rechts), links von der Holzbrücke brennen die Hinterhäuser der Deichstraße. Daß das Feuer nicht die ganze Deichstraße und das angrenzende Katharinenkirchspiel vernichtete, lag zum wenigsten daran, daß der Wind die Flammen von dort wegblies. Vielmehr haben die Bewohner von Katharinenstraße und Grimm Haus für Haus entschlossen verteidigt und jedes aufflammende Feuer, das durch Funkenflug entstand, sofort gelöscht. Der Brand hätte vielleicht nicht diese katastrophalen Ausmaße annehmen können, wenn nicht ganze Straßenzüge von ihren Bewohnern in kopfloser Flucht verlassen worden wären.

Bei der jetzt hereinbrechenden großen Kalamität war ich noch viel günstiger gestellt als meine Nachbarn. Für Frau und Kind brauchte ich nicht zu fürchten und zu sorgen, an Mobiliar und Hausgerät war, der Renovation des Hauses wegen, nur erst das Notwendigste angeschafft, und meine Bücher, Apparate und sonstigen Utensilien standen noch, in Koffern und Kisten wohlverpackt, der endlichen Vollendung der verschiedenen Räumlichkeiten harrend, so daß mir der Auszug sehr erleichtert wurde; und wirklich hatte ich das Glück, schließlich von meinen Hausstandsgegenständen alles zu bergen, so daß später meine Mutter erklärte, es habe an dem Geretteten kaum eine Gardine oder ein Wischtuch gefehlt.

Vor Eintritt der Turmkatastrophe hatte ich aus überweiser Vorsicht alles, was von Baljen, Kübeln und Eimern disponibel, nach der hinteren Seite des Bodens, welche dem Feuer zugekehrt war, tragen und mit Wasser füllen lassen, um nötigen- oder möglichenfalls die zugestopften Dachrinnen damit zu füllen und durch feuchte Tücher das Haus zu schützen. – Kindische Vorsorge! – Was sollte das Tröpflein in dem Glutmeer! Als wir das Feuer herannahen und unsere letzte Hoffnung schwinden sahen, wurden diese Gefäße auf dem Boden ausgeleert, um mit nach Altona transportiert werden zu können. – Der Wagen von meinen Eltern langte an und wurde so rasch wie möglich expediert, und wir warteten nun auf die Wiederkehr desselben. Inzwischen stürzte etwa um fünf Uhr der Nikolaiturm – dessen herrliches Glockenspiel, wie man sagte, mitten in den Flammen noch einmal ein schwaches Klagelied, seinen Schwanengesang, ertönen ließ – gleich einem zu Tode getroffenen Riesen in sich zusammen, einen Ozean von Funken emporsprengend; und wie die Feuersäule des Vesuvs fuhr aus dem massiven Turmsockel, wie aus einem Hochofen, eine in bunten Farben leuchtende Feuergarbe gen Himmel; ein ebenso furchtbar prächtiger wie entsetzlich wehmütiger Anblick.

Es war darüber Abend geworden, und da mir bis zur Rückkehr des Wagens nichts weiter zu tun übrigblieb, ging ich die Kleine Johannisstraße hinunter und dann weiter, um zu sehen, wie nahe uns das Feuer schon vorgerückt sei. Bis zur Bohnenstraße konnte ich noch gelangen. Hier sah es wirklich schauerlich aus – die Bewohner derselben hatten die Häuser bereits verlassen, aber auf welche Weise dieses geschehen, davon gaben die zurückgebliebenen Rudera (*Überreste*) Zeugnis. Die ganze Straße, für den Augenblick dunkel, öde und tot, lag voll zerbrochener oder durch die Wagenräder zerquetschter Mobilien, Fensterläden und Unrat. Türen und Fenster der Wohnungen standen aufgesperrt; hohl und trümmerbesät, starrten einen die Räume an, und von fern tönten durch das unheimliche Gebrause des wütenden Kampfes der Elemente die hohlen Axtschläge der Zimmerleute, welche nach einer ganz verfehlten Maßregel beordert waren, an verschiedenen Stellen, auf der Mühlenbrücke zum Beispiel, die Gebäude schleunigst abzubrechen – eine unsägliche Verblendung, denn kaum war das Dach herunter, so fingen auch schon die bloßgelegten brennbaren Gegenstände von den die Luft durchrasenden Funken Feuer, und die Gebäude standen in hellen Flammen.

Wie eigentlich die, wenn auch nur sehr teilweise Bergung der häuslichen Effekten in den damals so engen, krummen Straßen Hamburgs noch beschafft worden, ist mir unbegreiflich. Freilich waren die Häuser nicht so hoch, so dicht bewohnt wie gegenwärtig, aber in einigen Gassen reichten zwei nebeneinander haltende Wagen hin, die Passage vollständig zu sperren, und nun erst in den engen, winklichten Höfen und Gängen, wo kaum zwei Menschen nebeneinander Platz fanden.

Ans Zubettgehen ward natürlich nirgends gedacht; ich stand spät abends mit meinen Leuten vor der Haustür und sah dem wilden Treiben der Flüchtenden zu. Mehrere große Blockwagen rasselten vom unteren Teil der Straße herauf, hoch mit Büchern und Schriften beladen; sie waren das Archiv des Rathauses, welches in Sicherheit gebracht wurde. Letzteres stand damals auf der Stelle des jetzigen der Patriotischen Gesellschaft gehörenden Hauses, gegenüber der früheren, fast ganz über dem Wasser schwebenden alten Börse. Bald darauf kam unter militärischer Bedeckung von der anderen Seite ein Pulvertransport. Die vorwegschreitenden Bürgergardisten trieben, unter fürchterlichen Drohungen, die etwa brennende Zigarren führenden Menschen in die Häuser. Nebenher lief ein Geflüster durch die Reihen – das Pulver sei zur Sprengung des Rathauses bestimmt, um womöglich das Feuer beim Fleet hinter der Neuen-Burg und Bohnenstraße aufzuhalten.

Wir warteten voller Angst und Ungeduld in die Nacht hinein auf Jürgensens Rückkehr, aber weder er noch ein Wagen ließen sich sehen, und um doch etwas Nützliches vorzunehmen, legte ich mich auf das noch im Schlafzimmer befindliche Bett, nicht um zu schlafen, das wäre unmöglich gewesen, sondern um die Kräfte für den anbrechenden Tag zu konservieren. Hell leuchtete die Glut in meine jeglicher Vorhänge schon beraubten Fenster. Meine Ungeduld stieg von Minute zu Minute, als jetzt der Tag zu grauen anfing. Da trat Herr Peter de Voss aus Altona bei mir ein und rief aufs höchste verwundert: „Mein Gott! Du schläfst hier wie im tiefsten Frieden, während alle Welt in Angst und Schrecken flüchtet!?" – Ich setzte ihm meine Lage auseinander, und wahrscheinlich zufriedengestellt entfernte er sich wieder. Kaum war er fort, so geschah ein Knall, der das ganze Haus vom Keller bis zum Boden erschütterte. Alles krachte und wankte, und prasselnd flogen meine Fensterscheiben ins Zimmer hinein, dasselbe mit Glassplittern übersäend. Heulend fuhr der Wind durch den unheimlich offenen Raum, und kaum hatte ich mich von meiner Betäubung erholt, als ein zweiter ebenso furchtbarer Krach erfolgte. Man hatte soeben das altehrwürdige Rathaus in die Luft gesprengt, und nichts vermochte mich jetzt länger zurückzuhalten und dem wüsten Treiben untätig zuzusehen.

Da kam, ein Retter in der Not, Jürgensen hereingestürzt, und, o Freude! draußen hielt der Blockwagen. „Ich künnte nich eher wiederkummen", rief er, „am Seughausmarkt hätte mich der Polizei aufgefang'n, un müßte Pulber fahr'n, es zull allerwegens gesprengt werden." Davon hatte ich freilich soeben eine Probe gehabt.

Jetzt ging es nun eilig ans Werk. Hilfsleute waren da, und alles, was noch übrig, wurde zusammengesucht, zugerichtet und aufgeladen. Ob der Rest in zwei oder mehreren Fuhren – die jetzt, um Zeit zu gewinnen und einem abermaligen Pressen des Wagens von seiten der Behörden zu entgehen, nur bis zum te Klootschen Hause im Neuen Jungfernstieg gebracht wurden, wo man vor dem Feuer sich gesichert glaubte – expediert ward, ist mir nicht mehr erinnerlich, wohl aber, daß bei dem regen Schaffen Angst und Sorge verging und ich mit fast fröhlichem Sinn die Arbeit betrieb.

Es ist dies letztere eine Tatsache, die meist allenthalben bemerkt wurde. Beim ersten Umsichgreifen des Feuers mochte man wohl in Verzweiflung jammern und, wie es heißt, den Kopf verlieren, aber einmal in Aktion blieb hierzu keine Zeit. Das Übel war so allgemein, daß dadurch für den einzelnen das Herbe gemildert wurde. Noch weitergehend als Schiller in seinem „Geteilter Schmerz ist halber Schmerz“ könnte man hier vielmehr sagen, wenn alle zugleich leiden, leidet der einzelne nicht mehr. Ein Schicksal leichter zu tragen, wenn's nur nicht ihn allein trifft, liegt wohl in der Selbstsucht des Menschen, und wie dieselbe in dieser Zeit die Herrschaft führte, darüber konnte man, wie ich anzuführen noch Gelegenheit haben werde, die schönsten Studien machen.

Während wir noch in voller Tätigkeit waren, kam Hillers wieder an, sehr mitgenommen und erschöpft, den Hut im Nacken und vierzehn nagelneue Fahrpeitschen unterm Arm.

„Halb Hamburg ist so gut wie verloren“, hub er an und warf sich auf den einzigen Stuhl, der noch in der Apotheke stand, und seine vierzehn Fahrpeitschen auf den Rezeptiertisch. „Hab sie zuletzt noch mit fortgenommen – gehören Hoffmann – total ruiniert, schauderhaft, schrecklich!“ – Ich betrachtete teilnehmend die armen Peitschen, aber nicht sie waren total ruiniert, der Ausruf galt ihrem Besitzer, dem Riemer Hoffmann vom Kleinen Burstah. „Na, hier ist auch wohl schon das meiste weg?“, fuhr er fort, „hast du vielleicht noch'n Brausepulver bei der Hand? Das könnt' nich' schaden.“ Brausepulver war noch immer zu haben, denn am gestrigen Tage hatten wir, in Anbetracht des gesteigerten Bedürfnisses, für reichlichen Vorrat gesorgt.

Nach genommenem Brausepulver zog Hillers wieder ab, und mit ihm die vierzehn Hoffmannschen Fahrpeitschen.

Dann kam mein Kollege, Apotheker Riemann vom Alten Wall, hereingelaufen, der im Flüchten begriffen war: „Ach, haben Sie nicht noch ein Brausepulver mit etwas Valerianatinktur? – Ich bin so entsetzlich echauffiert.“ – „Hier steht alles zu Ihrem Befehl, bedienen Sie sich nur“, rief ich ihm zu und schaffte dann weiter.

Ein wirkliches Bravourstück führte Nicolaus Jürgensen aus. Als wir darüber berieten, wie die große Glasscheibe meiner Elektrisiermaschine fortzuschaffen sei, die, bei etwa vier Fuß im Durchmesser und wenigstens dreiviertel Zoll Dicke, ihrer Zerbrechlichkeit wegen nicht mit den anderen Sachen dem Fuhrwerk anvertraut werden konnte, faßte er sich kurz resolviert. „Die ßull ich wull kriegen, gieb ihr man her“, sagte er, zog darauf sein Schnupftuch durch das Loch im Zentrum der Scheibe, faßte mit der Hand hinein und lief ohne weiteres damit fort.

Mir verging Hören und Sehen, als er mit seiner Last durch die Fuhrwerke hindurchschlüpfte und in der wogenden, lärmenden Menschenmenge verschwand. Aber unangefochten war er durch alle Hindernisse hindurch damit bei Tante te Kloot angelangt, unversehrt hatte er sie daselbst abgeliefert, und unversehrt kam sie später mit den übrigen Effekten bei meinen Eltern an.

Von einer Bergung der Gläser und Gefäße aus der Apotheke und den Vorratsräumen nebst ihrem Inhalt mußte ich natürlich absehen, das wäre zeitraubend und gefährlich gewesen, auch war das Geschäftsinventar gegen Feuergefahr versichert; – nur von den Gerätschaften nahm ich das Brauchbarste und Wertvollste mit sowie einige teure, erst vor kurzem angeschaffte Arzneimittel von leicht transportabler Beschaffenheit.

So war denn das mögliche getan, und eben im Begriff, eine letzte Umschau zu halten und dann das Haus zu verlassen, sah ich mich einem Trupp junger Kerle gegenüber, welche hereingeplatzt kamen, um retten zu helfen.

Durch die umlaufenden Erzählungen war mir bereits zur Kunde gekommen, daß dieses sogenannte Retten von rohem Gesindel als Vorwand zum Plündern gebraucht werde oder wenigstens in letzteres auszuarten pflege, und wenn es mir nun auch ziemlich gleichgültig sein konnte, ob der Rest meiner Habseligkeiten den Flammen oder der Plünderung roher Menschen anheimfalle, so ärgerte es mich doch, gezwungenerweise mein Haus solchen Vandalen überlassen zu müssen. Ihr erstes Beginnen würde gewesen sein, meinen Spiritus durch Austrinken vor dem Verbrennen zu schützen. Vielleicht hätten sie – wie jene Kosakenschar, die in eine pharmazeutische Offizin einbrach – mein Scheidewasser für Schnaps, mein Vitriolöl für Vanilleliqueur genommen, und wenn sie am Ende gar an die Rhabarber- oder Jalappen-Tinktur geraten wären? – Ich schauderte schon bei dem Gedanken, mir die erfolgenden Wirkungen solcher Eingriffe weiter auszumalen.

Diese Gedankenreihe mag im damaligen Augenblick nun wohl nicht bei mir zur Vollendung gelangt sein, denn ohne mich erst lange zu besinnen, nahm ich von den in der Apotheke befindlichen Dingen, was mir zunächst stand, und belud die Gesellschaft damit. Einer erhielt einen schweren Messingmörser, ein anderer unseren noch vorhandenen bedeutenden Brausepulvervorrat oder sonstige Flaschen und Gläser und so fort. Dem Letzten überlieferte ich den gefüllten Blutegel-Behälter, ein sehr hübsches, vasenförmiges Glasgefäß, welches in der Apotheke vor dem Fenster seinen Platz hatte.

„So", sagte ich, „jetzt folgt nur jenem Packwagen und liefert diese Sachen in dem Hause ab, vor welchem derselbe anhält, ich komme sogleich nach, um Euch dort abzulohnen." Ich glaube, die Kerle wußten selbst nicht, wie oder was ihnen geschah; geduldig ließen sie sich beladen und zogen wie begossene Pudel dem Wagen nach, denn zu einer offenen Widersetzlichkeit wagten sie es nicht kommen zu lassen, dazu waren der Gegner zu viele. In Gesellschaft meines Lehrlings, Hausknechts und Jürgensens, alle mit kleineren Gegenständen beladen, zog ich von dannen, Haus und Rest meiner Habe nunmehr ihrem Schicksale überlassend. Der schwarzlackierte Napoleon blieb ebenfalls zurück, da mein greiser Lehrprinzipal ihm ja doch einmal das Verdammungsurteil gesprochen hatte.

Ein wirklich haarsträubender Anblick erwartete uns, als wir den Johannisplatz passierten, wo an der Stelle des früheren Johannisklosters eine Reihe kleiner Häuschen oder mit Ziegeln gedeckter permanenter Buden stand, welche Verkaufsläden aller Gattungen enthielten. Man war damit beschäftigt, von Obrigkeitswegen diese Budenreihe abzubrechen oder, richtiger gesagt, zusammenzuhauen, um dem Feuer die Nahrung zu entziehen; wiederum törichterweise, denn weder Zeit noch Gelegenheit war vorhanden, die brennbaren Trümmer fortzuschaffen. Eine dieser Buden enthielt einen Glas- und Porzellanladen, und während nun die Zimmerleute das Dach herunterschlugen, brach durch die zertrümmerten Fenster und Türen der Pöbel ein, um sich des zum Teil kostbaren Ladeninhaltes zu bemächtigen. Von oben herab prasselten und krachten Ziegel und Dachsparren auf die raubgierige Menge, von hinten wurden sie mit Kolbenstößen der Ordnung haltenden Bürgergardisten traktiert, aber keins von beidem vermochte der Raublust zu steuern. Wie wilde Bestien fielen sie über die glänzenden Gegenstände her, ohne der blutigen Köpfe oder der durch die Glasscheiben zerschnittenen Hände zu achten, und kaum draußen wieder angelangt, mußten sie aufs neue den Kampf mit den anstürmenden Kameraden beginnen, die ihnen den Raub streitig machten, bis derselbe, keinem nützend, zertrümmert am Boden lag. Mit Ekel wendete ich mich von diesem Bilde des Vandalismus, das den Menschen, von gemeinster Leidenschaft entflammt, als wahres Raubtier erscheinen ließ, ab und erreichte mit meinen Begleitern über den Breitengiebel und die damals hölzerne Brücke mit ihren großen Wassermühlrädern, die zwischen der Kleinen und Binnenalster lag, den alten Jungfernstieg. Welch ein Bild der Not und Zerstörung bot dieser uns dar! – Die breite Promenade war mit Haufen geretteter Mobilien, Hausgerät und Betten angefüllt, teils unbewacht, teils von Kindern oder Greisen behütet, während die noch handelnsfähigen Eigentümer umherirrten, zur Weiterschaffung ihrer Effekten Sorge tragend, größtenteils vergeblich, denn die Fuhrwerke waren kaum noch aufzutreten und die dafür verlangten Preise stiegen ins Fabelhafte.

Zwischen diesen Bett- und Mobilienhügeln hindurch mußten wir uns Bahn brechen und gelangten endlich wohlbehalten beim Hause der Tante im Neuen Jungfernstieg an, woselbst schon mein Rettungskorps harrte. Ich gab ihnen einen Taler oder mehr und lief ins Haus, wo ich meine Tante und meine Cousine, Fräulein Cäthchen, in der größten Tätigkeit antraf.

Onkel te Ktoot war unglücklicher – eigentlich konnte man wohl richtiger sagen glücklicherweise vor dem Ausbruch der Feuersbrunst nach Krefeld, seinem Geburtsort, gereist. Telegraphen gab es damals noch nicht, Eisenbahnen nach dortiger Gegend ebensowenig, und selbst bei schnellster Brief- und Personenbeförderung durfte seine Rückkehr erst in mehreren Tagen zu erwarten sein. Während seiner Abwesenheit nun weilte unser Cäthchen* zur Gesellschaft bei der Tante, doch war diese zur Zeit der Katastrophe nicht ohne männlichen Schutz gewesen. Ein paar Herren aus Krefeld, Freunde ihres Mannes, hielten sich als Geschäftsreisende gerade in Hamburg auf und standen ihr mit Rat und Tat zur Seite.

So erzählte mir Cäthchen, in der vorigen Nacht wäre sie mit Tante, in Begleitung der beiden Herren, im Jungfernstieg spaziert, um das Herannahen des Feuers zu beobachten, und des Rühmens, wie so liebenswürdig die Herren gewesen, wie sie so freundlich ihnen Trost zugesprochen hätten, war kein Ende. Der Ältere, Herr von Beckerrath, sei ein recht spaßiger

* Goos' Cousine und spätere Ehefrau.

Mann, der hätte den Trübsinn und die Angst gar nicht aufkommen lassen – aber der Liebenswürdigste sei der junge Herr Heydweiller gewesen; – was der für ein feines, zartfühlendes Benehmen gezeigt, wie liebreich er sie getröstet, könne Cäthchen gar nicht beschreiben, und dann zeigte sie mir seine Visitenkarte von seinem Holzspan, das Modernste, was es gäbe; er selbst habe sie ihr verehrt; und wie ein Heiligtum ward dieselbe aufbewahrt. Mir wurde ganz schwül beim Anhören dieser Lobeserhebungen; Heydweiller war in der Tat ein äußerst feiner, hübscher Mann, welchem ich an Aussehen, Anstand und Bildung weit nachstand, und schier eifersüchtig wäre ich geworden, wenn ich dazu Zeit gehabt. Der einzige Trost blieb mir, daß die Flammen schon sorgen würden, die Herren Krefelder baldigst fortzuschaffen; – vielleicht brannte jetzt ihr Gasthof schon.

Es ward nun unter uns Rat gehalten, was zunächst geschehen müsse. Das Feuer kam immer näher, der Neue Wall, hieß es, brenne bereits, und der Südwind hielt stramm an, uns die Flamme zuzutreiben. Da blieb denn wohl nichts anderes übrig, als die Flucht fortzusetzen und alles hierher Gebrachte sowie das Mobiliar meiner Tante te Kloot selbst zu meinen Eltern nach Altona hinauszuschaffen. Für die Ölbilder meines Onkels und seine Kupferstichsammlung war bereits Sorge getragen, da der Vorsteher des Botanischen Gartens, Herr Ohlendorf, ein Bekannter, sich erboten hatte, dieselben bei sich aufzunehmen; und dahinaus wurden diese Kunstschätze, ziemlich wohl erhalten, auf Tragbahren transportiert. Mein Onkel, Berend Paulus Roosen, hatte schon während der Nacht mit Räumung seines Hauses im alten Jungfernstieg angefangen; teils waren die Sachen nach seinem Landsitz in Othmarschen geschickt, teils ebenfalls bei te Kloots untergebracht; vieles aber ging ihm durch die Flammen zugrunde. Auch er stimmte für die Weiterbeförderung nach Altona, als dem nächsten sicheren Rettungsort, und so konnte ich also hier von neuem mit dem beginnen, womit ich in meinem Hause aufgehört hatte.

Zuvörderst aber sollte gefrühstückt werden, denn alle waren hungrig, zum Teil noch nüchtern und erschöpft.

Eben hatten wir uns zu diesem notwendigen Werke hingesetzt, als ein Bündel Fahrpeitschen in der Stubentür erschien, und mit ihm mein werter Herr Provisor Hillers. Er habe gehört, daß sein Prinzipal hier sei und wolle nur bitten, sich ein wenig ausruhen zu dürfen. Meine Tante forderte ihn natürlich auf, an unserem Frühstück teilzunehmen, und – Zierérei konnte man Hillers nimmer zum Vorwurf machen – schnell warf er seine Peitschen auf den Stuhl und leistete der Einladung aufs gründlichste Folge. Nachdem er Hunger und Durst gestillt, seufzte er und wanderte mit seinen Vierzehn weiter.

Jetzt ging das Ein- und Aufpacken wieder los. Zwei bis drei Wagen standen zu unserer Verfügung, und an Hilfe leistenden Händen hatten wir keinen Mangel, denn außer den Dienstboten meiner Tante waren unsere Leute, Jürgensen an der Spitze, sowie diejenigen meines Onkels Paulus zur Hand. Tante te Kloot traf nun ihre Dispositionen, und ich erbot mich, dazubleiben, soviel in meinen Kräften stehe, nach dem Rechten zu sehen und ihre Anordnungen auszuführen. Ich überredete sie, mit meiner Cousine zu meinen Eltern hinauszufahren, da sie hier doch nichts weiter helfen konnten und – wie sich später erwies – mancher Angst- und Schreckensszene überhoben wurden. Das geschah denn auch. Im ersten Wagen fuhr das Cäthchen mit der Frau meines Onkels Paulus Roosen, dessen Wohnung dem Untergange sicher geweiht war, und später folgte Tante te Kloot nach. Droschken waren noch glücklich zu erlangen gewesen.

Immer drohender wälzten sich jetzt die dunklen Rauchmassen, durchzuckt von roter Lohe, über die Häuserreihe des alten Jungfernstiegs daher, aber nichtsdestoweniger nahm das Zurichten, Hinabtragen, Aufladen der Mobilien seinen ruhigen und besonnenen Fortgang; man ward allmählich mit der Wut des Elementes vertraut. Doch auch an Beschädigungen und Verlusten fehlte es nicht. Ich traf zum Beispiel, als ich von oben kommend ins Wohnzimmer meiner Tante trat, einen fremden Kerl, scheinbar einen Zimmergesellen, an, der im Begriff stand, eine schöne Standuhr, die ihren Platz auf dem Sekretär hatte, samt der Glaskuppel herabzunehmen.

„Was haben Sie bei der Uhr zu schaffen?", fuhr ich ihn an.

„Retten", war die Antwort, und dabei taumelte der Kerl vom Stuhl, den er sich herangeholt, und ließ die kostbare Uhr in die darunter befindliche offene Schublade fallen. Sie war natürlich ganz zertrümmert. Wütend warf ich den Unhold zur Tür hinaus, wo er, von Mutters Friedrich empfangen, die Treppe hinunter auf eine so rasche Weise weiterbefördert ward, wie ihm nur lieb sein konnte, um keine Zeit zur Fortsetzung seiner anderweitigen Rettungsversuche zu verlieren. Selbst seinen Kalabreser hatte er im Stich gelassen, wenn ihm Friedrich denselben nicht nachgeworfen hätte.

Später am Nachmittag sollte die wundervolle Glaskrone, die im Eßsaal hing – wie ich meine, nach dem Botanischen Garten – transportiert werden. Wir hatten sie mit vieler Vorsicht abgenommen, durch den oberen Teil derselben einen starken Gardinenhalter gesteckt, welcher am vorderen Ende von dem Gärtner Bars aus Othmarschen, hinten von Friedrich getragen wurde, und so ging es behutsam die Treppe hinunter. Nur noch wenige Stufen waren nach, als gleich einem Donnerschlag in unmittelbarster Nähe – ein so furchtbares Knallen und Krachen geschah, daß das Haus in seinen Grundmauern erbebte. „Och Gott, dat Huus fallt in!", rief Bars, ließ seine Last im Stich oder warf sie vielmehr von sich und stürzte über die Diele direkt zur Haustür hinaus. – „Eh, du Bangbüx", schimpfte Friedrich, als ihm die prächtige Krone jetzt in tausend Splittern zu Füßen lag; „da ligt 't Sch…t; – na de Mäuh har'n wi uns ok nich to geben brukt, wenn 't so köm."

Bars ließ sich nicht weiter sehen, und wir sammelten unsere Trümmer in irgendeinen Behälter zusammen. – Hier sei übrigens vorweg bemerkt, daß beide ohne meine Schuld zerbrochene Prachtstücke später sehr gut repariert wurden und noch manches Jahr nachher im vorigen Glanze ihre früheren Stellen schmückten.

Fürs erste indessen lief alles hinaus, um die Ursache der furchtbaren Detonation zu ergründen.

Da lag denn vor uns das bisher so stolze, stattliche Gebäude *Die alte Stadt London** als wüster Trümmerhaufen, eingehüllt in dicke Staubwolken. Bald darauf sah man wieder den Menschenschwarm in vollem Lauf die Straße herauf bei unserem Hause vorbeirennen, und im nächsten Augenblick gewahrte ich, wie das folgende Gebäude – es war das Haus Salomon Heines – plötzlich, wie durch Zaubergewalt und scheinbar unversehrt, mit kräftigem Ruck emporgehoben wurde und dann, mit demselben Luft und Erde erschütternden Knalle wie sein Vorgänger, krachend zusammenpolterte, einzelne Teile aber hoch in die Luft fuhren. Auf dieselbe

* Dieses damals erste und vornehmste Hotel stand an der Stelle des jetzigen Hamburger Hofes.

Peter Suhr, Die Sprengung der Häuser am Jungfernstieg am 6. Mai 1842, Lithographie

Um dem sich immer stärker ausweitenden Feuer Einhalt zu gebieten, das nun auch den Jungfernstieg erreicht hatte, wurden am 6. Mai um 18 Uhr die Häuser Nr. 26 bis Nr. 34 des Jungfernstiegs (vom Eckhaus an den Großen Bleichen bis Streit's Hotel) gesprengt, darunter auch das Geschäfts- und Wohnhaus des Bankiers Salomon Heine (zweites Haus von rechts). Damit konnte ein weiteres Vordringen des Feuers verhindert werden, die Sprengung rettete den Gänsemarkt.

Weise folgten die zwei Nachbarhäuser Streit's Hotel und die Schuhmacher-Herberge. Die Gebäude hüpften gleichsam als Ganzes auf und fielen dann in Trümmern wieder zurück.

Der wahrscheinliche Plan hierbei war, die genannten vier Gebäude, wie sie jetzt als Schutt dalagen, durch die Wassermassen der auf dieser Stelle konzentrierten Spritzen zu überschwemmen und auf solche Art dem Überspringen des Feuers nach dem Neuen Jungfernstieg und Gänsemarkt Einhalt zu tun; aber auch dieser Versuch wäre mißglückt, wenn der Wind, der durch die ungeheure Hitzeentwicklung bereits wie Sturm wirkte, dieselbe Richtung behalten hätte, denn schon ein paar Stunden später brannte der ganze niedergesprengte Haufen, den Wasserstrahlen zum Trotz.

Unser Aufräumen nahm unterdessen ohne Unterbrechung seinen Fortgang, bis spät am Abend wenigstens alles Wertvolle oder Unersetzbare fortgeschafft, wir aber durch die unausgesetzte Anstrengung auch so müde und abgespannt waren, daß wir's endlich damit gut sein ließen.

Während des Tages hatte man bemerkt, wie einzelne der auf der Promenade des Jungfernstiegs geborgenen Gegenstände plötzlich Feuer fingen und dann schleunigst den Fluten überliefert werden mußten, ja, sogar mehrere der mit Effekten aller Art beladenen Fahrzeuge gingen mitten auf dem Alsterbassin in Feuer auf; – jetzt, beim Einbruch der Dunkelheit, konnte man die Ursache dieser Erscheinungen wahrnehmen. Die ganze Luft war mit brennenden Flittern und Funken geschwängert, die weithin fortgeführt wurden und dem von ihnen Getroffenen die Kleider auf dem Leibe entzündeten.

Der ganze alte Jungfernstieg samt den zahlreichen, in der Promenade aufgestapelten, geborgen geglaubten Sachen stand bis zum Gänsemarkt hin bereits in Flammen, und je mehr die Nacht hereinbrach, desto schauerlicher wurde der Anblick.

Da, in der höchsten Not, gewahrte man zur unbeschreiblichen Freude, daß der Wind nach Nordwesten umsprang, denn auf einmal richteten sich Flammen und Rauch der schon leergebrannten Feuerstätte zu, und so war wenigstens die Möglichkeit vorhanden, die Neustadt zu retten.

Mit diesem trostbringenden Gefühl entschlossen wir uns endlich, als der letzte Wagen bepackt war, abzuziehen. Das Haus mit den allzu schwer transportablen Sachen überließen wir dem Schutze Gottes; an einen Einbruch, wenn es vom Feuer verschont bleiben sollte, war auch nicht zu denken, wer hätte in den fast geleerten Räumen noch etwas Stehlenswertes gesucht?

Die Glieder versagten mir fast den Dienst, als ich neben Jürgensen das leere Handpferd bestieg und es der übrigen Begleitung überließ, Platz auf dem Wagen zu suchen oder hinterherzulaufen. So zogen wir ab – hinter uns das helle Flammenmeer, die zuckende Lohe meiner brennenden Vaterstadt; vor uns die friedlich stille Nacht mit ihrem Sternenheer, das, unbekümmert um der Menschen Leiden und Sorgen, den unwandelbaren Gesetzen folgt – durch das Dammtor dem nahen Altona zu – und kamen wohlbehalten bei meinen ängstlich harrenden Eltern und Verwandten auf der Mühle an. Mit Freudentränen ward ich von meinem Vater empfangen, der sich, seiner ängstlichen Natur nach, wohl schon die schlimmsten Bilder und Befürchtungen hinsichtlich der mir drohenden Gefahren entworfen haben mochte, ich war aber kaum noch empfänglich für wärmere Gefühle und unfähig zu ausführlicher Mitteilung meiner Erlebnisse. Ich sehnte mich nur nach Ruhe, und obgleich hungrig und durstig, nickte ich beim Spätmahle mehr denn einmal ein; ich kroch alsbald in das für mich bereitete Bett, schlief im Umsehen ein und erwachte erst spät am anderen Morgen. Aber welches Bild bot mir jetzt das Wohnhaus meiner Eltern? – Vollgespeichert von oben bis unten mit den verschiedenartigsten Gegenständen sah es einem Auswanderer-Hotel ähnlicher als einer bürgerlichen Wohnstätte. Das lag und stand alles bunt durcheinander; – feine Damastmöbel neben grobem Küchengerät.

Jetzt konnte ich denn nun einen zufriedenstellenderen Bericht über den gestern verlebten Tag geben; und da hiernach zu erwarten stand, daß meiner Tante Wohnhaus vom Feuer verschont geblieben sei, so ward zuerst ihre Köchin, eine kleine resolute Person, mit dem Hausschlüssel hineingesandt, um, wenn möglich, Besitz von dem Hause zu nehmen. Ich versprach alsbald nachzukommen, wollte aber erst zu meinem Schwager Berend Roosen, um mich zu versichern, wie es ihm ergangen, denn bis jetzt waren wir ohne jegliche Kunde, ob sein Haus abgebrannt sei oder nicht. Die Familie bewohnte gegenwärtig das frühere Haus der vor einem Jahre verstorbenen alten Madame Roosen, der Mutter meines Schwagers, belegen auf dem Neuen Wall, zwei Häuser östlich vom Stadthause. Das Nebenhaus, zunächst dem Stadthause, gehörte dem Bruder und Kompagnon, Herrn Salomon Roosen. Diesen Häusern gegenüber stand ihr großer, die Nebengebäude überragender Speicher, dessen Hinterfront das Fleet zwischen dem Neuen und Alten Wall begrenzte.

Ich ging demnach durch das Altonaer Tor meinem Ziele zu und fand die Straße um so belebter, je mehr ich mich demselben näherte. Am Großneumarkt, in dessen Mitte damals eine Hanseaten-Wache lag, war die Anhäufung der Menschen besonders stark; – es wären, so hieß es, eben ein paar Mordbrenner eingebracht, es seien Engländer aus einer Fabrik von Gleichmann & Busse auf dem Grasbrook. Mit Pech, Schwefel und anderen Elementen der Hölle versehen, zögen sie in Banden umher, ganz Hamburg den Flammen zu überliefern, und erklärlich werde es jetzt, woher das Feuer so rasch und wütend um sich gegriffen.

Solche Gerüchte verbreiteten sich allenthalben, setzten die Einwohner in Schrecken und Wut und hatten, ohne auch nur ein Fünkchen Wahrheit zu enthalten, leider mancherlei Brutalität und Angriffe auf ganz unschuldige Personen, sogar auf solche, die im Auftrage des Staats bei Sprengung von Gebäuden mutig ihr Leben zur Rettung der Stadt wagten, zur Folge. Sie ließen sich sämtlich auf die plötzlichen Feuererscheinungen zurückführen, welche, wie schon früher erwähnt, die beim hellen Sonnenschein unsichtbaren Feuerfunken zuwege brachten.

Als ich bis zur Ellerntorsbrücke gelangt war, ward mir Halt geboten. Drei bis vier Spritzen waren hier postiert, welche der bei der Graskellersbrücke endenden Feuerstätte Wasserstrahlen zuführen mußten, um das gänzliche Ertöten der Flammen zu bewirken.

Höchst freundschaftlich wurde ich ersucht, ein wenig an die Spritze zu treten, um pumpen zu helfen, und fand daselbst eine ganze Reihe Leidensgefährten, denn die eigentliche Spritzenmannschaft war, wenigstens dem größten Teile nach, längst arbeitsunfähig geworden. Ich machte gute Miene zum bösen Spiel und pumpte lustig darauflos; nicht so mein Nebenmann, ein kleines, behendes Herrchen, namens Uhlenhoff, der mir als Hausfreund des Herrn Berend Roosen junior – Kompagnon meines Onkels Hermann – nicht unbekannt war und sich nicht wenig erboste, daß er gezwungen würde, trotz seiner wichtigen, drängenden Geschäftsbesorgungen hier an der Pumpenstange zu arbeiten. – Die Spritzenkommandeure waren übrigens vollkommen berechtigt, solche Hilfeleistungen in Anspruch zu nehmen, da von der Polizeibehörde allenthalben Aufrufe an Freiwillige zum Löschen angeschlagen waren; ohne etwas handgreifliche Überredungskunst aber würden sich wohl schwerlich viele Freiwillige eingestellt haben.

Viele Orte der Umgegend hatten ihre Löschwerkzeuge nebst Mannschaft unserer Stadt zu Hilfe geschickt; so wurde zum Beispiel die Hamburg-Bergedorfer Eisenbahn, deren Eröffnung am Sonntag, den 8. Mai, stattfinden sollte, am Himmelfahrtstage durch einen Spritzentransport eingeweiht, statt des sonst üblichen Jubeltrains mit bekränzter Lokomotive.

Nach einiger Zeit ward ich von einem neugepreßten Freiwilligen abgelöst und eilte nun dem Hause meines Schwagers zu. Gottlob, der untere Teil des Neuen Walls stand unversehrt; Schwager und Schwester traf ich wohlbehalten an, in Gesellschaft ihres Schiffskapitäns Garn. Die Kinder waren draußen auf dem Landsitz in Nienstedten. Beim gegenseitigen Austausch unserer jüngsten Erlebnisse bekam ich zu hören, daß an hiesiger Stelle vielleicht der hartnäckigste, aber gottlob auch der siegreiche Kampf gegen das gierige Element geführt worden sei. Es galt vor allen Dingen, den erwähnten Roosenschen Speicher zu erhalten, nicht so sehr seines reichen Inhalts wegen als vielmehr, um die hinter- und nebenliegenden Gebäude zu schützen, denn mit ihnen war ohne Zweifel das schräg gegenüberliegende wichtige Stadthaus und vielleicht gar die ganze Neustadt den Flammen preisgegeben. Man hatte deshalb von seiten der Polizei meinem Schwager die wichtigste Hilfe durch Spritzen und Löschanstalten angedeihen lassen, aber namentlich der angestrengtesten Tätigkeit des Schiffskapitäns Garn mit seinen Leuten war es zuzuschreiben, daß das erwähnte kolossale Gebäude gerettet und somit hier dem Feuer Stillstand geboten wurde. Von dem Schrecken, der Angst und Aufregung, die mein Schwager am gestrigen Tage erlitten, waren seine Haare in einer Nacht grau geworden.

Ich setzte nun meinen Weg fort, mußte aber, einige Häuser weiter, schon wieder Spritzenmann spielen, denn das hier abermals an der Grenze der Brandstätte postierte Spritzenkommando ließ keinen durch, ehe er nicht seinen Tribut an Arbeitskraft gespendet hatte, und nochmals mußte ich daran, an der Ecke des Neuen Jungfernstiegs und Gänsemarkts, wo die niedergesprengten Häuser noch immer ihre Rauchsäulen emporsandten, und die Spritzen in fortwährender Tätigkeit blieben.

So gelangte ich denn endlich zum Hause meiner Tante. Daß der Neue Jungfernstieg in gestriger Nacht nicht vom Feuer ergriffen sei, war mir bereits bekanntgeworden, aber zu nicht geringerer Freude erkannte ich jetzt die Wahrheit des Vernommenen, als ich das Haus unversehrt vorfand. Durch die Kellertür trat ich ein und stand nun einer eigentümlichen, nicht geahnten Szene gegenüber.

Die Küche meiner friedliebenden Tante schien in ein militärisches Biwak verwandelt worden zu sein; sechs bis acht Bürgergardisten hatten daselbst ihr Lager aufgeschlagen, aßen und zechten wacker drauflos, während die ratlose kleine Köchin mir mit einem ängstlich fragenden Blikke entgegentrat. Zornerfüllt redete ich den zunächst Sitzenden an, ob das denn die richtige Sitte und Bürgerpflicht sei, anstatt das Eigentum ihrer Mitbürger gegen Schaden zu sichern, unberufen in die Häuser derselben einzufallen und daselbst nach Lust und Gutdünken zu schalten und walten? Ruhig trat mir einer der Mannschaft – es mochte vielleicht der Unteroffizier sein – entgegen und antwortete: wenn ich je in den Fall kommen sollte, 24 Stunden lang unter Gewehr zu stehen, so würde ich, mutmaße er, es auch noch nicht besser machen. Das sei denn auch am Ende bei einer so großen Kalamität noch kein großes Vergehen, daß sie, Hunger und Durst leidend, sich hier ein wenig restauriert hätten, und für die Sicherheit, die sie dem Hause durch ihre Gegenwart gewährt, sei ihnen das bißchen Brot und Butter wohl zu gönnen.

Die Rede des Mannes klang anders, als ich erwartet. Ich mußte ihm recht geben, und beschämt sah ich meine Voreiligkeit ein; auch machten sich die Herren, was mir und der kleinen Köchin noch besser gefiel, alsbald auf die Strümpfe.

Unterwegs war mir Böttger begegnet, welcher, wie man sich erinnern wird, bei Siemsen mein Nachfolger ward und diesen Posten auch jetzt noch bekleidete. Bei meinen Eltern wurde er als Hausfreund betrachtet, besuchte mich an seinen freien Tagen gar häufig, und unsere Freundschaft war mit der Zeit eine recht innige geworden. Ihn hatte ich mit ins Haus meiner Tante genommen, da wir beide gleich hungrig geworden waren beim Umherstreifen, und es handelte sich nur darum, ob wir daselbst auch etwas Genießbares vorfinden würden. Daß solches der Fall, hatten uns unsere militärischen Vorgänger verraten; daher nahmen wir ungeniert deren Plätze ein und ersuchten die kleine Köchin, in ihrem Amte als Marketenderin fortzufahren. Mit Brot und Butter, vielleicht auch etwas kalter Küche, vermochte sie uns zu dienen, mit dem Getränk jedoch sah es nützlicher aus, denn die abgezogenen Krieger hatten auf eigene Kosten gezecht; ach, und dabei wässerte mir der Mund, wenn ich an meines Onkels vortrefflichen Preignac dachte, der mir immer so herrlich geschmeckt und gegenwärtig als das höchste Labsal erschien. Aber dem war nicht beizukommen, der Weinkeller war verschlossen und der Schlüssel weit weg, ohne Zweifel im Gewahrsam meiner Tante. Was war da zu machen?

Wie sind wir sterbliche Menschen doch so unberechenbar, was für schwache, wankelmütige Geschöpfe! – Soeben noch hatte ich den armen Bürgergardisten eine so schön gesetzte, wenngleich nicht überzeugende Strafpredigt über die Bürgerpflicht im allgemeinen und das Mein und Dein im speziellen gehalten, und jetzt?

Ich schäme mich, es niederzuschreiben, möchte am liebsten die Feder wegwerfen und hier meine Memoiren beendigen, denn, lieber Leser, der dunkelste unter allen dunklen Flecken meines Lebenswandels steht mir zu melden bevor. Du wirst dich mit Abscheu – es kann nicht anders sein – von mir wenden; ich ward – zum Räuber? – Ja, wenn es noch diese edlere Art der Spitzbuben gewesen wäre – nein, zum ganz gemeinen, verächtlichen Einbrecher; – ich stahl meinem eigenen teuren Onkel eine Flasche des verführerischen Getränkes, indem ich die Tür zum Weinkeller sprengte.

O! Wie edel war doch das Betragen der acht Gardisten im Vergleich zu meiner rohen Schandtat! Sie hatten nur dasjenige genommen, was zur notwendigen Erhaltung des Lebens gehört, und ich! – lassen wir lieber den Vorhang fallen, ein Gedankenstrich wird hier am passendsten sein. –

Gesättigt und gestärkt, in Folge meiner schwarzen Tat, machten wir uns jetzt daran, das Haus einer genaueren Revision zu unterwerfen, und fanden, außer der schon gestern zerbrochenen Krone und Uhr, alles im normalen Zustande, so daß einem sofortigen Wiedereinzug nichts im Wege stand. Mit diesem erfreulichen Befund begaben wir uns nun auf den Rückweg nach Altona, und ich verfügte mich nach Hause, um Tante te Kloot Bericht abzustatten. Sie war natürlich hocherfreut, ihr Eigentum gerettet und unversehrt zu wissen; als ich aber bei der Preignac-Affäre anlangte und meinen Raubeinbruch gestand, verloren ihre Züge den freundlich zufriedenen Ausdruck, und so sehr ich auch meine Verdienste bei den Spritzen aufbauschte, meine daraus erwachsene Ermattung und Erfrischungsbedürftigkeit mit den rührendsten Worten schilderte, ihr Sinn für Sitte, Ordnung und Anstand vermochte sich nicht mit der Notwendigkeit eines gewaltsamen Einbruchs in Einklang zu setzen, und ich fürchte, daß durch meine unbesonnene Tat vieles von dem guten Eindruck, den meine gestrige Hilfetätigkeit bei ihr hervorgebracht hatte, wieder verloren ging.

Was nun den Verlauf der Feuersbrunst anbetrifft, so will ich bemerken, daß wir an diesem Morgen vom Bodenfenster meiner Eltern aus beobachteten, wie der Petriturm, um neun Uhr etwa, ganz ähnlich dem Nikolaiturm Feuer fing und samt der Kirche total ausbrannte. Man kann sich danach eine Vorstellung von den bisherigen Fortschritten des Feuers machen. Gestern war es in der Richtung von Süden nach Norden vorgedrungen; als aber am Spätabend der Wind sich drehte, hatte es sich wieder dem östlichen Stadtteil zugewandt; und heute nun, wo es am alten Jungfernstieg nichts mehr zu brennen gab, sprang der Wind – man muß es als eine göttliche Fügung bezeichnen – in seine anfängliche Richtung zurück, die Flammen nunmehr der Alster zu dirigierend, wodurch der südöstliche Stadtteil gerettet wurde; dem ungeheuren Brande durch Menschenhand zu steuern gehörte gegenwärtig zu den Unmöglichkeiten; jetzt aber, am Rande des Wassers und des freien Walles, mußte er eines natürlichen Todes sterben.

Von Tante te Kloot wurde nun, zum Beistand und Schutz ihrer kleinen Köchin, ein junger Mann aus unserer Gemeinde, der Seefahrer Wiebes, engagiert, der selbigen Tages noch sein Quartier in ihrem Hause aufschlug. Sie selbst gedachte erst nach Ankunft ihres Mannes dahin zurückzukehren. Der Mobilientransport sollte am nächsten Montag erfolgen, vorausgesetzt, daß die Feuersgefahr alsdann beseitigt sein würde.

Ich will hier noch einmal wiederholen, daß während der so bedeutenden Unglückskatastrophe das eigentliche Gefühl des Schmerzes und der Trauer durchaus nicht in dem Verhältnis zu derselben stand, wie man wohl annehmen sollte. Man sah nirgends händeringende Frauen oder in stiller Verzweiflung hinbrütende Männer, sondern nur allenthalben die regste Tätigkeit; auch mochten die jetzt schon beginnenden außergewöhnlichen Hilfeleistungen von auswärts sowie die vorauszusehende notwendige Hilfe des Staats dem Blick in die Zukunft ein tröstlicheres Bild gewähren, als man anfänglich vermutet. Von dem Könige von Dänemark und dem Könige von Preußen geschahen gleich zu Anfang schon außerordentliche Anstrengungen.

Daher verlebten wir hier draußen auf der Mühle, in dem kleinen Raum zusammengedrängt, eigentlich ein paar ganz gemütliche Tage; namentlich, als am nun folgenden Sonntage, den achten Mai, gegen Mittag ein wirklicher Stillstand des grausamen Elements konstatiert werden konnte, und an diesem Abend zuerst war uns der Anblick des rotleuchtenden Himmels über Hamburg erspart.

Als ich am Montagmorgen, den neunten Mai, beim Ordnen meiner geretteten Effekten beschäftigt war, wurde mir ein Besuch gemeldet, und als ich hinaus auf den Hof trat, wer stand allda vor mir? Niemand anders als mein Herr Hillers, wiederum mit den unvermeidlichen vierzehn Fahrpeitschen in der Hand.

Verwundert blickte ich auf diese immer noch eine Ruhestelle suchenden Rettungsresultate. Er habe sie noch nicht ihrem Eigentümer abliefern können, sei aber jetzt auf dem Wege, dieses zu tun, belehrte er mich; inzwischen sei er nur gekommen, nach seinen Sachen zu fragen; – dieselben waren, glaube ich, mit herausgeschafft worden. Sodann besprachen wir unser gegenwärtiges Verhältnis zueinander, und ich erbot mich, ihm fürs erste eine Abschlagssumme des Salairs für das laufende Semester auszukehren, denn meine Kasse war leider zur Zeit in ziemlich desolaten Umständen. Daß er nach Einstreichung des Geldes befriedigt von dannen ging, glaube ich nicht annehmen zu dürfen, auch hatte er wohl ein Recht, von mir die Sicherung seiner einstweiligen Existenz zu verlangen; da er aber gegenwärtig ein Unterkommen bei Verwandten oder Bekannten gefunden hatte und bald darauf aufs neue eine Stellung in der Redlichschen Apotheke erhielt, so machte ich mir seinetwegen keine weitere Sorge. Er hat sich, wie mir später zu Ohren kam, bitter über mich beklagt; doch wenn man ihn auch zu dieser Klage berechtigt halten sollte, so möge man mir zugute halten, daß ich aus eigenen Kräften für

Johann Jacob Gensler, Hamburg nach dem Brand von 1842, Gemälde

Als am Morgen des 8. Mai 1842 zwischen sieben und acht Uhr das letzte Feuer erlosch (die Stelle bezeichnet heute die kleine auf den Ballindamm mündende Straße „Brandsende"), war nahezu die ganze Hamburger Altstadt vernichtet. Inmitten der Ruinenfläche stehen nur noch die Börse (rechts) und die Katharinenkirche (links) unversehrt. Von den 160 000 Einwohnern Hamburgs hatten 20 000 ihr ganzes Hab und Gut verloren. Ums Leben gekommen waren 51, verletzt 120; 1100 Wohnhäuser, 102 Speicher, über 3000 Säle, Buden und Keller, sieben Kirchen, zwei Synagogen und zahlreiche öffentliche Gebäude waren zerstört.

die Gegenwart nichts für ihn zu tun vermochte, ihn aber für die Zukunft auf ein Engagement etwa zu trösten, dazu war er mir, in Folge seines Phlegmas und seiner üblen Gewohnheiten, zu widerlich geworden, und ich konnte mir nur Glück wünschen, ihn bei dieser Gelegenheit loszuwerden, so leid er mir auch tat.

Meinem Lehrlinge ging es glücklich genug. Er erhielt in kurzer Zeit eine Stelle bei Herrn Apotheker Pratje. – Was aus meiner Köchin und dem Stößer Peter ward und wie ich mich mit ihnen abfand, kann ich nicht mehr mit Sicherheit angeben. Letzterer ging, glaube ich, nach seinem Geburtsorte, trat aber zwei Jahre später wieder in meine Dienste.

Den Hamburger Brand vom fünften bis neunten Mai 1842, der, nahe der Elbe im Süden der Stadt bald nach Mitternacht anfangend, dieselbe in der Mitte, von einem Ende bis zum anderen, durchschnitt, umfassend zu schildern kann weder meine Absicht sein, noch liegt solches in meinem Vermögen; auch sind über diese Katastrophe zu damaliger Zeit mehrere ausführliche Werke erschienen. Ich befasse mich nur mit denjenigen Schilderungen, die unmittelbar meine eigenen Erlebnisse oder die der mir zunächststehenden Personen betreffen; aber die allgemeinen Ansichten und hervorragendsten Erscheinungen, die das Unglück begleiteten, will ich doch mit wenigen Worten anführen.

Dem raschen Umsichgreifen des Feuers lagen wohl hauptsächlich dreierlei Ursachen zugrunde.

Zuerst mag erwähnt werden, daß zwei bis drei Wochen vorher ein gewöhnlich in dieser Jahreszeit herrschender, ausdörrender Ostwind wehte, welcher alles Holzwerk für Aufnahme der Flammen empfänglich machte und sämtliche Dächer und Dachrinnen sich mit zunderartigem Staube füllen ließ.

Derselbe Wind trieb aber auch dermaßen das Wasser aus der Elbe, daß als zweiter Grund ein allgemeiner Mangel desselben zu bezeichnen ist. Sämtliche Fleete waren leer, und somit konnte, besonders zur Ebbezeit, den Spritzen nur Schlamm zugeführt werden, der gerade in der höchsten Not diese in kurzer Zeit unbrauchbar machte. Auf das Wasser der Fleete waren aber früher die Löschanstalten fast ausschließlich angewiesen.

Drittens entstand das Feuer in einem Hintergebäude der Deichstraße – wie es hieß, beim Tabakshändler Cohn – innerhalb eines Komplexes von Warenlagern, in denen die feuergefährlichsten Dinge, wie Spiritus, Camphor, Öle und dergleichen, aufgehäuft lagen, die, ausgeflossen, das enge Fleet zwischen Rödingsmarkt und Deichstraße mit brennender Flut füllten.

Hätte man gleich anfangs durch Pulversprengungen der Gebäude den Flammen die Nahrung entzogen, so wäre es wohl möglich gewesen, dem Brande beim Hopfenmarkt Einhalt zu tun, als aber erst die Nicolaikirche und die ganze Neueburg mit den Warenspeichern in Feuer stand, hatte die Glut an Intensität wie Flächenausdehnung zu sehr die Übermacht erhalten, um durch menschliche Kräfte getötet werden zu können. Zu jener energischen Maßregel konnte sich der Senat natürlich nicht gleich entschließen und versuchte es zuerst mit dem so verderblich sich erweisenden Abbrechen der Häuser, welches viel zu viel Zeit erforderte, um noch etwas nützen zu können, und wahrscheinlich nur dazu diente, den Flammen und Funken das Zünden zu erleichtern. Endlich mag noch erwähnt werden, daß die ungeheure Gluthitze der brennenden Stadt eine so große Luftverdünnung erzeugte, daß der ohnehin schon bestehende Wind dadurch zum Sturm gesteigert ward, wie man dieses besonders am Freitag auf der Lombardsbrücke wahrzunehmen Gelegenheit hatte.

Die Ausdehnung der Feuerstätte nach Aufhören des Brandes betrug etwa den fünften Teil der inneren Stadt. Nach Westen wurde sie durch eine Linie begrenzt, die man sich in einigen Abweichungen von der Ecke des Gänsemarktes und Neuen Jungfernstiegs über die Graskellerbrücke bis zum südlichen Ende der Deichstraße gezogen denke; nach Osten ging sie an der Grenze des breiten Kanals zwischen der Neuen-Burg und Katharinenstraße entlang bis zur alten Bank, dann, die Große Bäckerstraße, den Dornbusch und die halbe Kleine Bäckerstraße aufnehmend, berührte sie das Gymnasium, welches unversehrt blieb, und endigte, durch den oberen Teil der Paulstraße die eine Seite der Breiten- und fast die ganze Lilienstraße umfassend, alsdann dem St. Georg Kirchturm gegenüber beim Wall, welcher damals in der Höhe des Sockels vom Magdalenenkloster sanft nach der Lombardsbrücke zu abfiel und mit einer doppelten Pappelreihe bepflanzt war.

Innerhalb dieser keilförmig vom Entstehungspunkt aus sich erweiternden Fläche waren nur die erst seit einigen Jahren bestehende neue

Börse und die nördlich daneben liegenden Häuser, ferner drei bis vier Gebäude an der Ostseite der Bergstraße und das kleine Küsterhäuschen auf dem St. Gertruden-Kapellenplatz unangefochten stehengeblieben; erstere durch die mit unglaublicher Energie betriebenen Sicherheitsmaßregeln des Patrioten Herrn Smith, der mit einigen anderen Ehrenmännern, Dill, C. Wolff, Baukondukteur Doelke und Heinrich, sich darin eingeschlossen hatte und der Hitze wacker standhielt. Die Gertruden-Kapelle lag auf der oberen, südöstlichen Seite des jetzigen Gertruden-Kirchhofs, das erwähnte Häuschen daselbst weiter nordwestlich, an der Rosenstraße.

Sämtliche, fast alle von Holz erbauten, Brücken innerhalb der Unglücksstätte waren zerstört oder doch unpassierbar, so daß man vom Oster- nach dem Westerteil der Stadt in den ersten Tagen der Katastrophe nur über die Lombards- und Slamatjen- oder Schaartorsbrücke gelangen konnte. Bei der jetzigen Reesendammbrücke floß die Alster ungehindert der Elbe zu, denn die dortigen Mühlen mit ihrem hölzernen Wehr und den sogenannten Schütten waren bis zur Wasserfläche abgebrannt. Die Schleusen bei der Mühlenbrücke – wo ebenfalls Mühlenräder sich befanden – und dem Graskeller waren total verschüttet, und hier wurden zuerst die vom Könige von Preußen gesandten Pioniere angestellt, um die Wasserstraße zu eröffnen und dem Abfließen des Alsterstromes durch versenkte Sandsäcke Einhalt zu tun wie auch Notbrücken zu errichten, während die von Bremen unter ihrem Major Reuter gesandten 250 Mann Infanteristen, die auf dem Heiligengeistfeld ihr Lager hatten, mit unserer Garnison zusammen die Brandstätte bewachten.

Was dem Staate dann vor allem oblag, war einmal das Niederreißen der vielen gefahrdrohenden Ruinen und das Wegräumen der die Straßen versperrenden Brandtrümmer und andererseits das Erbauen von Hilfswohnungen und Läden. Diese wurden nun längs der Esplanade, dem alten Jungfernstieg, auf dem Johannisplatz – jetzigem Rathausmarkt –, vor dem Dammtor und an anderen geeigneten Orten dicht an dicht aufgeführt. Das ging mit ungewöhnlicher Emsigkeit vonstatten, wogegen das Wegschaffen des Brandschuttes über ein halbes Jahr in Anspruch nahm und eine Menge fremder Arbeiter nach Hamburg zog. Zuerst machte man für die Fußpassage die Straßen zugänglich – die engeren derselben waren gänzlich verschüttet, – später ward auch für Fuhrwerkbeförderung gesorgt, und alle

Carl Ferdinand Stelzner, Die Brandruinen der Alstergegend, Daguerreotypie 1842

Zehn beherzten Kaufleuten war es zu danken, daß die vom Feuer eingeschlossene, erst vor einem halben Jahr feierlich eingeweihte neue Börse verschont blieb. Im Gebäude von den Flammen überrascht und ohne Fluchtmöglichkeit, war es ihnen gelungen, das Feuer abzuwehren und den auf das Dach niedergehenden Funkenregen zu löschen. Auf dem Dach entstand diese Daguerreotypie des Hamburger Fotografen Carl Ferdinand Stelzner (1805-1894), die als die älteste Reportagefotografie der Welt in die Geschichte eingegangen ist.

Steintrümmer wurden auf den Brandstätten selbst aufgehäuft. Nunmehr war es den Hausbesitzern möglich, zu ihren Grundstücken zu gelangen, und nach abgegebener Legitimation konnte man – vom 23. Mai an – Erlaubniskarten bekommen, auf seinem Eigentum Nachgrabungen zu halten nach etwa dort unter dem Schutt befindlichen unverbrennlichen Gegenständen. – So ließ ich auch auf meinem Erbe nachgraben und gelangte in Wiederbesitz eines großen eisernen Mörsers, eingemauerter kupferner Kessel und anderer schwerer Metallgeräte, deren Wert, außer dem Mörser, freilich jetzt nur noch in dem des rohen Metalls bestand; aber nicht eine schwarze Kohle ward bei diesen Nachgrabungen gefunden; alles Brennbare war in weiße Asche verwandelt. Das war denn auch das eigentümliche Gepräge der ganzen Brandstätte, die kein traurig düsteres, rußiges Aussehen gewöhnlicher Brandruinen aufwies, sondern lauter helle, glänzende Rudera, die beim Sonnenschein einen das Auge schmerzlich blendenden Reflex verursachten. Einen ganz überraschend fremdartigen Anblick gewährte es, wenn man zur Börsenzeit, von einem erhöhten Standpunkte, zum Beispiel dem Roosenschen Speicher aus, die dunklen Gestalten hintereinander in verschiedenen Radien durch die weiße Wüste dem Mittelpunkte – der Börse nämlich – zuschreiten sah. Letztere war, bevor das Gebäude und dessen Zugänge wieder in einen brauchbaren Stand gesetzt worden, in den ersten zwei oder drei Tagen im Logenhause auf der Drehbahn, dann bis zum 15. Mai im Schulgebäude gehalten worden.

Unter den einflußreichen Börsenherren stand in dieser schweren Zeit der Israelit Herr Salomon Heine allen anderen voran. Derselbe erfreute sich, in Hamburg sowohl wie auswärts, eines hohen Rufes als echter Patriot und Wohltäter der Menschheit. In seiner Jugend ganz unbemittelt nach Hamburg gekommen, hatte er sich durch redlichen Fleiß bis zum Millionär aufgeschwungen, bewohnte ein Haus im alten Jungfernstieg und besaß eine reizend gelegene Villa an der Elbe, gleich hinter Ottensen, wohin er auch beim Herannahen des Feuers geflüchtet war. Jetzt mußte man ihm es vorzugsweise zuschreiben, daß der Kredit der Hamburger Kaufmannschaft vollkommen aufrechterhalten blieb, durch sein Ansehen sowohl wie durch seine Millionen.

Wenn von Salomon Heine die Rede war, so galt sie sicher dem Ruhme seiner Hochherzigkeit. Das israelitische Krankenhaus in St. Pauli, das Betty Heinestift, verdankt unter anderem seinem Wohltätigkeitssinn Gründung und Existenz.*

Dem Wohltätigkeitssinn der bemittelten Hamburger war gleich nach dem Brande ein weites Feld eröffnet; viele Akte der Mildtätigkeit wurden in dieser Zeit vollzogen, denn etwa 1700 Häuser lagen in Asche, und 20 000 Menschen mochten obdachlos geworden sein.

So fand ich, als ich Onkel Hermann auf den Vorsetzen besuchte, meine Tante in voller Tätigkeit in der Küche, woselbst in einem Riesenkessel Suppe gekocht wurde für die armen Flüchtlinge, die vor dem Dammtor auf der Gänseweide, teils in Zelten und Buden, größtenteils aber unter freiem Himmel mit ihren geretteten Effekten lagerten und für den Augenblick, ohne mildtätige Hilfe, dem Hunger und Durst ausgesetzt gewesen wären. Aber reichlich strömten ihnen die Liebesgaben zu, und sehr rasch bildete sich auf Veranlassung des Staats ein Unterstützungskomitee zur Besorgung und Verteilung derselben.

Ein solches nahm unter dem Namen *Hilfs-Verein* bald größere Dimensionen an, denn von allen Seiten trafen jetzt Unterstützungen für die Abgebrannten ein, in Geld sowohl wie in Naturalien. Schon an dem erwähnten Sonnabend, während des Brandes, sah ich ganze Blockwagen voll Schwarzbrote ins Stadthaus einfahren, welche auf Betrieb der dänischen Regierung zur Abhilfe der ersten Not geschickt worden. Die auswärtigen Geldsendungen der Fürsten und Privatkomitees aber wuchsen im Lauf des Sommers zu Millionen an. Die Fürsten und Regierungen gingen hierbei mit wahrhaft königlicher Großmut und Freigebigkeit allen anderen voran.

Jetzt wurden von seiten des Hilfs-Vereins mehrere Büros in verschiedenen Stadtteilen errichtet, um die Anmeldungen der Hilfesuchenden entgegenzunehmen, und allen, die sich dafür interessierten, ward hier mit Freuden von den Bezirksvorstehern ein Arbeitsfeld angewiesen.

Ich hatte hinsichtlich meiner eigenen Angelegenheiten Zeit genug übrig und schloß mich dem Vereine an.

Bei dem Armenvorsteher, Herrn Poschaan, dessen Wohnung und Büro auf dem Katharinenkirchhof lag, fand ich eine Anstellung und ging

* Der Grundstein für das Israelitische Krankenhaus wurde 1841 gelegt, die Einweihung fand am 7. September 1843 statt.

nun jeden Morgen nach Hamburg, um meinen Verpflichtungen nachzukommen.

Vormittags wurden die Hilfsbedürftigen empfangen und hatten, nachdem sie ihre Not und die darauf bezüglichen Wünsche vorgetragen, eine Reihe von Fragen zu beantworten, die auf eigens dazu gedruckten Formularen vorgeschrieben waren. Der Ausfüllung solcher Fragebögen wurden die speziellen Gesuche beigefügt und am Nachmittage die Angaben durch persönliche Nachfragen und Anschauungen auf ihre Wahrheit geprüft. Unter die Abhörungsbögen schrieb man alsdann das Resultat der Nachforschungen, worauf erstere dem Komitee zur Genehmigung, Reduktion oder Abschlagung des Verlangten eingereicht und je nach dessen Beschlüssen dann die Betreffenden abgefertigt wurden. Bei diesen Untersuchungen kam ich mit Menschen der verschiedensten Art in Berührung und lernte Wohnorte kennen, von denen ich bis jetzt keine Ahnung gehabt. Die ärmere Klasse der Geflüchteten hatte oft bei ebenso Armen in Kellern oder auf hochgelegenen Sälen und Böden Unterkommen erhalten, und dann ging es drei bis vier enge Spiraltreppen hinauf, die als notwendige Handhabe höchstens ein glanzschmieriges Tau boten, welches anzufassen man noch mehr als das Hinabstürzen scheute. Am meisten litten die Zylinderhüte bei solchen Auskundschaftsbesuchen, und ich hatte mir noch dazu – ich weiß nicht, ob aus Eitelkeit ober des weißen Staubes wegen, der während des Sommers über Hamburg schwebte – einen schönen weißen, langhaarigen Filzhut angeschafft, der durch das fortwährende An- und Unterstoßen hierbei ganz zugrunde ging.

Mitunter waren solche Besuche und Erkundigungen recht unangenehmer Natur, besonders, wenn man die Bittsteller auf eine abschlägige Antwort vorzubereiten hatte. Da hieß es denn in der Regel, warum denn dieser oder jener eine so reiche Unterstützung erhalten habe, der es viel weniger verdient hätte, ja gar nicht mal abgebrannt wäre; aber das Heucheln und Schmeicheln sei nicht jedermanns Sache. Oder man wurde geradezu aufgefordert, Rechenschaft zu geben, wo denn all das viele Geld bleibe, was von auswärts nach Hamburg geschickt sei; man wisse recht gut, wie unverantwortlich damit umgegangen werde, und ob es denen, für welche es bestimmt sei, zukäme, darüber würden die Herren vom Hilfs-Verein wohl schwerlich Rechenschaft ablegen können usw. Fragte man aber, wer denn solche albernen Gerüchte ausgesprengt oder welche Beweise dafür vorlägen, dann lautete die Antwort: – da brauche man nicht lange zu fragen, das wisse ja jedermann, das sei ja die öffentliche Meinung in der ganzen Stadt.

Die öffentliche Meinung! – Gibt es wohl ein unzuverlässigeres Ding als die sogenannte öffentliche Meinung? – Vor dem 5. Mai 1842 war die öffentliche Meinung Hamburgs, unserer ausgezeichneten Löschanstalt könne keine Feuersbrunst, bräche sie noch so gewaltig aus, standhalten, und jetzt lag, dieser Meinung zum Trotz, der fünfte Teil der Stadt in Asche, und ohne höhere Hilfe wäre zweifelsohne dreimal soviel abgebrannt. Im Jahre 1870, zur Zeit der frivolen Kriegserklärung der Franzosen, hielt die öffentliche Meinung in Frankreich dafür, man würde nur einen gemütlichen Truppenspaziergang nach Berlin zu erleben haben, und wirklich gingen ein halbes Jahr später drei auf Frankreichs Boden entwaffnete Armeen französischer Soldaten im neuerstandenen deutschen Reiche spazieren, nur in der geringen Abweichung von der öffentlichen Meinung, daß sie Kriegsgefangene waren.

Hier im vorliegenden Falle opferten uneigennützige Mitbürger Zeit und Kräfte einer ihrem besten Wissen und Gewissen nach gerechten Verteilung der milden Gaben, und zum Dank dafür bezichtigte die öffentliche Meinung sie des schnöden Eigennutzes.

Da ich mein Mobiliar etc. fast sämtlich gerettet hatte, so wäre für mich der Verlust beim Feuer nicht von Bedeutung gewesen, wenn sich nicht alsbald herausgestellt hätte, daß die Hamburger Biebersche Versicherungsanstalt, bei welcher törichterweise die größte Mehrheit der Einwohner ihre Effekten gegen Feuergefahr versichert hatte, bei dem allgemein gewordenen Unglück unmöglich ihren Verpflichtungen nachkommen könne und schließlich an die Geschädigten nur etwa zwanzig Prozent der versicherten Summe auszuzahlen imstande sei.

Ich erhielt also für das bei dieser Anstalt zu 8000 Mark versicherte Apothekeninventar, nach Abzug der wenigen geretteten Sachen, kaum 1500 Mark ausbezahlt. Für das abgebrannte Haus und bei der später folgenden Expropriation des Bauplatzes bekam ich die Entschädigung, welche von den Taxatoren des Schätzungsgerichtes beliebt wurde.

[22]

Nach dem Brand

Im Laufe des Sommers hörten die Arbeiten des Hilfs-Vereins allmählich auf, und ich befand mich ohne jegliche Beschäftigung, hatte auch durchaus keine Aussicht, in Jahresfrist an ein neues Etablissement zu denken, denn noch immer war kein Plan für das neu zu erbauende Hamburg entworfen; und da ich in der früheren Gegend wieder zu bauen gedachte, so konnte ich erst nach Approbation eines solchen und Absteckung der beliebten Bauplätze einen derselben kaufen. Vernünftigerweise hätte ich mich jetzt auf das Studium der englischen und französischen Sprache, die mir künftig von großem Nutzen gewesen wären, legen sollen, aber das Erlernen einer fremden Sprache hatte nun einmal etwas so Langweiliges, fast Abschreckendes für mich, daß, selbst wenn der Gedanke entstand, ich ihn rasch wieder verwarf. Meine Mutter, die für alles Rat wußte, schlug mir vor, ich solle doch mein Zeichnen und Klarinettspiel aufs neue vornehmen, da mir ja früher diese schönen Künste so viel Vergnügen gewährt hätten, und ich ging mit Freuden auf den Vorschlag ein. Mein alter Lehrer Dufour war längst gestorben, aber er hatte vor Zeiten einmal einen Kollegen, namens Süßmilch, der in der Kapelle des Hamburger Stadttheaters wirkte, empfohlen, um Niclas Jürgensen im Flötenspiel zu unterrichten. Dieser Mann ward engagiert, und zweimal in der Woche kam er zu uns heraus, denn meine Mutter freute sich, glaube ich, mehr auf diese Unterrichtsstunde als ich selbst.

Herr Süßmilch hatte eine auffallende Bauart. Ein überaus großer Kopf saß auf einem mit sehr langen Armen versehenen Rumpf normaler Größe; die Beine dagegen waren so kurz geraten, daß der Mann beim Aufstehen von seinem Stuhl dieselbe Höhe behielt, die er sitzend gezeigt. Das Lächerlichste an ihm aber war die Fähigkeit, seine Kopfhaut beliebig bewegen zu können, und wenn er bedeckten Hauptes diese Manöver ausführte, was eigentlich ohne alle Unterbrechung geschah, so machte der Hut so gewagte Kapriolen, daß man einen lebendigen Gegenstand willkürliche Bewegungen ausführen zu sehen glaubte.

Hatte mein Musikunterricht beim alten Dufour noch einen, wenn auch geringen, künstlerischen Anstrich, so war dieser bei Herrn Süßmilch der Dilettantismus in höchster Reinheit; ich nannte ihm meine Lieblingsopern, er schrieb Auszüge aus denselben für Klarinette, und wir leierten sie der Reihe nach ab, und war die Stunde zu Ende, so lispelte Herr Süßmilch mit großer Genugtuung: „fini", erhob sich, ohne seine Größe zu verändern, sagte adieu und ließ dann seinen Hut die bekannten Kapriolen machen.

Außer Musik wurde nun auch das Zeichnen wieder begonnen; der alte Franck mußte da her, und sogar meine Schwester Catharina, seine getreue Schülerin von ehemals, entschloß sich, an diesem Unterricht teilzunehmen, weshalb derselbe in zweistündiger Ausdehnung an dem Familientage, mittwochs, auf der Mühle angesetzt ward.

Alsdann saßen meine Schwester und ich an einem Tisch vor dem nördlich gelegenen Fenster des Saales, während Mutter mit ihrer ältesten Tochter Maria, Cäthchen und wer sonst noch zugegen sein mochte, die südliche Seite desselben einnahmen; und während Herr Franck mit uns über scharfe Konturen, Reinheit der Linien sprach oder geistreiche Bemerkungen über Rembrandt und Michelangelo machte, verhandelten Mutter und Maria über stumpfe Brotmesser, schmutzige Wäsche, Schornsteinfeger und Töpfer. Oft traf ihre Unterhaltung mit der unseren auf komische Weise zusammen, und es kamen Äußerungen zu uns herübergeflogen, die für Catharina und mich in Gegenwart unseres Lehrers höchst genant sein mußten. Wenn Herr Franck zum Beispiel äußerte: „Ich möchte Sie bitten, dem freien Wallen der Mähne Ihre besondere Aufmerksamkeit zu schenken", so sagte zu gleicher Zeit meine Mutter, während sie den Betreffenden an der Pumpe beobachtete: „Nu kik doch mal, wat Warncke för'n wöste Prüf op'n Kopp het, de kunn sick doch nagrad mal de Haar sniden laten; – so'n ruchbutige Frisur is in minen Ogen nu ganz wat Oebles"* – oder bat er

* „Nun sieh doch mal, was Warncke für 'ne wüste Perücke auf'm Kopf hat, der kann sich doch nachgerade mal die Haare schneiden lassen; – so 'ne häßliche Frisur ist in meinen Augen ganz was Übels."

meine Schwester, die gerade einen Fruchtkorb malte, den zarten Schmelz der Pflaumen recht zu beachten, so hörten wir von der anderen Seite die Bitte: „Mutter, lat uns doch mal bald wedder Plum'n un Klüten eten"*, und schwärmte vielleicht Herr Franck über Gefühlssympathie und poetischen Austausch der Gedanken, so kommentierte meine Mutter es mit dem Ausspruch: „Da steiht nu de Carstensch, staats ehr Arbeit to dohn, merren in de Mitt von de Straat un klönt mit'n Slachtergesell'n"** – was denn bei mir ein schadenfrohes, bei meiner Schwester ein sehr verlegenes Lächeln zuwege brachte.

Die Damen wunderten sich dann später über unsere feinen Gehörnerven und versprachen vorsichtiger oder, bei etwa anstoßerregenden Unterhaltungen, leiser in ihren Äußerungen zu sein. Herr Franck war übrigens zartfühlend genug, niemals von den Bemerkungen der Südseite die geringste Notiz zu nehmen.

Abgesehen von diesen Unterrichtsstunden versuchte ich auch auf eigene Hand Zeichnungen zu entwerfen, die freilich nicht viel Studium verrieten und durch Francks Korrektur sich auch nicht sehr vervollkommneten, aber in unseren Familienkreisen erhielten sie dennoch großen Beifall. Mein Vater besonders gab viel auf mein Zeichentalent und hielt mich ohne Zweifel für einen Kenner in allem, was die bildenden Künste anbetrifft, während meine Mutter sich mehr für mein musikalisches Talent interessierte. Ach, die gute Alte hatte so wenig Begriff von der bildenden Kunst, daß sie meinen Versuchen im Zeichnen nach der Natur oder eigener Phantasie mit verächtlichem Blick begegnete und meinte, wenn man nicht ordentlich ein Vorlegeblatt vor sich habe, so sei's mit dem Zeichnen nur Spielerei. Durch den allgemeinen Beifall, den meine Kunsterzeugnisse mir eintrugen, ward ich indes zu immer gewagteren Phantasieentwürfen ermuntert und überschätzte weit meine geringen Fähigkeiten. Ein einziger Sohn muß ja natürlich ein Genie sein.

Der Winter, den ich, was mein Geschäft anbetrifft, in gezwungener Untätigkeit im Hause meiner Eltern vollbrachte, strich dahin, ohne daß es

* „Mutter, laß doch mal wieder Pflaumen und Klöße essen."

** „Da steht nun die Carstensche statt ihre Arbeit zu tun mitten auf der Straße und schwatzt mit 'nem Schlachtergesellen."

Berend Goos, Wassermühle, Bleistiftzeichnung 1863

mir möglich geworden, einen festen Plan für mein künftiges Daheim zu gründen. Ein neues Haus mußte gebaut oder gekauft werden, aber das Wie und Wo blieb noch der Zeit überlassen. Mein Vater interessierte sich fast ebenso lebhaft für die Wiederherstellung meines Geschäftes wie ich selbst, und unsere Geduld ward auf eine harte Probe gestellt, wenn es uns viel zu langsam mit den Vorbedingungen dazu fortzuschreiten schien. Wenn ich mitunter, von meinem Vater begleitet, die alten Straßen der Brandstätte durchwanderte, um nachzusehen, ob schon irgendwo zur Absteckung der neuen Häuserkomplexe Anstalt getroffen werde, so mußte ich jedesmal lächeln, wie der alte Mann sich so gar kein Ortsverständnis über die früher doch so oft passierten Straßen zu bilden verstand; bei jeder Straße fast mußte ich ihm erst den Namen derselben nennen, und alle kamen ihm, in ihrem jetzigen Zustande, viel zu klein und eng vor.

„Was ist denn dieses nun wieder für 'ne kleine Gasse, die hier abbiegt?“, fragte er zum Beispiel, wenn wir den Burstah entlangschritten.

„Das ist ja die Bohnenstraße“, belehrte ich ihn.

„Der enge, krumme Gang die Bohnenstraße? – nicht möglich“, sagte er dann, als wir in derselben weitergingen.

„Ganz gewiß, sieh, hier ging die Korbmachertwiete hinein, und dort weiter stand die Börsen-Halle; – dieses ist die Brandstelle derselben.“

„Auf dieser kleinen Stelle sollte die Börsen-Halle gestanden haben?“, rief er dann, „nun, glauben will ich dir's wohl, aber nimmer würde ich das herauszufinden imstande sein.“

So unrecht hatte mein Vater indes keineswegs, wenn ihm alles ganz verändert schien; wer nicht durch wiederholtes Anschauen sich orientiert hatte, vermochte nicht sich zurechtzufinden, da alle Straßen einem zu eng, alle Ortsverhältnisse zu klein vorkamen, als daß sie die abgebrannten Häuser hätten fassen können.

[23]

Neubau der Apotheke

Zum Wiedererbauen eines Hauses musste zuerst ein Platz gekauft werden, dessen Wahl aber, nach den Hamburger Medizinalgesetzen – um eine willkürliche Verlegung der Apotheken zu verhindern – nur insoweit freilag, als derselbe, wenn nicht auf der alten Stelle des abgebrannten Hauses, doch in nächster Nähe desselben blieb. Nun war aber in Folge des neuen Bauplanes – der, von Lindley entworfen, nach langen Deliberationen zwischen Senat und Bürgerschaft und vielfach dadurch herbeigeführten Änderungen endlich am 1. September 1842 zustande kam – die ganze Umgegend meines früheren Hauses expropriiert (*enteignet*) worden, und die Straßen dieses genehmigten Plans waren entweder ganz neue oder sie hatten doch eine andere Richtung, jedenfalls eine Verbreiterung erfahren. Diejenigen Straßen der Brandstätte, in denen die Häuser nur teilweise abgebrannt waren – zum Beispiel die Großen Bleichen – oder deren Richtung dieselbe wie vor dem Brande verblieb – wie der alte Jungfernstieg –, wurden nicht expropriiert, und die Grundeigentümer konnten schon im Laufe des glücklicherweise sehr milden Winters ihre Bauten, nach dem ebenfalls neu entworfenen Baupolizeigesetz, beginnen.

Der übrige Teil der Brandstätte blieb aber, nach Säuberung desselben vom Bauschutt und teilweiser Erhöhung der Straßen, so lange liegen, bis die Expropriation durch das schon früher erwähnte Schätzungsgericht beschafft, die neuen Straßen entworfen und die einzelnen abgesteckten Bauplätze wieder verkauft waren.

Die Ungeduld, endlich einmal wieder in Tätigkeit zu gelangen, bestimmte mich schließlich, einen Bauplatz, der zwischen sechs anderen, unter der Nummer 119 an dem neu anzulegenden Rathausmarkt abgesteckt worden, als den geeignetsten für die Apotheke auszusuchen. Die Größe,

2145 Quadratfuß*, paßte vorzüglich, die Lage des Hauses versprach in der Zukunft, besonders durch den projektierten Bau des Rathauses, eine brillante zu werden, und da der Platz kaum fünfzig Schritt von meiner abgebrannten Apotheke entfernt lag, brauchte ich nicht erst eine Anfrage beim Gesundheitsrat einzureichen; nur auf eine starke Konkurrenz der Bauliebhaber beim öffentlichen Verkauf desselben durfte ich gefaßt sein. Der Verkauf geschah im zweiten Termin am 29. Mai im Rathaus, welches bekanntlich seit dem Brande im Waisenhause eingerichtet war.

Der Hausmakler Wentzel war beauftragt, bis zu einer bestimmten Summe für mich zu bieten, und Onkel Berend Paulus Roosen, der sich sehr für mein Bauprojekt interessierte, begleitete mich zu seinem Uhrmacher Saborowsky, der in der Nähe des Rathauses am Steinhöft wohnte, damit wir unserem Agenten Wentzel leicht zugänglich waren, wenn derselbe hinsichtlich der Preisbestimmung etwa weiterer Instruktionen bedürfe. Im Verkaufslokal selbst gegenwärtig zu sein hielt mein Onkel für unvorsichtig, denn wie leicht konnte seine Gegenwart Veranlassung zum Auftreiben der Kaufsumme geben!

Während wir demnach in höchster Spannung warteten, unterhielt uns Herr Saborowsky mit der ausführlichen Erzählung eines Prozesses, den er mit dem Nachbarn, einem Herrn E., führe, der ihn durch den Bau eines Hintergebäudes in argen Nachteil versetzt habe. Durch feste Ausdauer suche und hoffe er den Prozess zu gewinnen. Dieser schon jahrelang dauernde Prozess werde von seiten des Gegners mit derselben Hartnäckigkeit verfolgt, obgleich der letztere schon zwei Mal „vor Gericht gepeitscht“ worden sei, welcher Ausdruck mich in große Verwunderung setzte, da ich noch nie einen solchen gehört. Überhaupt war der ganze Vortrag so mit juristischen Floskeln durchwebt, daß er uns beiden fast unverständlich blieb, auch schien sich bei meines Onkels Uhrmacher, durch das ewige Grübeln über diese Angelegenheit, eine wirkliche Manie ausgebildet zu haben, die ihn in den Händen seines Advokaten wahrscheinlich zu einem blinden Opfer werden ließ und jedenfalls einem traurigen Ende entgegentreiben mußte. So führte er uns die Treppe hinauf und zeigte uns sein schon jah-

* 1 Quadratfuß betrug damals in Hamburg 0,082 Quadratmeter

relang dem Schnee, Regen und Wind geöffnetes Dach, das aber beileibe nicht angerührt werden dürfe, um seinem Rechte, dem Nachbarn gegenüber, nichts zu vergeben.

Während wir hier der Erzählung des Uhrmachers lauschten, ward der mich in viel höherem Grade interessierende Verkauf des angegebenen Bauplatzes vollzogen, und endlich erschien der ersehnte Wentzel, der sich in der Zwischenzeit schon einmal bei uns weitergehende Gebotsbefugnisse eingeholt, zum zweiten Mal, um mir zur Besitznahme des erhandelten Platzes Glück zu wünschen. Der Preis war ein höherer, als wir erwartet hatten – ich meine der Quadratfuß kam auf 14 bis 15 Mark Banco zu stehen; jedoch es blieb mir ja keine andere Wahl übrig, da die benachbarten Plätze ebenso hoch aufgetrieben worden, und selbst mein Onkel Paulus, der sonst die Ökonomie bei allen Ankäufen als erste Regel walten ließ, mußte seine Zustimmung geben, mit dem Troste, daß die in dem zu erbauenden Hause zum Vermieten bestimmten Etagen oder Wohnzimmer desto mehr einbringen würden. Der Platz war also mein, und in acht Tagen etwa konnte der Neubau beginnen.

Im Laufe dieses Winters war noch ein anderer Bauplan zur Reife gelangt, den meine Eltern, besonders auf Antrieb meiner Mutter, schon vor längerer Zeit gefaßt hatten. Ihr bisher bewohntes Haus, welches ursprünglich ja nur zu einem Landsitz höchst bescheidener Art gedient, war teils seines beschränkten Raumes, teils seiner leichten Bauart wegen zu unbequem geworden und reichte bei dem öfteren Zusammensein der immer zahlreicher gewordenen Familienglieder nicht mehr aus. Daher ward beschlossen, in dem kleinen, südlich gelegenen Vorgarten ein neues Haus hart an dem jetzigen zu bauen; und der Zimmermeister Reisler in Altona erhielt den Auftrag, einen Bauriß zu entwerfen, den derselbe denn auch zu unserer Zufriedenheit ausführte. Das Gebäude deckte einen Flächenraum von etwa 45 Fuß im Quadrat und bestand aus einem geräumigen Kellerraum nebst Küche, einem Parterre, zwei Etagen, jede mit vier Zimmern, und einem sehr schönen, luftigen, hellen Bodenraum, von welchem eine Treppe auf das platte Dach führte, das besonders auf mein Anraten – der schönen weiten Aussicht wegen, die man von hier aus genoß – gewählt worden war. Die Ausgrabung des Kellerraums begann schon Anfang April und zeigte den schönsten Baugrund, den man nur wünschen konnte.

Unter einer anderthalb Fuß dicken Schicht der gewöhnlichen Dammerde folgte ein ungewöhnlich harter Lehmboden, der in zwölffüßiger Dicke als Unterlage eine schieferförmige Ockerschicht hatte, unter welcher der reine grobkörnige Sand folgte, wie sich durch Nachgrabung in der Mitte des Platzes erwies. Der Bau ging so rasch vonstatten, daß schon vor Ende des Sommers das Gebäude unter Dach kam, welch letzteres mit Asphalt gedeckt wurde; und bis zum nächsten Sommer konnte sich das Haus im wohnbaren Zustande befinden.

Zur Aufführung meines Hauses in Hamburg hatte ich, auf Anraten meines Onkels Paulus, den Architekten und Zimmermeister Ernst Möller, dessen Vater schon für die Roosensche Familie die Zimmermannsarbeiten geliefert hatte, erwählt und ihm meine Pläne mitgeteilt, hinsichtlich der Lage, Größe und inneren Beschaffenheit, wie solche für Apotheke, Laboratorium und Vorratskammern wünschenswert oder notwendig sind; hierzu hatte ich als Norm die Einrichtung der Siemsenschen Apotheke in Altona angenommen, die ich durch eigene Erfahrung als eine wirklich musterhafte kennengelernt hatte. Zu meiner Freude nahm ich alsbald wahr, daß ich den rechten Mann zur Ausführung meiner Ideen getroffen. Ernst Möller, ein überaus tüchtiger, praktischer, daher sehr beliebter Baumeister in den besten Jahren, war zugleich der pflichtgetreueste, uneigennützigste Geschäftsmann, den es geben kann. Liebenswürdig und kulant, schon in seinem äußeren Vorkommen, ging er mit einem überraschenden Verständnis auf meine angedeuteten Wünsche ein und lieferte einen Bauriß, an welchem nur unbedeutende Abänderungen zu machen nötig waren. Die Pilotage (*Pfahlgründung*) des Baugrundes sowie die rohen Zimmerarbeiten übernahm er selbst, und für die Maurer-, Tischler- und Malerarbeiten, die akkordmäßig vergeben werden sollten, verfaßte er mit vieler Umsicht die nötigen Kontrakte und Zeichnungen. Von Onkel Paulus war mir ferner geraten worden, zur Übertragung der Maurerarbeit mich an den Maurermeister Osenbrüg zu wenden, einen sehr beschäftigten Mann, der in dem Rufe stand, gute Arbeit zu liefern und ordentliche, tüchtige Gesellen zu halten. Einige Tage darauf begegnete ich ihm an der Ecke des Neuen Walls und der Adolphsbrücke, und da ich ihn von Ansehen kannte – er war, als ich bei Doktor Eimbcke lernte, eine Zeitlang dessen Maurermeister gewesen –, zog ich sehr höflich meinen Hut und trat ihm mit der

Frage, ob ich die Ehre habe, Herrn Maurermeister Osenbrüg vor mir zu sehen, entgegen. „Der bin ich", entgegnete er, indem er zur vorläufigen Andeutung seiner Geschäftsüberhäufung mit Ostentation die Uhr zog, „aber ich muß bitten, sich etwas kurz zu fassen, da ich in Eile bin; womit kann ich dienen?" – „Donner noch'n mal", dachte ich, „der Mann ist geradezu", fuhr aber in derselben Höflichkeit fort: „Ich wollte mir nur die Frage erlauben, ob Sie geneigt sind, den Bau meines künftigen Hauses zu übernehmen." – Wie rasch riß der Herr Osenbrüg, als er diese Worte hörte, seinen Hut herunter, wie schnell zog das verbindlichste Lächeln über sein bis dahin nichts weniger als freundliches Gesicht. „Ah!", rief er, einen tiefen Bückling riskierend, „das ist eine andere Sache – mit wem habe ich die Ehre?" – Nachdem ich ihm meinen Namen genannt und der Empfehlung meines Onkels, des Herrn B. P. Roosen, gedacht hatte, war er die Höflichkeit selbst und bat, falls es mir genehm sei und es meine Zeit erlaube, auf einige Augenblicke mit ihm in das Börsengebäude zu treten, um ungestört meine Befehle entgegennehmen zu können; in seiner Zuvorkommenheit vergaß er sogar, daß er so große Eile habe. – „Ich muß tausend Mal um Entschuldigung bitten", sprach er im Weitergehen, „wegen meiner unfreundlichen Antwort vorhin, aber wir werden in dieser Zeit so von Agenten in Betreff der Zement- und Steinlieferungen überlaufen, daß man schon gezwungen ist, bei Anrede eines Fremden die schuldige Höflichkeit etwas außer acht zu lassen." – Ich sagte nichts, mußte aber unwillkürlich an die treffliche Fabel vom Bauer und dem Kaiser Alexander denken, mit der Schlußstrophe: „Ja Bauer, das ist ganz was anders."

In der Börse besprachen wir alsdann das Nähere, ich schickte ihm später den von Möller aufgesetzten Kontrakt, und wir wurden schließlich über die Summe zur Ausführung desselben einig. – So nahm der Bau seinen regelmäßigen Verlauf. Am 18. Juli war die Pilotage beendigt, und Osenbrüg ließ die Maurerarbeit beginnen; am 29. September wurde das Haus gerichtet und am 1. November das Asphaltdach von dem Asphaltdecker Mevius fertig abgeliefert.

Mein Bau in Hamburg beschäftigte mich nun unausgesetzt den Sommer über. Vormittags war ich regelmäßig zugegen, um das Fortschreiten desselben in Augenschein zu nehmen und die Güte sowie die sorgfältige Verarbeitung der angewandten Materialien zu überwachen. Nachmittags machte ich Pläne und Zeichnungen für die detaillierte Einrichtung der künftigen Geschäftslokalitäten, und so ging denn die Zeit rasch dahin, der Zimmermeister Möller interessierte sich auch für solche Specialia und war mein steter Ratgeber, auch ward ich mit ihm und seiner Familie allmählich sehr befreundet und vertraut während dieser Zeit. – Aber noch einen anderen Ratgeber, namentlich was den pekuniären Teil des Baues anbetraf, hatte ich an meinem Onkel Paulus.

Dieser alte Herr – sonst nicht so leicht zugänglich – war, was Rat und Hilfe anbetraf, während dieser Bauperiode sowohl wie auch später nach erfolgtem Etablissement mir von großem Nutzen und interessierte sich von meinen älteren Verwandten am lebhaftesten für das Aufblühen der Apotheke.

Der Sommer so wie der Winter gingen während meines Rohbaues dahin, bevor an die innere Dekoration des Hauses und Aufstellung wie Einrichtung der Apotheke selbst gedacht werden konnte, und diese Verspätung versetzte mich in die peinlichste Verlegenheit. Ich hatte nämlich in der Voraussicht, das Haus werde zum 1. Mai bewohnbar sein, zwei Zimmer der zweiten Etage an einen jungen, strebsamen, schon damals beliebten Arzt, den Herrn Doktor Tüngel, vermietet, und als der Monat April seinem Ende nahte, waren noch nicht einmal die Mauerleute mit Abputzung der Wände fertig, und erst am 13. April konnten die Tischler mit dem Legen der Fußböden beginnen. Da war guter Rat teuer, und ich wäre arg in die Patsche geraten, wenn nicht mein liebenswürdiger Schwager, Berend Roosen, mir das wahrhaft noble Anerbieten gemacht hätte, in seinem Hause auf dem Neuen Wall dem Herrn Doktor die beiden unteren Zimmer einstweilen einzuräumen, womit denn auch der letztere, in seiner bekannten Gefälligkeit, sich einverstanden erklärte. Gottlob, er machte so bescheidene Ansprüche, daß meinen Verwandten diese Aufnahme nicht allzu lästig fiel. Meine Mutter und Schwester, denen wie ein drohendes Gespenst die unverantwortliche Junggesellenwirtschaft in der früheren Apotheke vor Augen schwebte, hatten ferner mir den Rat erteilt, außer einer tüchtigen Köchin noch eine Haushälterin zu engagieren. Meiner Mutter war es gelungen, solche in der Person eines Fräulein Voss aufzutreiben, welche zu dieser Stelle sehr empfohlen worden und was ihre Kenntnis in der Haushaltung und ihren Charakter anbetrifft, auch dieser Empfehlung völlig entsprach. Sie war 26 bis 28 Jahre alt, schlank von Wuchs und hatte ein sehr einnehmendes Gesicht, jedoch eine schwächliche Konstitution und eine etwas sentimentale Gemütsrichtung, welche leider mit dem raschen, entschlossenen Wesen meiner Mutter auf die Länge der Zeit nicht recht zusammenpassen wollte, weshalb sich das arme Fräulein manchmal zu der Klage berechtigt fühlte, sie schiene es der Frau Pastorin nie recht nach Wunsch machen zu können; und vielleicht trug dieser Umstand dazu bei, daß ich ernstlicher mit mir zu Rate ging, ob es jetzt nicht endlich an der Zeit sei, diesen Posten einer gewissen jungen Dame anzutragen, deren Verantwortung es allein überlassen bliebe, wie sie mit den Sorgen des Haushaltes fertig werde, die dagegen aber auch das Vorrecht genösse, ihren Herrn und Gebieter je nach Wunsch und Laune zu tyrannisieren. Doch keine Voreiligkeit; fürs erste war einmal Fräulein Voss engagiert, die am 7. Juli ihren Einzug hielt und anfangs mit der Köchin allein das neue, kaum fertige Haus bewohnte. Ich hatte nun vollauf zu tun mit dem Anschaffen des Geschäftsinventars und Anfertigen der Präparate. Alle neu erstandenen Gefäße, für Apotheke sowohl wie für Vorratsräume, mußten mit Schildern versehen werden, und diejenigen für die letzteren schrieb ich selbst, wozu eine lange Zeit erforderlich war. Ferner nahm ich zum Hausknecht und Stößer den früher schon bei Doktor Maass gewesenen Peter wieder in Dienst, der bald nach Fräulein Voss in seine Stellung eintrat. Einen Gehilfen, namens Birkenstock, hatte ich zum 1. Oktober oder schon früher engagiert, zu welcher Zeit ich selbst das Haus zu beziehen gedachte. In der Umgebung desselben sah es noch sehr öde und unordentlich aus, die Nachbarhäuser zur rechten Hand waren zwar zum Bewohnen fertig, doch in allen umliegenden Straßen war man erst im Bauen begriffen oder die Plätze lagen wüst und kahl, der Ausgrabung harrend. Zwischen der Börse und unserer Häuserreihe befand sich ein unordentlich zusammengewürfelter Komplex von Hilfswohnungen, in denen größtenteils Wirtschaften betrieben wurden oder kleinere Handwerker ihre Werkstätten hatten. Die Bauten der Großen Johannisstraße und des Alten Walls waren kaum in Angriff genommen, und die beiden Quarrés zwischen Bergstraße und Reesendammbrücke kamen erst einige Jahre später an die Reihe.

[24]

Die Eröffnung der neuen Apotheke

Das Haus Nr. 6 am Rathausmarkt liegt, wie sich noch jetzt ein jeder überzeugen kann, so frei und günstig wie möglich und zeigte damals dem Beschauer eine sehr hübsche Fassade, die leider vor ein paar Jahren von dem jetzigen Besitzer durch den Aufbau einer dritten Etage verunstaltet ist. Die Apotheke selbst wurde, als letzte Arbeit, anfangs Oktober in Angriff genommen. Sie war, nach einer Zeichnung von mir, nach dem Muster der Siemsenschen in Altona sehr elegant und zweckmäßig eingerichtet, die Fournitur bestand aus wundervollem Satinmaserholz, unterbrochen mit Jacaranda-Verzierungen und Bildschnitzerarbeiten aus demselben Holz, von einem Bildhauer namens Behr gefertigt, der später auch den vergoldeten Hirsch aus Mahagoniholz, der über der Tür noch jetzt liegt, ausführte.

Alle Tischlerarbeiten, wie auch die Dekoration des Lokals, gelangten Mitte November zur Vollendung. Sämtliche Drogen und Präparate waren durch unsere unermüdliche Tätigkeit bis dahin beschafft uud fertig geworden, so daß wir den Rest des Monats zur Füllung und Aufstellung der Gläser, Büchsen etc. in der Apotheke verwenden konnten und der Eröffnung des Geschäfts nunmehr nichts im Wege stand.

Mit welcher Sehnsucht hatte ich diesem Augenblick entgegengesehen, mit welchem Eifer im Verein mit meinem Gehilfen dahin gearbeitet, ihm näher und näher zu kommen, und mit welchem Gefühle des Glücks eilte ich, nach vollbrachtem Tageswerk, an den dazu bestimmten Abenden hinaus, mein Cäthchen zu besuchen, um ihr und meiner Mutter zu erzählen, wie weit wir vorwärtsgeschritten. Ich glaubte jetzt das Ende meines Sehnens, Befürchtens und Hoffens erreicht zu haben, einer baldigen Realisierung meiner Pläne und Wünsche mit voller Befriedigung entgegensehen zu dürfen, und wähnte mein Lebensschifflein in den Hafen einer

Die Rathausmarktapotheke auf dem Rathausmarkt, Fotografie 1880

Dieses Foto vom Rathausmarkt wurde 1880, also fünf Jahre vor dem Tod von Berend Goos, aufgenommen. Das für diesen Platz geplante Rathaus gibt es noch nicht, erst 1886 wurde der Grundstein gelegt. Die Rathausmarktapotheke (zweites Gebäude von rechts, ohne Markisen) zeigt schon das von Goos' Nachfolger aufgesetzte dritte Stockwerk.

gesicherten, Freude verheißenden Existenz eingelaufen, denn von nun an mußte ja die Ernte der jahrelangen Arbeit beginnen.

Wie sind wir Menschen doch immer mit unseren Erwartungen, Wünschen und Hoffnungen in denkbar ausgiebigster Weise so bereit; jede Lebensperiode, ja, fast jeder Tag hat andere, wichtigere. Voller Enthusiasmus entwerfen wir unsere Pläne, aber wie würden wir ernüchtert werden, sähen wir bei der Mehrzahl derselben das Ergebnis voraus, welches wir vertrauensselig mit Einsetzung aller unserer Kräfte zu erreichen streben und doch beim ersten Mißerfolg verzweifeln. Wohl uns, daß uns ein Blick in die Zukunft versagt ist! Auch die edelsten, besten Vorsätze und Unternehmungen würden ungefaßt oder unausgeführt bleiben, da niemals die schon vorher gewußten Resultate unseren kühnen Erwartungen entsprächen, sondern nur unseren Mut und unsere Energie lähmen müßten.

Ein Sprüchlein uralter Zeit besagt schon, daß die Götter den Menschen oft am härtesten durch die Erfüllung seiner Bitten straften. Es liegt darin eine so allgemein anerkannte Wahrheit, daß es eines Beleges dafür nicht weiter bedarf, aber bei Betrachtungen der Art kommt mir immer ein Märchen in den Sinn, welches unsere Mutter in meiner Jugendzeit oft erzählte, zu meiner großen Belustigung, über dessen tieferen Sinn ich aber damals nicht nachdachte.

Ein altes Ehepaar, arm und unbeachtet dahinlebend, saß des Abends am Herde und erwog, wie doch die Lebenswege und Schicksale der Menschen so gar verschieden wären. Der eine prasse an reich gedeckter Tafel, während der andere kaum das nötige Brot zur Fristung seines Lebens erübrigen könne. – „Ach!", meinte der Mann, „wenn's doch noch die Zeiten wären, wo man wünschen konnte und das Gewünschte sogleich erlangen." – Plötzlich war es ihnen, als ob eine Stimme durch den Schornstein ertönte: „Wünscht nur, drei eurer Wünsche sollen erfüllt werden." – „Nun", fragte die überraschte Frau, „was möchtest du denn wohl zuerst wünschen?" – „O!", rief der Mann, „ich wünsche mir hier auf der Stelle eine recht schöne gebratene Wurst." – Kaum hatte er's gesagt, siehe, so lag das Gewünschte vor ihnen. – „Ach", schalt die Frau, unwillig über ihres Mannes Bescheidenheit, „so wollte ich doch, daß dir die Wurst an der Nase säße!", und plötzlich hing ihm die erstere so fest inmitten des Gesichts, daß keine Gewalt sie wieder zu trennen vermochte, und was blieb dem Armen jetzt noch übrig, als den dritten Wunsch auszusprechen, ihn doch wieder von der schmachvollen Zierde zu befreien.

Ich will mit dem Vorhergehenden nun nicht etwa gesagt haben, daß meine Bestrebungen und Wünsche, zur Selbständigkeit und zu einer Frau zu gelangen, eitel und töricht gewesen wären oder ihre Resultate für immer unerledigt blieben – sondern nur im voraus darauf hindeuten, daß die Erfüllung meiner allzu sanguinischen Voraussetzungen und hohen Erwartungen einer viel längeren Entwicklungsperiode bedurfte und einer viel späteren Zeit angehörte, als ich in meiner ungeduldigen Voreiligkeit annehmen zu können glaubte.

Als mir einmal, bevor noch die Apothekeneinrichtung vollendet war, Birkenstock mit freudestrahlenden Augen erzählte, er habe während meiner Abwesenheit das erste Rezept angefertigt – welchem bald noch mehrere folgten –, da sah ich das als eine glückverheißende Vorbedeutung an und malte es mir vorwitzig aus, wie erst die Kunden nach erfolgter Eröffnung meines Geschäftes herbeiströmen würden. Ich sah es als ein wahres Glück an, daß die frühere kleine, düstere Apotheke abgebrannt sei und ich somit, durch Gottes gnädige Fügung, ein großes, heiteres, elegantes Geschäftslokal, so ganz nach meinen Wünschen eingerichtet, mein Eigen nennen durfte; und wenn nun auch ohne Zweifel bald mein liebes Cäthchen an meinem Glücke teilnehmen könne, wie herrlich, wie beneidenswert mußte das sein!

In einer kindischen Anmaßung und Selbstüberhebung glaubte ich vielleicht, mir selbst alle meine Erfolge – deren eigentlich noch keine in Wirklichkeit da, sondern nur solche in der Einbildung vorhanden waren – zuschreiben zu müssen, und in solcher Selbstgenügsamkeit sah ich den Himmel voller Geigen.

Es fällt mir hierbei der Engländer Smith ein, welcher seinen Plan, in Hamburg eine Elbwasserversorgungsanstalt zu gründen, mit großer Ausdauer, Zähigkeit und Kraftanstrengung verfolgte, und als er endlich seinen Zweck erreicht, seine Anstalt für ewige Zeit gesichert glaubte, über das Portal derselben auf weißen Marmor mit goldenen Buchstaben einen großprahlerischen Spruch setzte, dessen erste Zeilen lauteten:

Ich danke Dir, mein Gott, daß Du durch mich,
Durch meine Kraft allein, dies große Werk vollendet!

Er erlebte es freilich nicht mehr, daß schon nach wenigen Jahren sein Werk verödet, ruinenhaft dalag und dann, vom Staat angekauft, der Erde gleichgemacht ward.

So anmaßend wie jener dachte ich nun freilich nicht und hatte auch wahrlich noch viel weniger Ursache dazu, glaubte aber immer doch etwas selbstschöpferische Willenskraft vom Himmel entlehnt zu haben. Das einzige, was meinen inneren Jubel dämpfte, war die Krankheit meines armen Vaters; aber durfte man denn wirklich an seinem Wiederaufkommen zweifeln? – Seine eigentlichen Hauptleiden, die innere Angst und nervöse Reizbarkeit, hatten an Heftigkeit verloren, dagegen war eine Abmagerung und Schwäche des Körpers eingetreten, die ihn fortwährend ans Bett fesselte.

Mitunter kamen Perioden, wo er lichtere und frohere Gedanken hatte und sich mit seiner Umgebung fast wie in früheren Tagen unterhielt, aber denselben folgten bald wieder Teilnahmslosigkeit und ängstliches Hinbrüten. Das war keine gelegene Zeit, mit ihm meine Verlobung mit dem Cäthchen anzuzeigen, und da die Perioden, wo er für eine solche Mitteilung empfänglich gewesen wäre, zu selten, ich dagegen immer nur auf wenige Stunden draußen sein konnte, so verschoben wir's von einem Tage zum anderen, meinem Vater unser Glück zu verkünden.

Doktor van der Smissen, zu dem wir großes Zutrauen hatten, schien die Hoffnung zur Wiedergenesung meines Vaters durchaus nicht verloren zu haben, wenn er sich auch nicht darüber aussprach, und so hofften wir denn mit ihm.

So standen die Dinge, als wir uns dem Ende des Monats November näherten. Im elterlichen Hause war keine Aussicht auf ein fröhlich zu feierndes Weihnachtsfest vorhanden, aber in einer großen Spannung sah ich dem ersten Dezember entgegen, auf welchen ich die Eröffnung meiner Apotheke festgesetzt hatte.

Es ging mir wie einem unerfahrenen Gebirgsreisenden, der, aus der Ebene kommend, dieselbe zwar mit Kraft- und Zeitaufwand, aber ohne bemerkenswerte Hindernisse durchschritten hat, endlich das heißersehnte Gebirge vor sich sieht und nun in seiner Unkenntnis vermeint, den klar vor seinem Auge liegenden, ihm so viel verheißenden Gipfel leicht erreichen zu können. Er übersieht von seinem niedrigen Standpunkt aus die vielen Schluchten, die ihn noch von jenem trennen – er kennt nicht das Täuschende der Entfernungen, nicht die schroffen, gefahrdrohenden Klippen, die Gebirgsbäche und sich kreuzenden Waldpfade, die, im Weiterschreiten immer unbequemer und verworrener werdend, ihm das Ziel in weite Ferne zu entrücken scheinen und ihn an dem endlichen Erklimmen verzweifeln lassen.

Hatte ich denn nicht den ernsten Willen und festen Vorsatz, mein Geschäft in Berufstreue zu verwalten, untadelhafte Präparate zu führen und ihm dadurch ein günstiges Renommee zu sichern, und konnte es dann wohl ausbleiben, daß ich bald die günstigsten Resultate ernten würde? – Der Grundsatz meines würdigen Lehrprinzipals, „nur einer guten Aussaat könne eine gute Ernte folgen", lag mir ja stets im Sinn, und ihm nachzukommen hatte ich mir zur Pflicht gemacht. – Nur eines hatte ich vergessen, oder richtiger, noch nicht gelernt: – das ruhige Abwarten des Aufgehens, Blühens und Reifens der Saat. Auch überschätzte ich – um obiges Bild noch einmal anzuwenden – meine Kräfte und Ausdauer beim Durchklettern der dabei erwähnten Schluchten und Klippen, deren Vorhandensein ich vielmehr in meiner Unerfahrenheit nicht ahnte.

Der erste Dezember war also da, und vor dem Hause prangte das Schild, worauf mit großen goldenen Buchstaben zu lesen war: – Apotheke. An den Haustürpfosten aber stand – an der einen Seite der Name B. Goos – und an der anderen, ihm gegenüber, C. Tüngel, *Dr. medicinae & chirurgiae.* – Es war also für alles gesorgt, um das kranke Publikum anzulocken; auch las man in den *Hamburger Nachrichten*, daß an dem heutigen Tage die Wiedereröffnung der Apotheke von B. Goos stattfände, vertrauensvoll das Wiedererscheinen der früheren Kunden erwartet werde und dem Eintritt neuer Kunden nichts im Wege stehe; – wahrscheinlich nur mit ein wenig anderen Worten.

Ich postierte mich mit einer wichtigen Miene an meinen mit schöner Marmorplatte belegten Rezeptiertisch, und B. blickte voller Erwartung zum Fenster hinaus. Alles in der Apotheke war sauber und blank geputzt, als ob wir irgendeinen hohen Gast feierlich zu empfangen hätten.

Die Uhr über der Ofennische schlug neun – sie schlug zehn, sie schlug elf –, aber kein Kunde ließ sich blicken. Die Leute auf der Straße sahen wohl mein neues Schild an oder beguckten überrascht den schönen vergoldeten Hirsch, welcher prahlerisch die ganze Umgegend beherrschte, aber keinem fiel es ein, die Apotheke auch mal im Inneren zu beschauen.

Wohl schickten Tanten, Basen und Freunde, als der Tag weiter vorschritt, ihre dienenden Geister und ließen, der eine Rosenwasser, der andere Brausepulver, der dritte eine Stange Vanille holen, oder ich bekam ein Rezept für Eau de Cologne anzufertigen, aber ach, das waren alles nur Höflichkeitsbezeugungen, die der Einweihung meines Geschäfts galten, vereinzelt dastanden und nur zu bald aufhören würden. Auch erhielt ich mehrere Besuche, besonders vor oder nach der Börsenzeit, von Onkeln, Schwagern und anderen Verwandten, aber dann trat wieder eine erschrekkende Stille ein, und als am Abend mein Vetter Johannes kam, um mal zu hören, wie der erste Tag verlaufen sei, da hatte ich ein gutes Teil meiner frohen Zuversicht verloren. – Nun, wir trösteten uns damit, als wir mit B. beim Abendessen saßen, welches ebenfalls durch das Geschäft durchaus keine Störung erlitt, es möchten wohl manche noch gar nicht die Eröffnung der Apotheke wahrgenommen haben, die wenigen Umwohnenden noch zu den bisher besuchten Apotheken gegangen sein, auch herrsche vielleicht gegenwärtig eine ganz unverantwortlich gesunde Zeitperiode und dergleichen mehr. Aber der folgende Tag brachte keine Veränderung in dieser grabesstillen Ruhe und Öde hervor. – Meinem Gehilfen hatte ich die Defektur übertragen, und ihm blieb noch immer genug Arbeit zu tun übrig, um das bisher etwa nur provisorisch Beschaffte in einen geregelten, bleibenden Zustand zu versetzen und Ordnung in Keller, Materialkammer und Laboratorium herzustellen. Ich dagegen stand müßig in der Apotheke, schaute die Vorübergehenden sehnsüchtig an, berechnete, ob die Richtung der von fern Kommenden etwa einen Besuch meines Hauses erwarten ließe, und wandte mich dann enttäuscht wieder meinen Büchsen und Gläsern zu, um dieselben aufs neue symmetrisch zu ordnen oder den Staub, der leider nicht vorhanden war, zum neunten und zehnten Mal abzuwischen. Dann waren auch noch manche kleinere Ergänzungen und Vervollkommnungen von Tischlern und anderen Handwerkern nachzuholen, die ich anzuordnen hatte, und wenn diese Leute abgefertigt worden, so setzte ich mich verzweiflungsvoll ans Fenster und falzte Papierkapseln oder schnitt Signaturen aus, die zu verbrauchen – ach! noch gar keine Aussicht vorhanden war.

So ging ein Tag nach dem anderen dahin, und wenn dann auch mal ein einzelner, größtenteils von den Bewohnern der gegenüberliegenden Buden und Hilfswohnungen, sich für einen Schilling Lakritzen oder für einen Sechsling Kamillentee erbat, auch mitunter als Rarität ein Rezept eingereicht wurde, so brachten wir's in diesem ersten Monat wohl kaum auf vier bis fünf derselben an einem Tage. Ich fürchte in diesen kurzen Dezembertagen, wo noch dazu das Frostwetter vorherrschend war, mehr Öl und Feuerungsstoff verbrannt zu haben, als mir das Geschäft einbrachte.

Meine Hoffnung auf eine baldige Belebung desselben ward immer schwächer, meine Pläne, durch irgendein Reklame machendes Verfahren die Aufmerksamkeit des Publikums zu erregen, zerfielen als nutzlos oder unanwendbar in sich selbst. Was konnte ich als Apotheker Derartiges unternehmen, ohne meinen Stand zu kompromittieren, mich zum Marktschreier zu erniedrigen? Jeder Ladenbesitzer, Gewürzkrämer und Käsehändler war in dieser Beziehung weit glücklicher gestellt. Großprahlerische Annoncen konnte ich nicht in die Tagesblätter einrücken lassen, keine Plakate an die Straßenecken, keine gedruckten Etiquettes oder Geschäftserzeugnisse an meine Fenster hängen. Jetzt gehört dies freilich bei den Apothekern nicht mehr zu den verpönten Mitteln. Besuche bei den Ärzten zu machen, davon hatte ich das erste Mal genug bekommen. So wurde ich denn allmählich immer mutloser, und wenn ich zu meinen Eltern hinauskam, so geschah das in einer gegen sonst ganz veränderten Stimmung, wie denn auch der trostlose Zustand meines armen Vaters nur dazu beitrug, dieselbe noch mehr zu verdüstern. Und Cäthchen natürlich mußte meinen Kummer teilen, wenn ich ihr meine so arg getäuschten Erwartungen zu bedenken gab, und dann kamen wir zu dem traurigen Resultat, daß unsere Lage eine unerhört trübselige und unglückliche sei und daß, nach den jetzigen Verhältnissen zu urteilen, so gar nicht an unsere eheliche Verbindung gedacht werden könne. Cäthchen weinte, und ich half ihr getreulich dabei, wenn wir auf meiner früher bewohnten Bodenkammer im alten Hause saßen und gegenseitig unsere Herzen zu erleichtern suchten.

Es war ein trauriges Weihnachtsfest, ein hoffnungsloser Neujahrsanfang, welche wir alle miteinander verlebten. Die einzige in der Familie, die sich nicht entmutigen ließ und den Kopf nach wie vor aufrechthielt, war und blieb meine Mutter. Sie sorgte vor allen Dingen für eine gewissenhafte Pflege des Kranken, die des Tages über von den Familienmitgliedern, des Nachts von der Wärterin beschafft wurde. Doktor van der Smissen hatte zwar unser vollkommenes Vertrauen, aber er war gern damit einverstanden, als Konsulent den Oberarzt des Hamburger Krankenhauses, Herrn Dr. Bülau, hinzuzuziehen, welcher von nun an zweimal wöchentlich erschien. Beide Ärzte blieben fortwährend bei ihren ernsten Ermahnungen, mein Vater müsse essen, gegen Willen und Appetit, und zwar nahrhafte, aber leichtverdauliche Speisen. Der Kranke sträubte sich hartnäckig dagegen, und wir konnten, so groß unser Respekt vor dem Besserwissen der gelehrten Herren sein mochte, doch nicht umhin, dies Aufnötigen von Austern, gebratenen Hühnchen und dergleichen für eine nutzlose Quälerei des Patienten zu halten, da es uns töricht erschien, dem menschlichen Organismus etwas aufzudrängen, wozu er kein Bedürfnis fühlte; kommt es doch bei der Ernährung des Menschen nicht darauf an, was er ißt, sondern was er verdaut und dem Körper zur Neubildung zuführt.

Wenn ich mich gegen meine Mutter über das karge Resultat meines Geschäfts aussprach, so war sie ebenfalls auch hier mit ihren Trostsprüchen und Beruhigungen bei der Hand. Das Lamentieren nütze nun einmal gar nichts und benehme nur den Mut und die Hoffnung, pflegte sie zu sagen. Ich solle doch nur Geduld haben und bedenken, wie es ja geradezu kindisch sei, in einer bis jetzt noch menschenleeren Umgebung sogleich ein lebhaftes Geschäft zu erwarten. Jeden neuen Kunden müsse ich ja notwendigerweise einer anderen Apotheke entziehen, und wenn ich nur gewissenhaft und pünktlich meine Pflicht täte, so würde das auch ganz gewiß geschehen, aber am Erfolg zu verzweifeln, weil derselbe lange auf sich warten ließe, wäre die reine Torheit. – Und wenn ich dann meiner Mutter versicherte, daß ich mir das alles schon, wer weiß wie oft, vorgehalten habe, aber doch immer auf den einen Punkt, der mir die größte Sorge mache, zurückkommen müsse, nämlich: bei einem so entsetzlich langsamen Fortschreiten der Zunahme meines Geschäfts werde es ja jahrelang dauern, bevor ich davon einen Haushalt würde unterhalten können, dann schloß sie endlich ihre Trostepistel mit dem inhaltreichen, ihr sehr geläufigen Satz, das werde sich alles schon finden.

In Trübsal und Mißgeschick lernt man erst recht den Wert eines teilnehmenden Freundes erkennen; wie viel mehr mußte nicht die hohe Achtung und Verehrung für meine teure Mutter zunehmen, die, bei eigenem Kummer und Sorgen, noch so zuversichtlich und hoffnungsvoll Rat und Trost zu spenden vermochte, und erleichterten Herzens ging ich dann jedesmal von ihr. Aber noch eine andere Sorge, die ich gar nicht einmal wagte laut werden zu lassen, beunruhigte mich, und das war die Unzuverlässigkeit meines Gehilfen. Er war ein guter, treuer Mensch, interessierte sich auch gewiß für meine Angelegenheiten in jeder Beziehung, aber nebenbei zeigte er sich auch vergeßlich und oberflächlich. Solange er mit mir zusammengearbeitet hatte oder jetzt im Laboratorio beschäftigt war, waren die Fehler nicht sehr bemerkbar geworden oder konnten doch redressiert werden, mußte er aber einmal meine Stelle in der Apotheke vertreten, ich – vielleicht an einem Sonntage – auf längere Zeit ausbleiben, so kam ich immer in einer wahren Angst zurück, es möge ein Versehen, eine Unregelmäßigkeit stattgefunden haben. Als ich einmal an einem Sonntage, den ich bei meinen Eltern verlebte, spät nach Hause kam, fand ich drei bis vier der großen Standgefäße aus dem Keller in der Apotheke stehen. „Wie? Ist das Geschäft so bedeutend gewesen, daß Sie jene Standgefäße zur Hilfe herbeiholen mußten?“, fragte ich ihn, auf solche zeigend. „Ja, es sind diese Sachen in einigen Rezepten verschrieben worden und befinden sich nicht hier in der Apotheke“, antwortete er. – „Nicht?“, rief ich und trat hinter den Rezeptiertisch, – „sehen Sie, hier steht das eine, hier das andere und dort das dritte der Medikamente“, langte die betreffenden Gläser von ihren Standorten herab und hielt sie meinem verblüfft dareinschauenden Gehilfen vor die Nase. „Sie hätten anstatt nach dem Keller zu gehen nur den Arm auszustrecken brauchen.“ „Ach, daran habe ich gar nicht gedacht, ich war der Meinung, wir hätten sie nur im Keller vorrätig“, murmelte er, und doch hatte er die Gläser selbst mit eingefaßt und sie außerdem den ganzen Tag vor Augen gehabt. Ich führe diese Kleinigkeit nur an, um zu zeigen, wie wenig aufmerksam und umsichtig der gute B. war und welche Blößen er sich, gewiß auch bei anderen Sachen, die er nicht aufzufinden vermochte, dem Publikum gegenüber gab.

Ein wahrer Freund und Tröster blieb mir in dieser sorgenschweren Zeit mein Vetter Johannes, der mich wenigstens einmal an jedem

Tage besuchte und mich allemal durch seine muntere Laune und seine Trostgründe aufheiterte. Einmal – es war zu Anfang Februar und ein so düster-grauer Wintertag, wie ich ihn je erlebt habe – durchwanderte ich die Apotheke von einer Ecke zur anderen unausgesetzt, wie ein zur Gefangenschaft verurteiltes Raubtier, und spähte trübseligen Blickes in das dichte Schneegestöber, welches vom frühen Morgen an ununterbrochen vom Himmel herunterrieselte. Kein Kunde ließ sich sehen; wohin ich auch nur den Blick wandte, starrte mich alles öde, frostig, langweilig und verzweiflungsvoll an, so daß ich, zuletzt selbst voller Verzweiflung, mich nach einem fühlenden Wesen sehnte, dem ich mein Leid klagen, mit dem ich wenigstens sprechen konnte. Die Totenstille ward mir wahrhaft unerträglich. Zuletzt schickte ich meinen Peter in das Geschäftsbüro der Herren Wulff & Baasch und ließ meinen Vetter Johannes bitten, wenn er abkommen könne, doch einmal vorzusprechen. Nicht lange ließ derselbe auf sich warten. Als er, ein Tröster in der Not, eintrat, stand ich mit dem Rücken gegen den Ofen gelehnt, in das Schneegestöber starrend und kaum mehr imstande, die Tränen zurückzuhalten. „Du lieber Gott!", rief Johannes aus, „du bildest ja das leibhaftige Modell zum Ritter von der traurigen Gestalt – was ist denn vorgefallen?" – „Ach", sagte ich, „verzeih, daß ich dich störte, aber ich konnt's wahrlich nicht länger in meiner Einsamkeit aushalten. Da steh ich nun schon vom Morgen an und habe noch nichts anderes zu tun gehabt, als die weißen Schneeflocken unaufhörlich vorm Fenster herabfallen zu sehen; keine menschliche Seele läßt sich blicken, ich komme mir wie ein von der Welt geflohener Verbannter, ein Ausgestoßener vor. Sag nur einmal, wie soll das weitergehen? Was wird zuletzt daraus werden!"

Er beschwichtigte mich, so gut er's vermochte, und sagte endlich, als meine trostlosen Mienen sich ein wenig erheitert hatten: „Jetzt hab ich keine Zeit länger, aber warte nur bis um acht Uhr, dann komm ich wieder und bleibe zum Abendessen." – Nun, das war mir der beste Trost, und die Bereitung einiger sich noch im Laufe des Nachmittags einstellender Rezepte zog meine Gedanken vom unnützen Grübeln ab. – Als Johannes am Abend wieder erschien, war ich schon anderen Sinnes geworden, ich hatte bei einbrechender Dunkelheit doch nicht mehr die melancholischen Schneeflocken vor Augen, dafür aber die Aussicht, meinem Freunde etwas vorjammern zu können, was schwachen Gemütern immer eine Beruhigung gewährt. – Nach dem Abendessen, als Fräulein Voss sich auf ihr Zimmer begeben – B. hatte, glaube ich, seinen freien Nachmittag –, nahm ich denn nun mein Geschäftsbuch zur Hand und bewies meinem Gesellschafter aufs deutlichste an den bisherigen mageren Tageseinnahmen, daß wenn, nach Bebauung und Bewohnung der noch leeren Plätze und Häuser in der Nachbarschaft, auch wirklich mein Geschäft sich verdrei- oder vervierfache, ich dennoch nicht würde bestehen können. Wir sprachen und deliberierten darüber hin und her, bis endlich mein Vetter, vielleicht etwas gelangweilt, ausrief: „Nun, wenn's denn einmal so ist, so laß es uns machen wie jene beiden bankrotten Kaufleute, von denen der eine seinem Kompagnon noch am späten Abend die Bücher vorlegte und ihm in höchster Verzweiflung auseinandersetzte, wie ihnen kein Ausweg, ihrem Ruin zu entgehen, mehr übrigbliebe. „'Ick will di wat seggen, Tönjes'", sagte darauf endlich der andere, „'nu mak de Böker man to, hüt Abend könt wi doch keen Bankerott mehr maken.'" – So mach' nun auch du nur das Buch zu, und laß uns bei unserem Rest in der Bierflasche noch eine Zigarre rauchen." – Das taten wir denn auch, plauderten noch ein Stündchen gemütlich miteinander, und mit sehr erleichtertem Herzen sagte ich dann meinem Freunde gute Nacht.

Wenn ich jetzt an diese Zeit zurückdenke, so weiß ich für meine damalige Verzweiflung und Kleingläubigkeit gar keinen rechten Beweggrund zu finden. Ich hätte doch wohl einsehen müssen, daß die in einer noch schwach bewohnten Gegend neu angelegte Apotheke nur ganz allmählich eine Kundschaft erlangen würde, da das umwohnende wie auch neu hinzuziehende Publikum seinen Arzneibedarf bisher anderen Apotheken entnommen habe und gleichsam erobert oder angeworben werden müsse, wozu aber eine lange Zeit gehört, da dem redlichen Apotheker keine anderen Mittel zu Gebote stehen als treue Pflichterfüllung seines Berufes und etwa seine oder seiner Leute Liebenswürdigkeit, und hinsichtlich der letzteren hatte ich eine wohl zu beachtende Konkurrenz zu bestehen. Es kann eben nur der Rückschlag meiner allzu großen Erwartung gewesen sein, der mich so mutlos werden ließ. Nach dem eben geschilderten Februartage scheint sich mein Geschäft indessen allmählich gehoben zu haben, wenigstens ist mir nicht erinnerlich, daß ich später ähnliche trostlose Tage oder Verzweiflungsexzesse erlebt habe, auch wurde ich von seiten meiner

Verwandten auf freundliche Weise mit Rat und Tat unterstützt; – so ward mir zum Beispiel durch die Empfehlung meines Onkels die Arzneilieferung für das Schifferarmenhaus an der Schaartorsbrücke, dessen Vorsteher sein früherer Schiffskapitän Fick war, übertragen, und dabei erinnere ich mich an einen Spaß, der meinem Onkel viel zu lachen machte. – Als ich, kurz nach der eben angedeuteten Empfehlung, eines Vormittags am Fenster stand, sah ich einen Alten umherspähen und dann auf meine Apotheke zuschreiten und in dieselbe eintreten. Er brachte mir das erste Rezept vom Schifferarmenhause und fragte dabei: hier wär's doch wohl die richtige Apotheke? – Jawohl, wenn er von Kapitän Fick käme, sei alles in Ordnung, sagte ich, fügte aber in leutseliger Weise hinzu: „Hebben Se denn ok licht de Aptek opfinnen kunnt?" – „Ah, wat wull ick nich", war die Antwort, „ick seeg ja de golle Goos (damit meinte er meinen schönen naturwahren, vergoldeten Hirsch über der Apotheke) all von de Börs her mi entgegenblenkern."*

Johannes wollte sich ausschütten vor Lachen, als ich ihm diese Verwechselung zwischen Hirsch und Goos erzählte. – Ersterer sprach, wie schon gesagt, fast alle Tage vor, und sonnabends war, auch in späteren Zeiten, immer sein feststehender Besuch zum Abendessen. Er kam uns stets sehr willkommen, und sein Interesse für das Geschäft hatte wirklich etwas Rührendes. Seine Mutter sagte einst zu mir: „Ich muß auf die Freundschaft meines Sohnes Johannes für dich fast eifersüchtig werden, er interessiert sich so sehr für deine Apotheke, daß er seine freie Zeit viel mehr dort als bei uns zu Hause zubringt."

* „Haben Sie denn die Apotheke auch leicht finden können?" – „Ah, wie denn nicht, ich sah ja den goldenen Goos schon von der Börse mir entgegenblinken."

[25]

Schluß

Zu Anfang dieses Jahres 1845 wurde im engeren Familienrate beschlossen, meine Verlobung mit dem Cäthchen zu veröffentlichen. Die nächsten Familienmitglieder, außer meinem Vater, wußten es ja bereits, und als an einem Nachmittage mein Vater sich einigermaßen wohl und zugänglich erwies, trat ich mit meinem Cäthchen vor sein Bett. – Ach, wie gern hätte ich schon längst ihm unser Geheimnis offenbart, hätte uns nicht sein krankhafter Gemütszustand geboten, jede aufregende Mitteilung zu unterlassen, und als wir jetzt vor ihm standen und in das liebe, aber so blasse, abgemagerte Antlitz schauten, da konnte ich kaum meine traurige Rührung unterdrücken. – Ich teilte ihm auf ruhige, einfache Art meine Liebe zu der, wie wir alle wußten, ihm so teuren Adoptivtochter wie deren Einverständnis mit, bat um seine Zustimmung zu unserem Bunde und fragte endlich, ob er auch recht zufrieden mit meiner Wahl sei. – Ich sehe noch die freudige Miene, die über sein Gesicht zuckte, wie er sich emporrichtete, mir einen leichten Schlag auf die Schulter gab und ganz erheitert ausrief: „Nein Jung, da bin ich gar nicht mit zufrieden – komm, gib mir 'n Kuß." – Uns beiden traten darüber die Tränen ins Auge, daß die Freude über unsere Verbindung den alten kranken Mann noch zu einem Scherze aufzumuntern vermochte. Ja, seine Freude war ohne Zweifel eine wahre, innige und sein, vielleicht schon lange gehegter, Lieblingswunsch jetzt erfüllt. – Er drückte uns darauf die Hände, schien dann aber auch seine Kräfte erschöpft zu haben und verabschiedete uns mit einem freundlichen Blick.

Wir fanden nun, daß eine öffentliche Anzeige im Tagesblatt, bei dem traurigen Zustande des Oberhauptes unserer Familie, nicht zulässig sei, und somit ward ferner beschlossen, die Verlobung nur mündlich oder schriftlich den fernerstehenden Verwandten, Freunden und Hausgenossen zu melden und überhaupt jeder gesellschaftlichen Feier uns zu enthalten. – Demnach ward uns nur von meiner Schwester Catharina und ausnahmsweise von Herrn te Kloot junior eine sogenannte Brautgesellschaft veranstaltet, woran bloß nahestehende Verwandte teilnahmen, und niemals mag es wohl einen ruhigeren, unbeachteteren Brautstand als den unsrigen gegeben haben. Cäthchen und ich befanden uns ja auch durchaus nicht in der Stimmung, unsere Freude durch laute Fröhlichkeit an den Tag zu legen. Wir waren am heitersten und glücklichsten, wenn wir im engsten Familienkreise oder an meinen Besuchsabenden allein im Kämmerlein saßen und ohne Anstoß zu erregen der Lieb' und Zärtlichkeit uns hingeben konnten. Zu wiederholten Malen fuhr ich, wenn ich einen Winterabend bei meiner Braut verlebt hatte, von ihr begleitet in dem Schlitten meiner Eltern bis ans Altonaer Tor, wo ich ausstieg und den Rest des Weges zu Fuß machte; dann saßen wir behaglich und warm eingehüllt nebeneinander und brauchten unsere zärtlichen Gefühle jetzt nicht mehr vor dem Kutscher Friedrich zu verbergen, da die Siegel unseres Geheimnisses gelöst worden waren. Klar und heiter schien der Sternenhimmel in der Regel auf die kalte, weiße Schneelandschaft herab, denn wir hatten ums Jahr einen sehr strengen und lang andauernden Winter, und bis in den April hinein blieb Schnee und Frost vorherrschend. Ich weiß mich sehr gut zu erinnern, daß ich eine Zeitlang, beim Ankleiden des Morgens, erst die Eisdekke in meiner Waschkanne durchstoßen mußte, um das Wasser benutzen zu können.

Cäthchen besuchte mich von nun an öfter in der Apotheke, obgleich ich, ihr diesen Besuch gemütlich zu machen, nur sehr unvollkommen imstande war, weil das Eßzimmer hinter der Apotheke am Tage einen tristen Aufenthaltsort bot und das einzige Wohnzimmer in der zweiten Etage lag, ich aber in der Apotheke festgebannt blieb. Solange ich dann das Geschäft zu besorgen genötigt war, mußte sie sich mit der Gesellschaft des Fräulein Voss begnügen, waren jedoch keine Kunden zugegen, was damals leider nicht als Ausnahme von der Regel galt, so trat sie zu mir in die Apotheke, aber so schüchtern wie ein Kind auf verbotenem Wege, und wenn jemand einzutreten im Begriff stand, so flog sie davon wie ein verscheuchtes Reh. – Einmal in der Woche sprach auch wohl meine Mutter auf kurze Zeit bei mir ein, und dies war immer ein schlimmer Kasus für das arme Fräulein

Voss, denn erstere war sehr streng bei ihren Revisionen, und ohne eine kleine zarte Andeutung dieser oder jener Unregelmäßigkeit ging es selten ab. Fräulein Voss gehörte einmal nicht zu meiner Mutter auserkorenen Lieblingen, was mir wirklich recht leid tat, da ich in jeder Beziehung mit ihren Leistungen zufrieden sein konnte und sie auch gern um mich hatte, sie sogar öfters aufforderte, abends mit ihrem Strickstrumpf oder einer sonstigen weiblichen Arbeit herunterzukommen und mir im Eßzimmer neben der Apotheke Gesellschaft zu leisten. Daß sie, mit ihrem richtigen Zartgefühl, vielleicht auch mit einiger Empfindlichkeit, sehr bald bemerkte, Frau Pastorin müsse ein Vorurteil gegen sie gefaßt haben, und daß es ihr deshalb niemals gelingen werde, dieselbe zufriedenzustellen, war sehr natürlich, sie sprach sich derartig auch zuöfters gegen Cäthchen oder meine Schwester aus und wurde dann von ihnen getröstet und zur Geduld ermahnt. Mein Hausknecht Peter und die Köchin Cathrin standen dagegen bei Mutter sehr gut angeschrieben.

Bis zum Osterfest hatte mein Vetter, Kandidat B. C. Roosen, als Adjunctus meines Vaters den Gottesdienst und Religionsunterricht ununterbrochen abgehalten, wie auch dem Kirchenrat vorgestanden; jetzt, als mit Sicherheit angenommen wurde, daß mein Vater, selbst wenn eine Besserung seines Zustandes einträte, niemals sein Kirchenamt würde wieder übernehmen können, schritt der Kirchenrat zur Wahl eines Predigers, und bei einer zu dem Ende stattfindenden Versammlung der Gemeinde ward zum Nachfolger meines Vaters einstimmig sein jetziger Vertreter, Berend Carl Roosen, ernannt.

Bald nach dem Osterfest wurde der neuerwählte Pastor von Herrn Pastor van der Smissen aus Friedrichstadt eingesegnet und in sein Amt eingesetzt, welches er ja auch noch jetzt bekleidet.

Meine Gebundenheit, des Geschäftes wegen, isolierte mich fast gänzlich vom elterlichen Hause, und umgekehrt ward durch die Krankenpflege meines Vaters die Aufmerksamkeit meiner Verwandten von mir abgezogen. – Ich fühlte mich in dieser Hinsicht förmlich vereinsamt und verlassen, und wäre mein Vetter Johannes nicht ein treuer Freund geblieben, so hätte ich kaum jemanden gehabt, mit dem ich vertraulich sprechen konnte. Es ist daher sehr natürlich, wenn ich mich danach sehnte, mein gutes Cäthchen endlich einmal heimzuführen. Meine Mutter und Geschwister rieten nun ebenfalls, da auf eine Besserung meines Vaters nicht mehr zu rechnen sei, das Ende seines Lebens aber durchaus sich nicht bestimmen lasse, unsere Hochzeit auf eine nicht zu ferne Zeit festzusetzen und sie dann in stiller Weise zu feiern. – Das Geschäft hatte freilich nicht bedeutend zugenommen, aber Cäthchen war ja auch nicht danach erzogen, durch große Ansprüche meine bisherige Lebensweise mehr als notwendig zu verteuern, und so wählten wir denn einen Sonntag, den 15. Juli, zum Hochzeitstag. – Unsere Verlobung war, obgleich nicht öffentlich angezeigt, doch überall bekannt, und unter meinen Kollegen hatte mir Herr Doktor Oberdörffer ganz besonders freundlich seinen Glückwunsch dargebracht und mich belobt, eine Frau gewählt zu haben, da ohne eine solche ein ordentlicher Apotheker doch nur schlecht versorgt und beraten sei.

Zu Ostern engagierte ich auch einen Lehrling, namens Anton Schmidt – den jetzt in Hamburg sehr beliebten Arzt –, der mir durch Vermittlung seines Onkels, des Herrn Roosen Runge, zugeführt wurde. Ich hatte, wenn derselbe gut einschlug, doch immer eine Hilfe mehr, besonders in Krankheitsfällen. – Hier kann ich auch noch anführen, daß ich drei Zimmer der Beletage meines Hauses um diese Zeit an einen Herrn Ziese vermietete, einen Witwer, Hamburger von Geburt, welcher bis dato in Amerika gelebt hatte.

Als sich nun die Zeit dem zu unserer Hochzeit bestimmten Termin näherte, überredeten wir meine Mutter, weil sie nun bald Cäthchen aus ihrer häuslichen Umgebung verlieren würde, eine Gesellschafterin anzustellen, die deren häusliche Arbeiten zu übernehmen befähigt sei; und die getroffene Wahl fiel sehr befriedigend aus. Eine junge Lüneburgerin, Fräulein Dora Lindemann, die bis dahin Hausmamsell bei Herrn Salomon Heine gewesen – dieselbe, welcher das im vorderen Teil meiner Erzählung angeführte Abenteuer während der Torsperre passierte –, ward engagiert und hatte das Glück, Mutters Zuneigung zu gewinnen und zu behalten. Sie war ein lebenslustiges, aufgewecktes Mädchen, die sich sehr gut in ihre Stellung zu finden wußte, bei uns allen sehr beliebt wurde, aber leider nur etwa ein Jahr in ihrer Stellung verblieb, indem sie sich in Hamburg verheiratete.

Mit meinem Geschäfte ging es im Beginn und Verlauf des Sommers wieder recht flau, jedoch hatte ich mich jetzt schon mehr an die Entsagung meiner sanguinischen Erwartungen gewöhnt, auch nahmen die Präliminarien meiner Verheiratung mich zu sehr in Anspruch, um mich einem unfruchtbaren Grübeln hingeben zu können. – So kam denn endlich der 12. Juli heran, an welchem ich abends mit meinen Geschwistern bei Mutter versammelt war, um unseren Polterabend zu feiern. Der Zustand meines Vaters war freilich traurig genug, jedoch schien der Kranke nicht eigentlich zu leiden, er lag jetzt fast fortwährend in einem Halbschlummer, der nur zu Zeiten, wenn er Speise oder Trank zu sich nahm, unterbrochen wurde; wir konnten uns demnach ohne Selbstvorwurf einer ruhigen Fröhlichkeit hingeben, wozu der schöne, heitere Sommerabend das Seinige beitrug.

Zum einfachen Abendbrot tranken wir weder Champagner noch Rheinwein; das Hauptstück der Tafel bildete eine aus Butter geformte Ente, ein Werk von Dora Lindemanns Händen, die uns zugleich die Butterdose, in der dieses Prachtstück ruhte, als Geschenk verehrte. – Lebende Bilder, Episoden aus unserem oder der Eltern Leben darstellend, wurden nicht aufgeführt, aber recht herzlich vergnügt waren wir, und erst spätabends trennten wir uns.

Am Tage darauf stellte ich mich beizeiten ein, und dann war unser erstes Vornehmen, Hand in Hand vor das Krankenlager unseres lieben Vaters zu treten und um seinen Segen zu der Feier zu bitten, die uns am Nachmittage für immer vereinigen sollte. Der Gedanke, wie ganz anders die für uns so wichtige Feier gewesen sein würde, hätte mein guter Vater selbst sie an uns vollziehen können, machte diese Begegnung so traurig und wehmütig wie möglich; es stand nur zu deutlich auf seinem blassen, abgemagerten Antlitz zu lesen, daß ihm nur noch wenige Tage hienieden vergönnt sein würden, und doch war's wieder ein lieber, herrlicher Trost für uns, daß er gerade in diesem Augenblicke bei vollem, klarem Bewußtsein war. Sogar sein altes bekanntes freundliches Lächeln trat hervor, als er unsere Hände erfaßte und uns in einfachen herzlichen Worten ermahnte, in treuer Liebe zueinander zu halten und nur das wahre Heil, den rechten Trost allein bei Gott und unserm Heilande Jesu Christo zu suchen. „Einen Spruch, der euch auf eurem Lebenswege begleiten möge, merket euch; er steht 1. Petri 1 Vers 13: ‚Darum so begürtet die Lenden eures Gemüts, seid nüchtern und setzet eure Hoffnung ganz auf die Gnade, die euch angeboten wird durch die Offenbarung Jesu Christi.' – Damit schloß er seine Ermahnungen. Wir drückten ihm stumm die Hand, denn vor Weinen konnten wir unsern Dank nicht aussprechen, und wandten uns dann zum Gehen, da bei meinem Vater die Kräfte nicht weiter ausreichten.

Man wird leicht begreifen, daß dieser unser Hochzeitstag kein lauter, fröhlicher war, auch wurden nur die nächsten Verwandten zur Trauung und zum Hochzeitsmahl geladen. Meine Braut fand beim Erwachen an diesem Morgen einen Kranz auf ihrem Kopfe, welcher von Anna Rings, der treuen langjährigen Dienerin meiner Mutter, herrührte, sie hatte ihn ihr leise und heimlich, während sie noch schlief, aufgesetzt und belauschte nun voller Erwartung das erstaunte Gesicht des erwachenden lieblichen Mädchens.

Um drei Uhr sollte die Trauung durch unseren nunmehrigen lieben Pastor Roosen stattfinden; es war die dritte, die er seit Antritt seines Amtes zu vollziehen hatte.

Die Gesellschaft bestand aus meinen und meiner Mutter Geschwistern sowie der Schwester meiner Braut nebst ihrem Manne aus Flensburg; ferner waren noch Herr Peter de Voss, zwei von den Cousinen meiner Mutter, mein Vetter Johannes Roosen und vielleicht noch einige von Cäthchens Freundinnen geladen. – Endlich, als auch der Herr Pastor erschien, ward das Zeichen gegeben, und wir traten ein.

Die Traurede war natürlich den ernsten, traurigen Verhältnissen, wie sie die Krankheit und die dadurch veranlaßte Abwesenheit des geliebten Familienoberhauptes herbeiführte, entsprechend. So treu, gewissenhaft und teilnehmend Herr Pastor Roosen auch immer seine Stelle vertrat, wie gern, ach! wie gern hätten wir doch diesen wichtigsten Akt unseres Lebens von meinem Vater selbst vollzogen gesehen! Dies Gefühl mußte ja bei jedem der Anwesenden das vorherrschende sein und übte denn auch alsbald eine ergreifende Wirkung, namentlich auf den weiblichen Teil der Zuhörer aus.

Bei der nun folgenden Mahlzeit ging es zwar still, aber doch ziemlich heiter her; es war für alles reichlich gesorgt, und sehr überraschend wirkte der vortreffliche Aufsatz, der die Torte schmückte. – Meine liebe Mutter hatte von Herrn Konditor Wilm das genaue Konterfei unseres künftigen Wohnhauses, der Apotheke am Rathausmarkt, machen lassen, und dies Gebilde von Pappe, Mehl und Zucker prangte uns in wahrhaft künstlerischer Ausführung entgegen, und eine lange Zeit wurde es sorgfältig von uns aufbewahrt. – Das Wetter war leider den Tag über unbeständig und stürmisch, aber während der Tafel klarte es sich auf, und an dem nun folgenden heiteren Abend konnte sich die ganze Gesellschaft nach dem Garten verfügen, wo wir lustwandelnd bis zum Einbruch der Dunkelheit uns aufhielten, wobei der kleine Johannes Linnich die Schleppe meiner nunmehrigen Frau trug.

In meiner Eltern Equipage beförderte uns der Kutscher Friedrich – wie man bemerkt haben wollte, in etwas aufgeheitertem Zustande – nach Hamburg. Hier, vor der Tür unserer Wohnung, stand das sämtliche Dienstpersonal, bestehend aus dem Gehilfen, Lehrling, Stößer Peter und Köchin Cathrin, um uns auf feierliche Weise zu empfangen. Oben in dem kleinen Wohnzimmer – dem einzigen, welches wir besaßen – fanden wir Hannchen Grimm, eine schon seit meiner Kindheit in der Familie sehr beliebte Schneiderin, die die Hochzeitgeschenke in Empfang genommen hatte und uns nun die eingeschickten Herrlichkeiten überlieferte. So schloß dieser für uns so wichtige Tag, und mit ihm begann wieder ein neuer Abschnitt meiner irdischen Laufbahn.

Das Ziel, welches ich mir gesteckt, wäre hiermit erreicht, meine Aufgabe vollendet, denn was später folgte, ist meinen Kindern, für welche ich eigentlich obige Erzählungen niedergeschrieben habe, bekannt; auch läßt mich das Gedächtnis im weiteren Fortgang meiner Erlebnisse, insofern es die detaillierten Angaben betrifft, schon in bedenklicher Weise im Stich, und der fernere Verlauf meines Geschäftslebens bot so viele, aber in Bezug auf meine Schicksale unbedeutende Veränderungen, daß deren Aufzählung eine sehr mühsame Arbeit wäre und mir doch gewiß keinen Dank einbrächte.

Denjenigen jedoch, die mir bis hierher gefolgt sind, bin ich einen Abschluß meiner Jugenderinnerungen schuldig sowie eine kurze Angabe über das fernere Schicksal wenigstens der Hauptpersonen meiner Erzählung, was denn hier mit wenigen Worten geschehen mag.

Eine Hochzeitsreise, wie es jetzt die Mode verlangt, machten wir nicht, denn damals wurde eine solche als sehr überflüssig betrachtet, als ein Luxus, den nur vornehme Leute sich erlaubten; stattdessen feierten wir am folgenden Tage nach damaliger Sitte den Nachtag und erhielten Besuch in großer Menge von Freunden und Verwandten, die mit Schokolade, Wein und Konfekt traktiert wurden und zu deren Empfang der Herr Doktor Tüngel in seiner bekannten Liebenswürdigkeit uns sein großes Wohnzimmer einräumte. Viel lieber hätte ich uns eine solche Reise gegönnt, namentlich meiner lieben Frau, die am Abend dieses Tages so abgespannt und ermüdet war, daß sie sich frühzeitig ins Bett legen mußte, aber ich durfte mich nicht vom Geschäft trennen, und, wie schon erwähnt, an eine solche Extravaganz ward zu der Zeit kaum mal gedacht.

Erst ein paar Jahre später hatte ich die Freude, als nachträgliche Hochzeitsreise mit meinem Cäthchen eine Harzreise zu machen, und wie viel herrlicher genossen wir jetzt dieselbe, da wir vorher des Lebens Ernst, des Lebens Sorgen und Mühen kennengelernt hatten und eine Erholung glaubten verdient zu haben.

Gewiß seid Ihr schon mal aus dem lärmenden, angreifenden Geschäftstreiben der heißen, dumpfigen Stadt im raschen Wechsel durch die geflügelte Lokomotive in ein kühles, romantisches Gebirgstal versetzt. – Habt Ihr dort das Glück gehabt, in einem in Waldeseinsamkeit gelegenen altertümlichcn Waldschloss Herberge zu finden, und nun am Abend im offenen Fenster geruht, vor Euch einen Ozean von Hochwald und wildgehäuften Felskolossen – um Euch die heilige friedliche Stille, in der kein anderer Laut hörbar wird als das geheimnisvolle Flüstern der Waldriesen, das sanfte Gurgeln eines Baches oder der gelegentliche Ruf eines nächtlichen Raubvogels?

Habt Ihr das langsame Aufsteigen des Mondes beobachtet, wie er zuerst die Himmelsgegend hinter einer finsteren Felsgruppe erhellt und dieselbe noch ernster, finsterer erscheinen läßt – nun endlich im Silberblick heraustritt und das stille unentweihte Heiligtum der Natur mit feierlich mildem Dämmerschein übergießt?

Fühltet Ihr alsdann Eure Nichtigkeit, Unbedeutendheit in der unendlichen Schöpfung, während doch in Eurem Inneren eine Welt von Erinnerungen, Gedanken, Gefühlen und wehmütig-süßen Ahnungen erstand, ein unendlich stiller Friede Euch erfüllte?

Oder seid Ihr nach einem schönen, genußreichen Tage abends in das liebliche Tal zurückgekehrt, vor Euch die scheidende Sonne, hinter Euch, wie eine Harmonie der Sphären, die ineinanderschmelzenden melodischen Glockentöne der heimkehrenden Herde?

Habt Ihr das alles geschaut, genossen, empfunden? – O! dann könnt Ihr Euch eine Vorstellung machen von dem Glück, das uns zuteil ward, als wir diese erste Reise unternahmen und ähnliches wie oben geschildert erlebten! – Und lange, lange nachher zehrten wir von unseren Genüssen, als wir am heimischen Herde wieder unseren häuslichen Pflichten oblagen.

Was soll ich aber über unsere Ehe in kurzen Worten sagen? Still und in ernster Trauer, so wie mit sehr bescheidenen Ansprüchen an den Komfort des häuslichen Lebens ward sie begonnen, denn vierzehn Tage nach der geschilderten Hochzeit starb sanft, ohne Kampf und Schmerzen, mein guter Vater; mein Geschäft aber war noch so wenig einträglich, dass wir uns in allen Dingen kärglich behelfen mußten, als Familienaufenthalt nur ein schmales Wohnzimmer von einem Fensterfach nach vorn und ein Schlafzimmer mit Kammer hinten hinaus besaßen – alle übrigen Lokalitäten, die nicht dem Geschäft angehörten, hatte ich vermietet. – Aber lichter und freundlicher paßten sich die äußeren Verhältnisse allmählich unserem inneren Glücke an; – was wir in- und aneinander gesucht, das hatten wir ja in so überschwenglichem Maße gefunden, und als im kommenden Frühling mein Cäthchen einem blühenden Knaben, unserem Hermann, das Leben schenkte, da war ich von meinem Glücke so berauscht, daß ich mich gleichsam verpflichtet fühlte, die ganze Menschheit daran teilnehmen zu lassen.

Meine Mutter kränkelte nach ihres Mannes Tode eine Zeitlang, erholte sich aber bald wieder, hatte an unseren Kindern eine große Freude und teilte noch vierzehn Jahre lang Trauer und Freude, Glück und Unglück mit uns in treuer, mütterlicher Fürsorge. Auch ihr trat der Tod in milder, freundlicher Gestalt entgegen. – Bald nach ihr starb mein vortrefflicher Schwager B. Roosen und ein paar Jahre später folgte ihm seine Frau, meine mildherzige, unvergeßliche jüngere Schwester.

Freud und Leid sind ja einmal unzertrennliche Gefährten auf unserer irdischen Laufbahn, und auch uns blieb das letztere nicht erspart, aber mit innigem, heißem Dank gegen Gott kann ich in Wahrheit es aussprechen, daß die erstere, die Freude nämlich, bei weitem überwiegend war. Wir haben einander stets so lieb und immer lieber gehabt und eine große, reine Freude an unseren guten Kindern erlebt. – Aber sollten wir uns jemals, in eitler Selbstüberschätzung, als die Urheber oder Erhalter unseres glücklichen Familienlebens betrachtet haben, so sind solche Gedanken längst der festen Zuversicht gewichen, daß Gott allein die Ehre gebührt – wir ihm allein demütigen Herzens es zu danken haben, daß er in allen Lagen unseres ehelichen Lebens die äußeren wie inneren Umstände so gnädig geleitet, uns vor Versuchungen bewahrt und harte Schicksalsschläge ferngehalten hat.

Bildnachweis:
Antiquariat Tessin, Quickborn: S. 24/25; Archäologisches Museum Hamburg – Helms-Museum: S. 141, 253; Bildarchiv Hamburg 1860 bis 1955: S. 263; Deutsches Apotheken-Museum, Heidelberg: S. 171 (Inv.-Nr. VII B 368); Hamburger Kunsthalle: S. 241; Hamburg Museum: S. 245; Staatsarchiv Hamburg: S. 29, 106, 113, 118, 129, 137, 215, 221, 232

Eine Buchhandelsausgabe erschien erstmals 1896/1897 unter dem Titel „Erinnerungen aus meiner Jugend" bei Lütke & Wulff, Hamburg.

Junius Verlag GmbH
Stresemannstraße 375
22761 Hamburg
www.junius-verlag.de

Titelbild: Bildarchiv Hamburg 1860 bis 1955
Layout & Design: Benjamin Wolbergs
Satz: Junius Verlag GmbH
Printed in Germany 2013
ISBN 978-3-88506-034-5